本书系 2018 年度重庆市社会科学规划培育项目"金融市场组织法、合同法与监管法的整合研究"（项目编号：2018PY98）、中央高校基本科研业务费资助"互联网法院运行逻辑的理论基础与完善路径研究"（项目编号：2018CDJSK08YJ07）的阶段性研究成果。

重大法学文库

相互保险组织的
法律分析及其应用

Legal Analysis on the Mutual Insurance
Organization and its Application

缪若冰　著

中国社会科学出版社

图书在版编目 (CIP) 数据

相互保险组织的法律分析及其应用 / 缪若冰著 . —北京：中国社会科学
出版社，2020.7
（重大法学文库）
ISBN 978-7-5203-6744-8

Ⅰ.①相⋯ Ⅱ.①缪⋯ Ⅲ.①保险法—研究—中国 Ⅳ.①D922.284.4

中国版本图书馆 CIP 数据核字（2020）第 113449 号

出 版 人	赵剑英
责任编辑	梁剑琴
责任校对	闫 萃
责任印制	郝美娜

出　　版	中国社会科学出版社
社　　址	北京鼓楼西大街甲 158 号
邮　　编	100720
网　　址	http://www.csspw.cn
发 行 部	010-84083685
门 市 部	010-84029450
经　　销	新华书店及其他书店

印　　刷	北京君升印刷有限公司
装　　订	廊坊市广阳区广增装订厂
版　　次	2020 年 7 月第 1 版
印　　次	2020 年 7 月第 1 次印刷

开　　本	710×1000　1/16
印　　张	15
插　　页	2
字　　数	252 千字
定　　价	88.00 元

凡购买中国社会科学出版社图书，如有质量问题请与本社营销中心联系调换
电话：010-84083683

《重大法学文库》编委会

出版寄语

　　《重大法学文库》是在重庆大学法学院恢复成立十周年之际隆重面世的，首批于 2012 年 6 月推出了 10 部著作，约请重庆大学出版社编辑发行。2015 年 6 月在追思纪念重庆大学法学院创建七十年时推出了第二批 12 部著作，约请法律出版社编辑发行。本次为第三批，推出了 20 本著作，约请中国社会科学出版社编辑发行。作为改革开放以来重庆大学法学教学及学科建设的亲历者，我应邀结合本丛书一、二批的作序感言，在此寄语表达对第三批丛书出版的祝贺和期许之意。

　　随着本套丛书的逐本翻开，蕴于文字中的法学研究思想花蕾徐徐展现在我们面前。它是近年来重庆大学法学学者治学的心血与奉献的累累成果之一。或许学界的评价会智者见智，但对我们而言，仍是辛勤劳作、潜心探求的学术结晶，依然值得珍视。

　　掩卷回眸，再次审视重大法学学科发展与水平提升的历程，油然而生的依然是"映日荷花别样红"的浓浓感怀。

　　1945 年抗日战争刚胜利之际，当时的国立重庆大学即成立了法学院。新中国成立之后的 1952 年院系调整期间，重庆大学法学院教师服从调配，成为创建西南政法学院的骨干师资力量。其后的 40 余年时间内，重庆大学法学专业和师资几乎为空白。

　　在 1976 年结束"文化大革命"并经过拨乱反正，国家进入了以经济建设为中心的改革开放新时期，我校于 1983 年在经济管理学科中首先开设了"经济法"课程，这成为我校法学学科的新发端。

　　1995 年，经学校筹备申请并获得教育部批准，重庆大学正式开设了经济法学本科专业并开始招生；1998 年教育部新颁布的专业目录将多个部门法学专业统一为"法学"本科专业名称至今。

1999 年我校即申报"环境与资源保护法学"硕士点，并于 2001 年获准设立并招生，这是我校历史上第一个可以培养硕士的法学学科。

值得特别强调的是，在校领导班子正确决策和法学界同人大力支持下，经过校内法学专业教师们近三年的筹备，重庆大学于 2002 年 6 月 16 日恢复成立了法学院，并提出了立足校情求实开拓的近中期办院目标和发展规划。这为重庆大学法学学科奠定了坚实根基和发展土壤，具有我校法学学科建设的里程碑意义。

2005 年，我校适应国家经济社会发展与生态文明建设的需求，积极申报"环境与资源保护法学"博士学位授权点，成功获得国务院学位委员会批准。为此成就了如下第一：西部十二个省区市中当批次唯一申报成功的法学博士点；西部十二个省区市中第一个环境资源法博士学科；重庆大学博士学科中首次有了法学门类。

正是有以上的学术积淀和基础，随着重庆大学"985 工程"建设的推进，2010 年我校获准设立法学一级学科博士点，除已设立的环境与资源保护法学二级学科外，随即逐步开始在法学理论、宪法与行政法学、刑法学、民商法学、经济法学、国际法学、刑事诉讼法学、知识产权法学、法律史学等二级学科领域持续培养博士研究生。

抚今追昔，近二十年来，重庆大学法学学者心无旁骛地潜心教书育人，脚踏实地地钻研探索、团结互助、艰辛创业的桩桩场景和教学科研的累累硕果，仍然历历在目。它正孕育形成重大法学人的治学精神与求学风气，鼓舞和感召着一代又一代莘莘学子坚定地向前跋涉，去创造更多的闪光业绩。

眺望未来，重庆大学法学学者正在中国全面推进依法治国的时代使命召唤下，投身其中，锐意改革，持续创新，用智慧和汗水谱写努力创建一流法学学科、一流法学院的辉煌乐章，为培养高素质法律法学人才，建设社会主义法治国家继续踏实奋斗和奉献。

随着岁月流逝，本套丛书的幽幽书香会逐渐淡去，但是它承载的重庆大学法学学者的思想结晶会持续发光、完善和拓展开去，化作中国法学前进路上又一轮坚固的铺路石。

陈德敏

2017 年 4 月

摘　　要

　　相互保险组织是保单持有人为组织所有权人的保险企业，相互性是相互保险组织最本质的特征。相互性形成于市民社会的发展阶段，早期体现为远离国家及区别于私人板块的中间属性，具体是指人们共同行动，相互合作，共担风险的互惠行为与理念。从相互性这一本质特征出发，衍生出了相互保险的基本特征，包括没有股份、成员的团结、民主、独立及有限的利润分配等。从历史上看，相互性诞生于人们因互助形成的亲密关系，在发展过程中汲取了宗教与行会组织博爱、互助与互惠的特点。

　　法律经济学从多种角度研究相互性下所有权结构形成的初始逻辑。汉斯曼认为，在保险监管与精算技术不发达的阶段，寿险企业与投保人之间存在利益冲突，这一利益冲突衍生出道德风险与逆向选择的问题，而财险行业则需要更多的专业知识，主要面临着投保人与保险企业之间信息不对称的问题。相互保险通过将投保人变为组织的所有权人，能够有效减少上述问题所产生的市场交易成本。不过，相互保险这一所有权结构本身有成本，体现为所有权与控制权的严重分离，以及融资能力上的短板。当监管有效地介入保险行业时，汉斯曼认为相互保险相对股份制公司在解决市场交易成本上的优势不再凸显，而其所有权成本的劣势却越发突出。不过，汉斯曼分析了保险监管改变了相互制保险的竞争优势，但却未进一步分析保险监管对相互保险本质特征带来何种影响，以及由此带来的法律变化。

　　在汉斯曼分析的基础上，可以看到早期友谊社、互助社是远离国家的私力互助组织，通常按照人头平摊会费，以帮助那些处在逆境中的成员，组织不以营利为目的，也常常入不敷出。不过，由于会员规模庞大，组织成员之间存在集体搭便车的倾向，内部成员监守自盗的现象层出不穷。在

19 世纪下半叶到 20 世纪初，相互保险组织的频繁失败，国家职能在经济领域的扩张，使得保险监管开始进入此前远离国家的相互保险组织。这一国家干预的结果，深刻地改变了相互性，并且在彼此的互动过程中，形成了对相互保险法律分析与应用的法理基础。

在保险监管的介入下，相互性发生了改变，并直接影响了相互保险组织的法律定位。在保险监管介入前，包括友谊社、互助社在内的早期相互保险组织，都是较为典型的非营利组织。但在监管出现后，相互保险必须追求一定的盈余以满足偿付能力监管的要求，这部分盈余不再能够以保费减免的方式返还给保单持有人，促使相互保险组织有了营利性色彩。

在保险监管的介入下，相互性有了法律化的改造，促使相互保险组织与其他互助合作类组织有了法律上的区别。早期互助是私力性质的自助行为，并没有法律强制性。在保险监管介入后，无疑打破了相互保险组织的私力互助性质，为其注入了法律的强制性，互助转化为了商事保险契约，组织的会员也有了明确的所有权权利。这一变化，使得相互保险组织与一般性的互助合作组织有了根本性的法律差别。

中国在相互保险组织的发展过程中，并没有组织自发生长的一个演进过程，所以对相互保险组织的本质特征，对这一本质特征与保险监管的互动历史及其在法律上的影响，缺乏系统和全面的认识。在对相互性与保险监管的互动进行研究的基础上，构建相互保险组织的法理基础，无疑能够更好地研究相互保险组织的法律定位，相互保险组织与其他互助合作类组织法律差别的问题，也有助于我国进一步改善现有的相互保险监管规则。

关键词：相互保险组织　相互性　保险监管　法理基础

目　　录

第一章

导　　论

相互保险组织对中国而言是一个非常晚引入、未有系统进行法律研究的保险组织。在所有权结构上，相互保险的保单持有人为组织所有权人，同时是组织的会员与顾客。保险行业的特殊性，使得保单持有人并不能对外转让保单/所有权。在组织内部，由投保人购买保单所支付的资金形成资金池，而偿付能力监管的要求，使得所有权人并不能随意要求财产分配。这一特定行业的特定组织，它的组织运作规则、法律定位和权力分配同时受到保险业以及自身所有权结构的双重影响，与其他组织形成了鲜明对比，对于中国而言是一个极为特殊的商事组织体。

第一节　问题的缘起

2015 年，中国保监会出台《相互保险组织监管试行办法》（以下简称《试行办法》），随着该《试行办法》的出台，我国在法律层面已初步建立了有关相互保险组织运作的基本规则。不过，《试行办法》的规定及相关的研究在许多方面尚存在局限。例如，对相互保险组织未给予明确的法律定位，即在组织的内涵与外延方面始终没有建立起清晰的判断规则与界限，这就使得相互保险组织与非营利组织之间的关系不清晰，相互保险组织与其他互助合作类组织的边界一直不清晰。

本质上，这一问题的出现与相互保险组织法律基础理论的缺失有关。国内现有的关于相互保险组织的研究，并未结合相互保险的本质特征、历史发展与保险行业的特殊性出发进行分析，对保险监管的出现对于相互保险本质特征的深刻影响也未有系统的认识,这使得对与相互保险有关的重要法律问题也未有合理与清晰的解释。例如,在相互保险的税收问题上,相互保险组织没有资本产生的所有权,不产生源于资本的利润,并且在盈余分配上,会将绝大部分超出必要成本的保费支出返还至保单持有人,那么这样一种互助组织,是不是属于非营利组织?① 在相互保险组织内部,人们互相合作,共同民主治理,从事风险分散的工作,相互保险组织本身的源头即是类似友谊社、互助社的合作组织,既然相互保险与其他互助合作类组织存在诸多的相似之处,那么两者是不是同一类组织? 这些类似相互保险的互助合作类组织,是否又该在多大程度上受到监管? 此外,在诸多不同的领域,组织成员形成互助资金池,如网络上的互助计划,存在于各地的职工保险互助会,它们的运作机制与相互保险有许多相似之处,这些法律安排是不是相互保险组织? 要解决上述问题,必须结合历史及已有的法律实践,从理论上构建相互保险组织的法理基础,才能从根本上回答前述问题。

在 19 世纪,英国相互保险组织的前身友谊社,是一个由公民自发形成的自助组织。这一自助组织的兴起,与市民社会的形成互为联系,而友谊社也是典型的市民社会组织。友谊社一方面有意远离国家监管,内部实行自治;另一方面又与追求营利的私人组织相区别,是非常独特的处在国家与私人中间的社会组织形态。在当时,友谊社的活动分成两部分,包括会员的集会与互助(这里的互助并不是现代意义的保险,但与现代保险有许多相似之处)。集会内容包括在会所的聚餐,参加成员的葬礼,以及当时盛行的啤酒聚会。会员的支出分为两部分:集会费用及互助分摊费用,两部分支出并没有分别设立不同的资金池,而是混用。在当时,相当一部分友谊社是按比例分摊费用的模式,即当已收取的会费不足以覆盖当下的成本时,由会员平摊支出的费用。在友谊社内部,会员视其为一个非常私人的、远离国家政治干涉的自助组织,虽然后期法律作了许多规定引导其

---

① 国内诸多研究将相互保险组织定位为非营利组织,但这一非营利组织的定位与许多国家对一般性相互保险组织的法律定位并不相同。并且,以非营利组织进行定位,学界一直未能清晰地解释相互保险组织分红保单的存在与非营利组织“资产锁定”之间的矛盾,即为什么相互保险定位为非营利组织的同时,可以向所有权人分配“利润”。

注册为正式组织，但许多友谊社依然选择不进行注册。① 即使在当代的英国，依然还有选择不注册、远离国家监管的友谊社。

19世纪友谊社提供的"原始保险"，如果按现代标准来看，就是人们的互助行为，并且这样的互助并没有很强的契约意涵，成员之间没有强制性的法律义务，纯粹依赖会员的自觉与奉献。例如，有成员去世时，友谊社会按照会员章程对其遗孀进行救助，或者当会员生病需要帮助时，人们按照所需费用的金额，按人头进行分摊。由于是私力互助性质，当时友谊社对不缴费成员的处理，仅限于逐出组织，开除会籍，并没有其他强制性的要求缴费的处罚手段。

早期的友谊社远离国家的监管，并且在工业革命时期，由于这一组织形式为处在社会底层的工人阶级提供了必要的互助保障，因此聚集了庞大的会员规模。不过，友谊社由于会员数量众多，在组织治理上，成员集体搭便车的现象十分严重。庞大的会员规模，所有权与控制权的严重分离，使得组织的管理权掌握在了内部管理人员手上。部分友谊社出现了内部人监守自盗的现象。早期的缺乏监督，以及友谊社因管理不善引发的经营失败，以及当时国家职能的扩张，最终催生了现代保险监管的诞生。从19世纪末到20世纪初，保险监管开始不断地进入早先远离国家的市民社会组织，以维护超越组织的社会利益。

正是在这样一个历史发展过程中，相互保险组织形成了相互性这一本质特征，而相互性也传承了早期互助组织包括平等、自治与作为市民社会组织体的相关要素。具体而言，相互性是指人们共同行动，相互合作，共担风险的互惠行为与理念。由相互性衍生出了相互保险的基本特征，包括没有股份、成员的团结、民主、独立等。从组织的发展来看，相互性塑造了现代相互保险组织的基本制度，也是从这一特征出发，形成了包括会员制的组织方式，保单持有人同时为所有权人的所有权结构。一言以蔽之，相互性决定了相互保险组织的法律制度，是理解相互保险组织的窗口，也是这一组织未来发展变化的关键要素。

在现有的研究中，汉斯曼重点分析了由相互性所形成的没有股份的所有权结构。他认为，这一保单持有人与所有权人重合的结构，有助于解决

① Simon Cordery, *British Friendly Societies*, *1750-1914*, Palgrave Macmillan Published, 2003, pp. 42-97.

早期保险市场存在的信息不对称与利益冲突问题，可以降低保险市场的交易成本。但是，相互制的所有权结构本身有成本，具体体现在所有权与控制权的分离，以及融资能力的匮乏上。在现代保险业的初始阶段，相对于股份制保险公司，相互制这一所有权结构在克服市场交易成本上具有竞争优势。不过，这一优势随后在保险监管的介入下发生了变化。"公共监管的设立在很大程度上提高了股份制人寿保险公司的竞争力"①，公共监管普遍地降低了市场交易成本，并在随后的发展中，使得相互制保险企业在降低市场交易成本上的优势不再凸显。

不过，汉斯曼虽然研究了国家监管对保险市场交易成本的影响，但他没有进一步分析监管的介入对相互保险组织本质特征的法律改造，也没有进一步分析这一法律改造的结果与影响。

对于相互保险组织而言，监管对相互性的法律改造与互动，构成了这一组织的整个法理基础。从很多角度而言，现代相互保险组织的相互性已经脱离早期友谊社、互助社纯粹的私力互助性质。在保险监管的介入下，这一相互性在表现为组织理念的同时，其相互性内涵已具有了法律因素。具体表现在以下几个方面：

在保险监管的介入下，相互性的内涵发生了改变，并直接地体现为相互保险组织的法律定位开始变化，从非营利组织转向了需要营利并积累盈余的组织。在保险行业，不论是相互保险组织或是股份制保险企业，都需要适用统一的、标准化的偿付能力监管，而这一监管的法律结果是，不能发行股份进行融资的相互保险组织，必须通过包括积累盈余的方式来满足监管层面的要求。当相互保险组织需要将一部分积累盈余留在组织内部以持续满足监管对储备资本的要求时，这部分留存收益就不再能以减免保费的形式分配给保单持有人。此时，一个关键性的法律问题开始出现：相互保险组织既然按照要求需要积累盈余，那么这部分积累的盈余是不是营业上的利润？这无疑开始根本性地改变相互保险组织的法律定位。不过，相互保险本身具有不追求以营利为主要目的的特征，这使得相互保险法律定位的问题在各国出现了非常复杂的局面。

在保险监管的介入下，早先成员之间的私力互助行为演变为具有法律

① ［美］亨利·汉斯曼：《企业所有权论》，于静译，中国政法大学出版社 2001 年版，第 399 页。

约束力的保险契约，并且会员之间有了明确的作为组织所有权人的权利内容与治理指引，精算技术也作为强制性的以及经营所必需的监管要求引入相互保险组织中。这一变化，毫无疑问，促使相互保险组织开始脱离一般性的互助合作类组织。

正是在保险监管的介入下，包括友谊社、互助社在内的早期相互保险组织从不受监管的市民社会组织，逐步演变成为现代商事组织体，互助行为演变为现代保险下的强制性法律义务。当然，相互保险组织的相互性依然在多个方面延续了从历史传承的组织基因。在本质特征与监管的互动下，相互保险组织表现出了多重相互矛盾但又共存的组织特性。其中，既包括本质特征所形成的所有权人与顾客相重合的所有权结构，国家干预与市民自治相结合的组织运行特点，也包括组织目的上的营利性与非营利性。这些组织特性，跟随着保险，跟随着组织特殊的所有权结构以及历史传承，共同作用于相互保险组织。

我国在历史上缺乏相互保险组织自发演变与进化的过程，现有的研究也未构建出全面系统的有关相互保险组织法律分析的基础理论，所以对其本质特征的理解，对相互性与保险监管在历史中的互动及在法律层面的影响缺乏直观的认识。这使得相关研究在遇到类似相互保险组织的法律定位等问题时，难以进行全面考察并进行系统性的分析，对相互性带有的历史性与现代性特点缺乏统一认识。基于这一理论与实践中的现状，本书从相互性这一相互保险组织的本质特征出发，尝试构建相互保险组织的法律分析与应用的基础理论，并在相关的法律实践中进行验证与应用，从而进一步完善现有相互保险组织的监管规则。

第二节　研究综述

从总体上看，域外与国内在相互保险组织的研究上处在非常不同的阶段。域外关于相互保险组织最为重要的文献与法律经济学的解构研究有关。在 20 世纪 80 年代，法律经济学从合同理论出发对公司制度的形成原因进行了新的解释。这一对商事组织新的研究方式，也波及了保险组织。诸多从合同成本、所有权成本与市场交易成本出发的研究开始关注相互保险组织，并将研究的重点放在了为什么相互组织大量地出现在保险行业，这一所有权结构解决了什么问题，又产生了什么问题。

与域外相比，国内的研究更多地停留在具体问题的研究中，并且诸多具体问题的研究存在疏漏。归结起来，目前国内对相互保险组织的研究存在以下问题：对相互保险组织的法律定位并不清晰，对相互保险组织囊括的组织类型不清晰，对相互保险组织是否是非营利组织不清晰，与合作社之间的关系不清晰，与其他互助组织、互助合作安排之间的组织边界并不清晰。本质上，这些研究上的疏漏，反映了我国缺乏相互保险组织的基础法律理论，对相互保险组织的本质特征缺乏深入系统的研究，尚需要进一步改进。

一　域外研究

在 20 世纪 60 年代之前，欧美关于相互保险组织的研究非常分散，学者们关注的都是非常具体的在实践中引发的问题。例如在美国，部分研究关注了农民相互火险组织，对这一相互保险组织的权利分配安排进行了统计与分析，[1] 部分研究关注了相互保险公司和兄弟会组织在盈余分配与计算方面引发的集体诉讼问题，[2] 还有研究关注了相互保险组织在清算时的利益分配问题，包括未满期保费的处理、债务的处理等。[3] 因此，美国这一期间对相互保险组织的研究多从具体的司法案例出发，研究这一组织在遇到特定情形（例如清算、盈余计算争议等情况）时的权利分配问题，学者们并没有特别地提出一个理论来分析这一组织。与美国不同，欧洲的研究更多地集中在研究相互保险组织作为自助组织的发展历史，[4] 关注这一组织的起源、特点、宗教上的影响、运作中遇到的问题等，并且这一研究传统也为欧洲后续的研究所延续。

20 世纪 60—70 年代，当法律经济学尚未成为法学院的主要研究路径之

---

[1]　Victor N. Valgren, "Farmers'Mutual Fire Insurance Companies", *The University Journal of Business*, Vol. 3, No. 2, March 1925, pp. 126-152.

[2]　William E. Mooney, "Mutual and Fraternal Surpluses-Class Suits for Accounting and Distribution", *The Insurance Journal*, Vol. 1944, Issue 11, November 1944, pp. 643-649.

[3]　Frank T. Boesel, Leon Fieldman, "Liquidation of Mutual Insurance Companies in Wisconsin", *Wisconsin Law Review*, Vol. 1951, Issue 3, May 1951, pp. 493-496.

[4]　M. Fothergill Robinson, *The Spirit of Association*, John Murray, Albemarle, Street, W., 1913, pp. 7-10.

前，有关相互保险组织的研究主要集中在组织内部所有权与控制权分离的问题。赫瑟林顿在《事实与虚构：谁拥有相互保险公司》一文中，提出保单持有人虽然从法律上是相互保险的所有权人，但他们在事实上，并不能如普通企业一般控制组织。例如，在盈余分配方面，因为相互保险的盈余需用于组织的扩张及维持一定的偿付能力，组织的经理层倾向于保留更多的盈余，这使得保单持有人并不能如其他股份制公司一般要求盈余分配。此外，在组织治理上，庞大的保单持有人数量使得所有权人普遍有搭便车的倾向，实际参与组织治理的成员非常少，管理层控制了相互保险组织。[①] 与赫瑟林顿研究的问题类似，加里·P.克莱德在《谁拥有相互组织——对相互保险和相互银行成员权力改革的建议》一文中，研究了相互保险组织实际控制权的问题，他从相互保险与股份制保险在所有者权利上安排的差别出发，认为股份制企业的股东比相互制保险组织的所有权人，对企业管理者的情况和作为股东所享有的权利有着更多的了解。并且，所有权权利上的理论与实践差别进一步表明，控制相互保险组织的并不是保单持有人，而是公司的管理层。克莱德认为解决这一问题的方向应是对保单持有人的权利进行重新分配。具体而言，不应该在差别保单之间维持相同的投票权，而应该按照每一保单持有人的经济利益（economic interest）分配投票权，并以此构建相应的法律制度，这样才能更好地提高保单持有人的权利意识。[②]

当时间进入 20 世纪 70 年代，经济学的理论开始逐步引入商事组织的研究之中，并持续带来巨大的学术影响。詹森与麦克林在 20 世纪 70 年代发表了《企业理论：管理行为、代理成本与所有权结构》，开启了从代理成本角度研究商事组织的研究路径。在他们看来，组织是由委托人与代理人之间的一系列委托代理协议组成，代理人未必按照委托协议的内容来维护委托人的利益。在这一情况下，委托人与代理人之间必然存在代理成本。[③]

---

① J. A. C. Hetherington, "Fact v. Fiction: Who Owns Mutual Insurance Companies", *Wisconsin Law Review*, Vol. 1969, Issue 4, 1969, p. 1068.

② Gary P. Kreider, "Who Owns the Mutuals-Proposals for Reform of Membership Rights in Mutual Insurance and Banking Companies", *University of Cincinnati Law Review*, Vol. 41, Issue 2, Summer 1972, pp. 275-277.

③ Michael C. Jensen, William H. Meckling, "Theory of the firm: Managerial behavior, Agency Costs and Ownership Structure", *Journal of Financial Economics*, Vol. 3, Issue 4, October 1976, pp. 305-360.

在代理成本理论提出后，这一分析框架也引入公司法研究中。在这一阶段，代理成本理论不仅用于企业所有权结构的分析，也成为公司法合约解释的理论基础。[1] 例如，伊斯特布鲁克与费希尔将合约理论引入公司法研究，并出版了《公司法的经济结构》一书，系统地从契约角度解释公司法的制度，他们认为公司是一系列契约的联结，并从这一角度对公司法的诸多制度进行解构。[2] 这一研究进路在公司法研究中产生了大量经典文献，也开启了组织法研究中的法律经济学研究路径。

如果公司能够从合约解释，那么其他组织是否也能为合约理论所解构？从公司法的法经济学分析开始，部分法律经济学研究者开始将研究对象拓展到非公司组织，包括合作社、信托等。其中，法玛和詹森的《所有权和控制权的分离》一文，从剩余成本的角度分析股份制企业、合伙企业、相互组织和非营利企业在解决代理成本中的作用，并分析不同组织之间代理成本的差异。[3] 不过，法玛和詹森的研究虽然涉及了相互制企业，但对相互制组织的研究跨度较大，在研究对象上既覆盖了相互制保险企业，也研究了相互制银行，并未从保险行业的具体现象中，具体解释为什么相互制企业出现在保险行业，这一特殊的所有权结构解决了保险行业中的什么问题。

梅耶斯与史密斯从 20 世纪 80 年代开始，陆续发表了多篇文章，集中研究保险行业所有权结构问题。在两人的代表作《保险市场的合同条款，组织结构与冲突控制》一文中，梅耶斯与史密斯认为在一个典型的保险企业中，存在三类利益相关者，包括：公司的管理层、所有权人以及消费者，三类主体的利益并不完全一致。例如，组织的所有权人与保单持有人（消费者）利益并不一致，前者追求的是组织利润的最大化，而后者则是保单利益的最大化。此外，所有权人与管理层有时利益也不一致。因此，保险市场存在着双向的道德风险和逆向选择问题。具体对于保险合同的利益相关者而言，保险合同存在的目的是对双向激励冲突进行控制。在不考虑监管的情况下，组织的所有权人有激励先获得分红，而不是持续地保障

① 李清池：《美国的公司法研究：传统、革命与展望》，《中外法学》2008 年第 2 期。

② 这一研究成果已译为中文，参见 [美] 弗兰克·伊斯特布鲁克、丹尼尔·费希尔《公司法的经济结构》，罗培新、张建伟译，北京大学出版社 2014 年版。

③ Eugene F. Fama, Michael C. Jensen, "Separation of Ownership and Control", *The Journal of Law & Economics*, Vol. 26, No. 2, June 1983, pp. 301–325.

公司有足够的资金对保险进行理赔。在极端的情形下，组织将资产全部出售并以红利的形式支付给所有权人，而此时保单持有人将一无所有。当然，潜在的代理成本也反映在了保单的价格之中。对于相互保险组织而言，保单持有人与所有权人的重合结构，能够减少所有权人与保单持有人之间的合同成本，但是这一合同成本减少的代价是——所有权人与管理层合同成本的增加。① 此后，他们还研究了不同所有权结构下的控制权与激励问题，② 并在后续的文献中进入不同的保险险种以研究其中的所有权结构。③

与梅耶斯与史密斯从保险合同下利益冲突出发的研究进路不同，汉斯曼追溯了早期保险行业的发展历史，在对保险业事实分析的基础上建立了所有权成本与市场交易成本的理论框架，并在这一框架下分析相互保险出现在寿险及财险领域的理由。根据汉斯曼的理论，对于任一组织而言，决定组织形式的，背后存在两类成本：一是市场交易成本，二是所有权成本。"在成本最低的所有权配置状态下，企业交易成本的总和应当实现最小化，也就是以下两种成本之和达到最小：（1）企业与非所有人的客户在市场上交易的成本；（2）作为企业所有人的那一类客户拥有企业的所有权成本。"④ 毋庸置疑，相互保险这一组织形式的出现，最主要的目的是解决保险市场的交易成本。汉斯曼的研究区分了寿险与财产险的不同。他认为人寿保险合同一般为长期合同，这导致人寿合同存在着不确定性与客户的锁定问题，相互制保险企业能够减少上述不确定性并且解决客户锁定的问题，因此在早期得到广泛的发展。而在财产和责任险里，相互制保险企业不仅能够减少信息不对称的问题，还能更有效地防止道德风险和逆

① David Mayers, Clifford W. Smith Jr. , "Contractual Provisions, Organizational Structure, and Conflict Control in Insurance Markets", *The Journal of Business*, Vol. 54, No. 3, July 1981, pp. 426－427.

② David Mayers, Clifford W. Smith Jr. , "Ownership Structure and Control: The Mutualization of Stock Life Insurance Companies", *Journal of Financial Economics*, Vol. 16, Issue 1, May 1986, pp. 73－98.

③ Mayers, Clifford W. Smith Jr. , "Ownership Structure Across Lines of Property－Casualty Insurance", *The Journal of Law and Economics*, Vol. 31, Issue 2, October 1988, pp. 351－378.

④ ［美］亨利·汉斯曼：《企业所有权论》，于静译，中国政法大学出版社 2001 年版，第29 页。

向选择问题，因此相互制保险企业能够在保险行业获得较好的组织优势。

在 20 世纪 80 年代后，随着诸多的大型相互制保险组织在主要保险市场转制为股份制公司，欧美有关相互保险组织法律研究的重点从此前的所有权结构，转向研究非相互化涉及的法律问题。由于保险组织在转制时涉及保单持有人的利益分配问题，因此这一期间关于非相互化研究的文章带有许多法律技术色彩。以《相互保险公司的非相互化：比较分析下的问题与方法》一文为例，该研究将美国各州非相互化的规则进行总结比较，从转制的程序入手，较为仔细地研究了涉及转制的董事会决定、成员代表大会的议事规则，并且重点比较了盈余在转制时的分配规则，如应分配给哪些保单持有人——部分州规定为三年内贡献过盈余的保单持有人，部分州为五年内贡献过盈余的保单持有人等。[1] 由于在转制过程中，保单持有人丧失了对组织的所有权，但所有权转移的对价未必能够得到保单持有人的认可，实践中出现了许多司法判例。因此，也有部分研究将视角转向了转制过程中保单持有人的权利保护问题。[2]

除了组织法、保险法的研究进路外，部分欧洲学者持续关注了相互保险组织作为市民组织的历史变迁过程。戈斯登在开创性的《1815—1875年的英格兰友谊社》一书中，研究了 19 世纪英国友谊社高速发展背后的原因，作者认为当时的英国在工业化的推动下，工人阶层自发地形成友谊社以实现某种程度的社会功能——包括彼此之间的社交需求以及保险互助的需求。作者同时用大量的材料证明了国家的立法直接推动了友谊社在市民社会的快速发展。[3] 在戈斯登《1815—1875 年的英格兰友谊社》一书的基础上，西蒙·科德瑞对友谊社的研究，从时间上延伸到友谊社形成的早期，将视角主要集中在友谊社作为一个自助组织是如何与国家互动，以及保险与其他社交活动是如何互动有机地统一在同一组织体内。在大量的历史细节中，西蒙·科德瑞解释了友谊社受到监管背后的原因，包括内部的

---

① Gordon O. Pehrson Jr., David R. Woodward, James H. Mann, "Demutualization of Insurance Companies: A Comparatice Analysis of Issues and Techniques", *Tort & Insurance Law Journal*, Vol. 27, No. 4, Summer 1992, pp. 709-749.

② Edward X. Clinton, "The Rights of Policyholders in an Insurance Demutualization", *Drake Law Review*, Vol. 41, Issue 4, 1992, pp. 657-689.

③ P. H. J. H. Gosden, *The Friendly Societies in England 1815-1875*, Manchester University Press, 1961, pp. 56-80.

管理层腐败及粗糙的精算技术导致的经营失败，以及此后福利国家形成对
自助保险组织的冲击。① 马丁·伦格威勒从保险和市民社会互动的角度，
比较研究了英国、德国、法国和瑞士四国 19—20 世纪保险活动和市民社
会发展之间的关系。研究显示，在 19 世纪，欧洲福利国家政策尚未正式
形成时，以市民组织为代表的相互保险成为这一期间的主要保险提供者，
吸引了大量的工人阶级加入。但是在这一时期，相互保险的代表——友谊
社并不如它所标榜的开放，在成员的选择上，友谊社本身存在一定的门
槛。当时间进入 20 世纪，随着法定保险、福利国家和公司保险制的发展，
相互保险对人们的吸引力有所降低。在《保险与市民社会：矛盾关系的要
素》一书中，马丁重点比较了英国和德国相互保险在保险与市民社会上的
关系，他认为在英国两者关系的重点是突出"市民"，而德国强调既非国
家也非私人，这显示了两国不同的文化和制度环境。随后德国相互保险与
国家的紧密发展关系也印证了这一判断。②

　　在保险相关的教材中，乔治·E. 瑞达与迈克尔·J. 麦克纳马拉在经
典的保险学教材《风险管理与保险原理》一书中，将相互保险组织列为
重要的商事保险组织，在书中介绍了这一组织的类型及业务分类，包括预
付保费的模式以及可追征的模式，并指出当下的相互保险组织（特别是人
寿保险公司）处于结构变动中。这些结构变动包括组织并购行为的增加、
非相互化及组建相互控股公司，而后两者的变动通常都作为非相互化进行
整体讨论，主要目的是解决相互保险的融资问题。③ 法尼的《保险企业管
理学》对德国互助社的讨论非常细致，介绍了德国互助社的组织治理、法
律基础、会计处理及融资等具体规则。在这本保险教材中，法尼很有见地
地讨论了大小型相互保险组织在相互性上开始了分化，他认为："（此前
的以人为大家，大家为一人的）相互关系只有在（非常）小的相互保险
公司会员之间才存在……在大的相互保险公司中，因会员数量多，因而这

① Simon Cordery, *British Friendly Societies, 1750-1914*, Palgrave Macmillan Published, 2003, pp. 42-97.

② Martin Lengwiler, "Insurance and Civil Society: Elements of an Ambivalent Relationship", *Contemporary European History*, Vol. 15, No. 3, August 2006, pp. 397-416.

③ ［美］乔治·E. 瑞达、迈克尔·J. 麦克纳马拉：《风险管理与保险原理》，刘春江译，中国人民大学出版社 2015 年版，第 96—98 页。

种猜想是不切实际的。"① 实际上法尼的判断，与赫瑟林顿的《事实与虚构：谁拥有相互保险公司》一文互相作了呼应，当组织规模越大时，相互保险组织实际上的权力控制转移到了管理层手中，传统的会员制越来越让位于契约式的商事保险合同。

二 国内研究

中国对相互保险组织的研究，从研究的内容和重点来看，分为三个阶段：第一阶段（1980—2003 年），这一阶段对相互保险组织的研究处在起步阶段，相互保险与合作社相联系，部分研究将视角集中于讨论农村互助保险合作社制度建立的可行性与具体制度的衔接；第二阶段（2004—2014 年），这一阶段是对相互保险组织相关制度进行摸索的阶段，相互保险开始逐步脱离合作社保险的范畴，成为保险行业本身的一个特殊组织体进行讨论；第三阶段（2015 年至今），对相互保险的研究开始深入到具体的制度层面，域外的诸多法律制度开始逐步介绍到国内，以还原真实的相互保险法律制度。

1. 第一阶段：与农村合作保险联结的初始研究阶段（1980—2003 年）

这一时期国内关于相互保险的研究是与合作社保险联系在一起的。在 1985 年国务院出台的《保险企业管理暂行条例》中规定"国家鼓励保险企业发展农村业务，为农民提供保险服务。保险企业应支持农民在自愿的基础上集股设立农村互助保险合作社，其业务范围的管理办法另行制定"。在国家政策的支持下，我国在 20 世纪 80 年代出现了许多农业合作社经营保险的情况，如在当时的冀县，县供销社成立保险合作社，"社员既是保户，又是合作社的主人"，并将资金的 70% 作为公积金，20% 作为分红基金，10% 作为奖励基金，与早期相互保险组织的运作有许多相似之处。②

从合作社推动农业保险的进路，某种程度上使得相互保险在中国较早

---

① ［德］法尼：《保险企业管理学》（第 3 版），张庆洪、陆新等译，经济科学出版社 2002 年版，第 128—142 页。

② 黄思厚：《供销社改革的一个新突破——河北省供销社试办农村保险业务的调查》，《商业经济研究》1988 年第 8 期。冀县的农村合作社社员需要缴纳股金，社员既是保单持有人，是社员，也是合作社的股东。

地被归类为"合作保险"，这样的定位也反映在相关的文献中。在中国知网关于相互保险最早的文献中，孙学明讨论了相互保险与现代保险的区别，他认为"相互保险是保险的初级阶段"，随着保险精算技术的发展形成了现代的"专业保险"，专业保险能够满足庞大人群的保险需求，并创立了"单独化的保险基金"①。此外，他认为相互保险是合作保险的一种，但在相关的文献中，他并未给出合作保险准确的定义及划分的确切依据，只从组织的运营目的上将相互保险归到了合作保险下。② 卞昌久考察了当时农村保险合作社的法律特征，包括"农村保险合作社，为全体保险人所共有"，"以合作的方式进行互助互济"，并指出当时的农村保险合作社在所有制上是"集体所有制企业"③。

　　囿于 20 世纪 80 年代经济体制的原因，合作社遍布于整个农村经济体系，私有经济尚不发达，相互保险在此时难以与成员的私人所有建立联系，而是归入带有集体经济色彩的"合作保险"概念之下。当时间进入20 世纪 90 年代，部分研究开始具体定义合作保险，认为合作保险"是由社会上对保险有共同需求的人或单位组织起来，采取互助合作组织的形式来满足其成员对保险保障的需求"，并将合作保险分为保险合作社与相互保险社，两者的区别是前者有股份出资的概念，并且投保人不限于组织的社员，而后者并没有股份出资，也不对外出售保单。④ 根据这一划分，当时成立的农村统筹保险互助会属于相互保险社，这一组织实行"农民之间互助互济、自我服务的、非营利性"，而需要出资的保险合作社是"股份公司而不是真正的合作社"⑤。因此，在这一阶段，国内的研究已经开始区分保险合作社与相互保险组织，开始区分有股份出资和无股份出资的组织差别。

　　这一期间，也出现了脱离农业合作保险对相互保险的直接研究。许谨良在《美国和日本的相互保险公司》一文中，初步探讨了美国和日本在股份制保险之外的相互保险公司。作者介绍了相互保险公司在上述国家的市场份额、运行机制、治理特点、业务特征等，并指出之所以股份制在上

---

① 孙学明：《试论保险学的研究对象》，《山西财经学院学报》1983 年第 6 期。
② 孙学明：《建立具有中国特色的经济补偿制度》，《金融研究》1984 年第 6 期。
③ 卞昌久：《关于农村保险合作社的调查研究》，《法学杂志》1988 年第 6 期。
④ 任素梅：《合作保险的组织形式及其特点》，《农村合作经济经营管理》1996 年第 1 期。
⑤ 庹国柱：《我国农业保险的试验及其评论》，《保险研究》1996 年第 4 期。

述国家没有成为单一的保险组织形式，是因为"保险具有互助性质，或者说保险是一项社会公益事业，不能把追逐利润作为唯一的经营目标"，由此将相互保险公司定位为"非营利公司"①。这一非营利组织的定位，也得到了其他研究的认可。② 除了非营利的组织定位外，当时也有研究将相互保险组织描述为合伙型公司，并在这一基础上超前地进行了相互保险组织的转制研究。③

关于相互保险组织类型的研究也出现在这一阶段，并在某种程度上影响了此后相互保险组织类型的讨论。在这一阶段，有研究总结了相互保险包括了相互保险社、交互保险社、相互保险公司、保险合作社，但对各类相互保险组织并没有一一给出适用于这一组织形式的特定定义，只是在组织定位上认为上述相互保险组织都是非营利的保险公司。④ 需要注意的是，这里的相互保险的分类与此前合作保险下的分类产生了差别，保险合作社在该篇文献的分类中划到了相互保险之下，而不是此前的与相互保险社一起归入"合作保险"的范畴内。

综上，我国从20世纪80年代到90年代初对相互保险的研究，将其主要限定在"相互保险合作社"这一组织概念中，定位为合作保险。这一定位既与当时改革开放初期的制度环境有关，也与我国当时的法律不健全有关。当时理论上对合作保险的定义非常模糊，这一概念的出处和划分的依据不仅难以从当时的文献中找到出处，也与域外对相互保险的描述不一致。并且"相互保险合作社"这一组织概念，与域外对应的组织也没有建立直接的联系。

从20世纪90年代后期到21世纪初，学界的研究开始逐步将相互保险从农业合作保险中剥离，作为保险领域特殊的组织体进行讨论，与股份制保险公司并列进行研究。这一期间初步探讨了相互保险组织特殊的所有权结构、治理特点、特殊的分配制度等，并划分了相互保险下有几类组织体，但这一划分并没有坚实的依据，各类相互保险组织既无对应的定义，

① 许谨良：《美国和日本的相互保险公司》，《上海金融》1990年第11期。

② 李谦：《浅谈采用相互保险公司的组织形式发展我国寿险业》，《浙江金融》1993年第6期。

③ 刘震、胡三明、党雪：《初探相互保险公司转制以及在我国的适用性》，《中国保险管理干部学院学报》2002年第4期。

④ 张君：《论我国保险公司组织形式的多元化》，《保险研究》2002年第5期。

也无对应的组织体。在组织定位上，有研究认为相互保险组织是非营利公司，有学者认为是合伙型公司，不过总体上有较多的研究将其划入非营利组织的范畴。总而言之，这一阶段对相互保险组织的研究尚在起步阶段，许多概念和问题的讨论尚需进一步深化。

2. 第二阶段：具体制度的探索研究阶段（2004—2014 年）

2004 年，我国在黑龙江组建了第一家农业相互保险公司——阳光农业相互保险公司。在这一期间，由试点的阳光农业相互保险公司开始，部分研究转向了对农业相互保险公司的组织性质、资本金、保险关系的特殊性进行探讨，例如认为农业相互保险是投保人同时为组织所有权人的法人组织，没有资本金，保险关系与会员资格相联系等。[①] 在阳光相互保险公司运行一段时间后，诸多的研究开始分析这一农业相互保险公司的运行状况，如将其与早期农村互助组织进行比较，认为阳光相互保险存在政府介入过大、保费偏低、依赖补贴等问题。[②]

在这一期间，相互保险最终开始脱离合作保险的下位概念，成为保险行业的一个特殊组织体进行讨论。部分研究开始提出有关相互保险组织的一般性问题，如相互保险公司的基金性质问题、大灾准备金属性问题、所得税问题、监管问题，不过这些问题的实质始终围绕着解决相互保险组织是不是非营利组织所展开。当时的研究认为相互保险的保费来源于保单持有人，并会将多余的保费返还投保人，并没有营利目的，保单收入在属性上不是利润，因此不应该缴纳所得税，大灾准备金的提取也不应该扣取所得税。[③] 在阳光相互保险之外，不少研究也开始转向域外的农业保险制度，如对日本农业共济组合制度的研究，[④] 对法国农业互助保险基本情况、组织架构和治理体系的研究。[⑤] 由此可见，这一阶段在相互保险组织的研究上，尚未解决相互保险组织的法律定位问题，这一问题体现在实践层面则是阳光相互保险公司在所得税上及大灾准备金上遇到了税收上的困

---

① 李勇杰：《发展农业相互保险制度》，《上海保险》2004 年第 12 期。

② 卢成、王雅超：《农业保险引入相互保险形式的可行性研究——基于已有案例的总结》，《安徽农业科学》2006 年第 14 期。

③ 庹国柱、朱俊生：《对相互保险公司的制度分析——基于对阳光农业相互保险公司的调研》，《经济管理研究》2008 年第 5 期。

④ 江尚：《日本农业保险制度》，《北京农业》2008 年 9 月中旬刊。

⑤ 郭永利：《法国农业互助保险及其启示》，《中国保险》2012 年 2 月号。

境。相互保险组织传统的做法是将多收的保费返还给保单持有人，这一多收的保费从税务机构角度而言为利润，但这一定性并未得到相关研究的认可，文献也未给出有说服力的解释。

随着研究的进一步推进，部分文献开始关注主要保险市场——美国、日本、德国等国家相互保险的具体运作情况与法律规定。从这一阶段开始，我国对相互保险的研究开始变得更为精细，扎实的研究开始陆续出现。如刘燕的《国外相互保险公司的发展路径及影响》一文从历史的角度考察了域外相互保险组织的发展过程和形成要素，对相互保险的立法与发展路径之间的关联进行了研究，文章关注到了大型相互保险组织在现代保险市场上面临的组织困境——投保人众多导致实际控制权偏离的问题，也指出了保险监管的加强，使得传统相互保险组织的优势相对削弱，并介绍了上述问题对我国现有立法带来的启示，是这一阶段法律层面对相互保险组织最为系统的研究。[1] 此外，有部分研究关注到了相互保险组织的特殊所有权结构，从与股份制比较的角度研究了相互保险组织。[2]

对保赔协会的讨论在这一期间增加，保赔协会在是否应划分为相互保险组织的问题上存在争议。加鹏的《相互保险的作用——从保赔协会在国际商务中的角色谈起》一文认为，"保赔协会是典型的相互保险公司"，从相互保险组织的特点——相互性、保单持有人同时为公司的股东、没有资本金等角度出发，认为保赔协会与商业保险形成鲜明对比，是相互保险组织。[3] 庹国柱在《论农业保险中的"协会保险人"及其监管》一文中认为，协会形式的保赔协会都是"非营利社会团体"，虽然在名称上有"互助"，但这些协会保险人并不是"合作互助组织"，因为这些协会保险人并不是社员控制，而是带有行政色彩的控制和管理，没有社员入股和分红，不符合国际合作联盟合作社的原则，如"自愿和开放的社员资格、民主控制、社员的经济参与、自治、教育、培训和信息、合作社之间的合作、关心社区"，因此这一类协会保险组织是"一种特殊的既非商业保险

---

① 刘燕：《国外相互保险公司的发展路径及影响》，《保险研究》2006 年第 11 期。

② 张柯：《相互保险公司与股份保险公司的比较研究》，《上海保险》2005 年第 5 期；王显刚：《相互制保险公司组织形式研究——在中国市场运用的可行性》，硕士学位论文，天津财经大学，2015 年。

③ 加鹏：《相互保险的作用——从保赔协会在国际商务中的角色谈起》，《中外企业家》2004 年第 7 期。

公司也非合作保险组织的非营利性社会团体"①。

综上，我国这一阶段对相互保险组织的研究，一方面与试点的农业相互保险组织有关；另一方面关注了相互保险组织的具体问题。在很多方面，相互保险组织开始完全脱离"合作保险"的范畴，作为单独一个保险组织体进行讨论。但这一阶段的研究中，对相互保险组织是否为非营利组织的问题一直没有得到圆满的解决，大部分研究将其定位为非营利组织，但这一定位更多地从组织目的——互助保险，人人为我、我为人人的组织宗旨进行分析，并未详细说明相互保险组织分红保单的存在与非营利组织限制分配之间的矛盾如何在理论上进行解释。部分研究延续了此前相互保险组织的组织划分体系，将相互保险公司分为相互保险社、保险合作社、交互保险社；②有的将相互保险称为合作制保险人，并具体地划分为保险合作社、保险相互社、相互保险公司；还有的将相互保险分为两类：公司形式的相互保险公司以及合作互助形式的相互保险社、保险合作社、交互保险社。③这些组织类型的划分和定义，从相关文献中并未看到对应的出处以及依据，并且未解释保险合作社成员出资与传统相互保险组织无资本所有权人定义之间的矛盾。

3. 第三阶段：新问题的出现与逐步摸索、消化阶段（2015 年至今）

中国保监会 2015 年颁布了《试行办法》，这标志着我国在商业保险领域正式引入相互保险组织。《试行办法》初步规定了相互保险组织的运营规则以及治理结构，但与相互保险组织有关的转制、解散、税收、合并、成员诉讼等相关内容都尚未涉及。从《试行办法》的主要内容来看，我国在相互保险组织层面尚处于摸索、消化阶段。

相互保险与股份制保险公司之间的本质区别是什么？在《相互保险与股份保险比较》一文中，刘燕指出两类组织的本质区别在于"相互保险由投保人所有——投保人基于保险合同而成为公司的所有权人，后者由出资人所有"。这一所有权结构决定了两者资本来源有别，股份制公司资本来源为股东股本和相应的利润留存，而相互保险的初始运营资本来源于借款或者捐赠，在后续经营中留存收益"提供了最主要的新增运

①　庹国柱：《论农业保险中的"协会保险人"及其监管》，《中国保险》2013 年第 12 期。

②　石东洋、袁冰、陈忱：《相互保险公司的种类及特性》，《福建法学》2013 年第 3 期。

③　江生忠编：《保险企业组织形式研究》，中国财政经济出版社 2008 年版，第 57 页。

营资金"。在公司治理上，股份制保险公司是资本多数决，而相互保险原则上实行一人一票的投票规则，利润分配上前者按照持股比例进行分配，而后者则有较为复杂的剩余索取权安排。除了组织层面的差异，在股份保险与相互组织之间存在组织理念和历史传承的差异。① 此外，刘燕、李敏的《中国引入相互保险公司面临的挑战》一文指出，相互保险组织引入中国将面临诸多的挑战，具体包括：缺乏相互制组织运作理念的运作土壤、需解决"内部控制人"问题、互联网金融带来的新调整及金融混业下的风险防范。②

在具体的关于相互保险法律制度的研究上，由北大金融法研究中心牵头撰写的《相互保险组织运作及风险管理研究》一书首次系统地研究了美国、英国、日本和德国相互保险组织的法律制度，介绍了上述国家相互保险组织从设立、融资、会员的权利义务、组织治理、分配、税收到转制与合并等规则。这一研究从域外国家的法律规则和具体案例出发，对相互保险的运作全貌进行了较为详细的介绍，是国内截至目前对相互保险最为扎实和具体的研究。③

在这一期间，互联网金融的发展也为相互保险带来了新的研究课题，这些问题集中表现为：（1）互联网的"互助"是不是相互保险？（2）如果不是相互保险，如何定义互联网的互助行为？监管的边界在何处？（3）互联网保险与传统的相互保险是否有联结的可能性？现有的关于上述问题的相关研究，局限在讨论网络互助的模式解决了什么问题，有什么优势，但尚未解释完毕"互助"与"相互保险"之间的界限，也未明确列明两者之间的监管边界。④ 另外，也有研究细致分析了相互保险的历史，并指出相互保险与互联网结合中存在的问题，如迅猛发展到来的"丧失传统相互保险组织自然优势的代价"，并认为互联网层面的相互保险应

---

① 刘燕：《相互保险与股份保险比较》，《中国金融》2016 年第 24 期。

② 刘燕、李敏：《中国引入相互保险公司面临的挑战》，《中国保险》2015 年第 12 期。

③ 详见梁涛主编《相互保险组织运作及风险管理研究》，中国金融出版社 2017 年版。

④ 苏广润：《互联网上的相互保险》，《中国保险》2015 年第 12 期；李小方：《移动互联网时代背景下我国相互保险公司的发展机遇》，《山西财经大学学报》2016 年第 S2 期；易辉、郝演苏：《共享经济背景下的众筹相互保险》，《中央财经大学学报》2016 年第 4 期。

"承受更严的监管"①。

4. 现有研究的启示

从域外与国内对相互保险组织研究的重点和方向来看，两者处于不同的阶段。域外相互保险组织的法律定位、组织类别与组织边界是清晰的，在司法和监管层面已经基本解决了包括相互保险组织的税收、剩余索取权分配、转制、监管边界在内的一系列具体问题。因此，理论的关注点从具体的法律应用走向了更为抽象的所有权结构研究。只是对所有权结构的分析，不同学者有着不同的研究进路，有学者从合同出发分析相互保险组织的代理成本问题，也有学者从具体保险行业出发研究这一组织的所有权成本与市场交易成本。但这些研究进路都带有明显的法律经济学色彩。除此之外，在法律经济学的推动下，出现了许多实证文章对所有权结构理论进行验证。与美国对所有权结构的关注相比，欧洲的部分研究则是回归到相互保险的历史，研究这一组织形式与市民社会、国家之间的互动历史，力图揭示这一带有特定历史的组织体在更为宏观的制度环境下的特殊作用。

我国对相互保险组织的研究尚处于较为初步的阶段，现有的研究更多处于对域外相关法律制度消化、吸收的阶段。在国内的文献中，学者的研究重点集中于讨论相互保险组织所有权结构的特殊性——保单持有人同时为组织的所有权人，以及这一特殊所有权结构下的治理问题。但现有的研究并未建立起分析相互保险组织的法律基础理论，对何为相互保险组织的本质特征，以及保险监管对这一组织体本质特征带来的影响，缺乏全面系统的研究。这一现有研究的不足，使得我国在相互保险组织的法律应用上，如相互保险组织的法律定位与组织边界的问题上始终没有清晰的认识。具体包括，对相互保险组织中的"保险行为"与"互助行为"，始终没有给出理论上与法律上的区分解释，这使得对相互保险的定位多从互助合作的组织理念出发，将其定位为非营利组织，但这一定位无疑与相互保险组织能够进行分红的盈余分配规则相矛盾；对相互保险组织与其他互助合作类组织之间的关系也始终没有给出清晰的监管标准，这使得许多与相互保险有类似特征的组织体，包括网络互助、职工保险互助会等，应如何进行法律上的定位与监管，在现有的研

---

① 刘燕：《互联网时代的中国相互保险：老树新枝可经风？》（http://www.fromgeek.com/finance/91131.html）。

究中尚未给出有说服力的解释。

第三节　结构与方法

相互保险组织虽然对中国而言是一个非常新的保险组织体，但在域外却已有数百年的发展历史。追溯历史可以发现，相互保险组织经历了市民社会的兴起，福利国家政策的推行，自由市场与国家干预的互动，从一个私力自助的社团逐步演变为现代商事保险组织。相互保险经历了许多复杂而又多元的，影响这一组织体的政治、经济、文化与法律的变化。本书正是从历史发展的角度，对这一组织体本质特征进行研究，以构建相互保险组织法律分析与应用的基础理论。

一　本书的结构

本书将分六章讨论相互保险组织，主要解决三方面的问题：第一，何为相互保险组织；第二，相互保险组织的本质特征相互性是什么，以及保险监管对这一本质特征带来的影响，从两者的互动过程出发构建相互保险组织法律分析的基础理论；第三，将相互保险组织的法律基础理论应用于具体问题的分析上，包括相互保险组织的法律定位、与互助合作类组织的法律区别及现有监管规则的完善。具体章节与内容分布如下：

第一章主要介绍本书问题的缘起，并对本书相关问题的研究进行综述。在我国，相互保险组织虽然已经成功落地，但这一组织背后所反映的组织理念及其需要的理论基础却尚未"匹配"，这体现为现有研究对相互保险组织的许多根本性问题缺乏深入的研究，也没有系统性的分析。因此，构建相互保险法律分析与应用的基础理论，可以弥补我国这一法律基础研究的空白。

第二章主要研究相互保险组织的历史起源与法定组织形态。具体而言，从相互保险的发展历史、法定组织形态、与股份制保险公司的比较中，分析相互保险组织与其他商事组织的区别。并且，从历史的发展脉络中，可以清晰地看到，包括市民社会的形成、私力互助的理念以及国家监管的介入都对这一保险商事组织产生了深远的影响。这一梳理过程将为后续章节的研究铺垫基础。

第三章对相互性与保险监管的互动过程进行研究，以构建相互保险组织法律分析的基础。相互保险组织最为鲜明的本质特征是相互性，相互性决定了这一组织的所有权结构、治理规则、分配方式以及特殊的中间形态等。因此，对相互性的研究，构成了相互保险组织法律分析的基础性研究。相互性成形于市民社会兴起的阶段，当时的友谊社与互助社作为人们自发联合起来的社团，既与国家相远离，也与追求利润的私人组织不同。这一中间形态的组织随着保险监管的兴起而改变。保险监管反映了市场主体本身的局限，而国家干预的结果则是保险监管进入此前会员自治的社团。监管的介入，其目的是使相互保险组织必须积累盈余以应对不好的年份，但导致的结果是部分盈余由此不可逆地留存在了组织体内。这一监管介入的结果，最终使得相互保险相互性的内涵有了法律层面的改造。

第四章将基础理论运用于分析相互保险组织的法律定位。随着国家监管的介入，相互性的内涵开始发生变化，这些变化反映了多种相互冲突的要素，并集中表现为组织目的上的营利性与非营利性。各国不同的组织法律划分体系，也验证了上述组织目的的复合性特点。对我国而言，关键是结合本国的组织体系，以及引入的相互保险组织所处的历史阶段，对其进行法律定位。

第五章将基础理论运用于分析相互保险组织与互助合作类组织之间本质特征的差异。相互保险的发展源头是市民社会下的私力互助，这一起源以及组织蕴含的互助合作理念，使得许多互助合作类组织与相互保险容易产生组织边界不清、相互混淆的问题。本章将研究如何从本质特征的差异出发，划分相互保险组织与其他互助合作类组织之间的法律差别，并对相互保险组织与合作社、网络互助的法律关系进行理论上的分析。

第六章将基础理论运用于分析我国引入相互保险组织后面临的问题与挑战。我国在现行的《试行办法》上，初步建立了有关相互保险运作的基本规则。虽然《试行办法》区分了不同规模相互保险组织的设立门槛，但却适用同一组织规则与法律定位，这与相互保险组织本质特征的演变情况不符。本章将在前述研究的基础上，对相互保险组织现有的尚需进一步完善的监管规则进行研究，对我国制度环境与相互保险组织的互动进行研究，并在此基础上对相互保险组织的未来进行展望。

最后是本书的结论部分，结论部分将对全书内容进行总结和提炼。

二　本书的研究方法

本书的研究方法主要是比较法研究和历史研究方法。

在比较法视角下，各主要保险市场都出现了不同类型的相互保险组织。作为可以追溯到古希腊的组织，相互保险在漫长的历史发展过程中受到各国历史、文化、民情与法律的影响。虽然在所有权结构上各国并无太大的差异，但各组织之间在时间的作用下，在具体法律制度上有着许多差异，这不仅体现在组织类型上，也体现在法律定位上。例如在美国，相互保险组织包括相互保险公司、自保公司、风险保留集团、兄弟互助会、保赔协会等。并且，比较有特色的是，美国大部分相互保险组织都注册为公司形式，主要的组织治理机构为董事会，只是最高权力机构变成了成员大会或成员代表大会。虽然同为普通法系国家，但英国与美国的相互保险组织有着很大的不同。英国的相互保险组织体系，主要分为两类：一类为公司制的相互保险公司，另一类为互助社形式的友谊社、互助社、工业与住房互助社及欧洲区互助社等。①

大陆法系国家的情况也有极大的差异性。在日本，保险组织分为两类，一类是受到日本金融服务局监管的保险组织，监管规则主要由《保险业法》规定，另一类由包括农林水产省、厚生劳动省等监管的称为制度共济（又译为合作社/协同组合）的保险组织，监管规则主要体现在包括《农业合作社法》《渔业合作社法》及《消费者合作社法》等。② 在《保险业法》下，保险组织分为股份制保险公司、相互制保险公司与小额和短期保险商，其中，相互制保险公司是日本典型的相互制企业，但比较特殊的是这一类公司，目前存在于寿险行业。此外，有学者认为，日本的协同组合组织，由于具有主要为成员服务的特征，也可以划入日本的相互制组

① Simon Broek, Bert-jan Buiskool, Alexandra Vennekens, Rob Van der Horst, *Study on the current situation and prospects of mutuals in Europe*, April 2017, available at http://ec.europa.eu/DocsRoom/documents/10391/attachments/1/translations/en/renditions/native.

② The American Chamber of Commerce in Japan, *Ensure a level Playing Field between Kyosai and FSA-Regulated Insurance Companies*, April 2017, available at http://www.accj.or.jp/uploads/4/9/3/4/49349571/1701_kyosai_ _ins_.pdf.

织之中。① 与日本并不相同，德国所有保险组织都规范于《保险企业监督法》下，受到德国联邦金融监管局的监管。《保险企业监督法》下的保险组织包括股份制保险公司、互助社与公法保险企业，其中互助社在德国是只适用于保险领域的组织类型，规模较小的互助社称为小型互助协会。法国与德国、日本的相互保险组织又不太相同。在法国，能够从事保险业务的组织形式包括合股公司、相互保险公司、社会保障法典下的福利机构、农业法典下的"农业保险机构"（de prévoyance）以及相互法典下的"相互组织"（mutuelles）。法国并没有统一的关于相互保险组织的定义，当说到"相互"一词是指相互法典下的互助社，当提到"相互组织"指的是相互保险公司和互助社。在这几类组织中，相互保险公司在法国主要从事寿险业务或资本业务，互助社则作为非营利组织，从事法定健康保险的补充保险业务。并且，在法国互助社有三类，当提及"相互"时主要指从事保险业务的第二类和第三类相互组织。②

在漫长的历史发展过程中，世界各地出现了种类不一、数量众多的相互保险组织，其中既有公司制的相互保险公司、自保公司和风险保留集团，也有互助社形式的友谊社、互助社，以及合作社形式的工业和住房互助社，还出现了协会形式的保赔。因此，在讨论相互保险组织的相关法律制度时，很难笼统而言地说这一组织有什么样的规则，而更为准确的说法应是指出在某一个具体国家的语境下，某一类相互保险组织有着什么样的法律定位，或者有什么样的具体法律制度。

同时，通过比较法的视野，我们也能在不同的组织之间找到研究的共性，这一共性正是集中于相互保险的本质特征——相互性，而理解了相互性，则能穿透不同的法律组织形式，去理解相互保险的发展演变，具体制度的形成，以及各种不同规则背后所反映的组织共性，并形成相互保险的法理基础。

在比较法之外，本书也专门追溯了相互保险组织在世界主要国家的发展历史。从早期古希腊、古罗马的宴会集资与丧葬互助起点，到工业革命

---

① Hideo Ishizuka, *Critical situation of Mutual organization in Japan*, April 2017, available at http://www.inhcc.org/english/data/20091130-Critical-situation.pdf.

② Simon Broek, Bert-jan Buiskool, Alexandra Vennekens, Rob Van der Horst, *Study on the current situation and prospects of mutuals in Europe*, April 2017, available at http://ec.europa.eu/DocsRoom/documents/10391/attachments/1/translations/en/renditions/native.

下作为市民社会组织的兴起，从现代保险业的出现，到国家干预的监管介入，从与股份制保险组织的竞争，到"非相互化浪潮"，从金融危机下的平稳发展到市场份额的逐步复舒，这其中，相互保险组织经历的每一个关键历史节点，背后都反映了组织本身法律制度的变迁。这一过程，实际上是一个分析相互保险组织本质特征受到何种因素影响的过程，不仅能看到保险监管的现代化，也能看到本质特征与保险监管互动的过程，还能看到激烈市场竞争下这一组织形式所具有的特殊价值。

第四节　创新与不足

在相互保险组织的研究上，汉斯曼在《企业所有权论》一书中，梅耶斯与史密斯在有关保险组织的多篇文献中，已经对相互保险组织所有权结构研究得较为系统。特别是汉斯曼，通过法律与经济学的研究方法，对相互保险组织的所有权结构本身带有的成本，以及解决市场交易成本的功效给出了非常有说服力的理论解释。通过考察保险行业早期发展中所遇到的问题，汉斯曼从实践中形成了相互制所有权结构的法律与经济学相结合的理论解释，这一分析路径，正如他所言："理论分析一定要建立在对事实的细致入微的观察之上。"① 汉斯曼从细致入微的以历史为导向的细节中，提炼出了保险行业不同组织形式的竞争优势，并指出保险监管对组织竞争形式的改变。但汉斯曼并没有进一步地从保险监管的角度出发，分析这一国家干预的过程对相互保险组织本质特征带来了什么影响。

本书试图做的工作是，在汉斯曼研究的基础上，从相互保险组织最本质的特征——相互性出发，研究保险监管的介入究竟对相互性的内涵带来了怎样的法律影响，体现在法律定位上有什么变化，又是如何在这一基础上使得相互保险组织区分于其他互助合作类组织，对当下的中国法律实践有什么样的启示与借鉴之处。在分析这一问题的过程中，本书试图从相互性与保险监管的互动入手，构建相互保险组织法律分析与应用的法理基础，通过这一基础性理论的建构，以验证、分析前述研究结果在法律层面

---

① ［美］亨利·汉斯曼：《企业所有权论》，于静译，中国政法大学出版社 2001 年版，英文版序言。

是否能够得到检验，并将其运用于分析相互保险组织的法律定位，与其他互助合作类组织的差别。

在本书的研究工作中，存在的主要不足之处在于，相互保险组织是一个遍布多个区域与国家的组织形式，在美国有相互保险公司、兄弟互助会等，日本、欧洲等地区也有各不相同、分布广泛的友谊社、相互保险会社、互惠社、互助社等组织。不过，由于语言能力的限制，本书研究更多地集中于英文文献的研究。因此，在很多层面，本书对欧洲国家如德国、法国、亚洲的日本等国相互保险组织的研究，只能是非原始文献的研究。这使得在某些方面，本书的研究并不能接触到上述国家最本源的相关内容，从而导致相关研究存在一定的局限。

此外，相互保险的许多组织特点集中于相互保险组织的具体运作之中，例如非常有特点的是相互保险组织的分配。相互保险组织的分配在不同组织有着不一样的规定，但这一分配规则的基本底线是保障组织具有满足监管规定的偿付能力，同时按照成员的不同贡献进行分配。这其中相互保险组织的分配问题，充分展现了相互保险内部的博弈、自治过程，也是运用相互保险组织基础理论进行分析与应用的重要方面。但囿于本书的篇幅以及作者的精力，本书未就这一方面进行更多的展开，但基于这一问题的重要性，希望未来有更多的研究能够就这一问题进行更多的系统补充。

第二章

相互保险组织的历史起源与基本形态

相互保险组织是典型的会员制企业，起源于古希腊的宴会聚集，成形于古罗马时期的丧葬互助，之后融入了宗教上的友爱互助，在不同区域生根发芽，并在激烈的市场竞争中，逐步成为保险业最重要的组织形式之一。早期的会员制起点，使得相互保险成为有一定门槛的组织，成员必须满足一定的条件，具备一定的身份，完成一定的程序，才能成为正式会员。早期入会门槛的存在，让相互保险处在一个相对封闭的状态，这也使得相互保险能够在组织治理上以及利益导向上，始终将成员的利益放在前列，与股份制保险企业形成了差异。

第一节 何为相互保险组织

相互保险组织是相互组织的一种。作为一种企业的组织运作方式，相互组织（或称相互制组织，Mutuals）在大部分国家的法律中都没有明确的、通用的定义。根据欧洲议会关于相互组织的研究报告，相互组织是指主要为了满足成员的需求而不是获得投资回报目的所自发形成的组织形式，这个宽泛的定义包括了自助团体、互助社、合作社、相互保险公司及互惠组织等。[①] 在英国，相互组织是一个包容性较强的概念，英国相互组

---

① European Parliament Policy Department, *The Role of Mutual Societies in the 21st Century*, March 2017, available athttp：//www. europarl. europa. eu/document/activities/cont/201108/20110829ATT54-22/20110829ATT25422EN. pdf.

织是指由顾客或者雇员所有，或者由两者共同所有的组织形式，[1] 包括了住房互助协会（building societies）、工业和住房互助社、友谊社、相互保险企业、公共服务组织等。[2] 在瑞士苏黎世再保险的报告中，相互组织最为核心的是为成员利益服务而不是外部的股东。[3] 从上述定义来看，区分相互组织与其他组织最显著的特征是，相互组织由成员/会员/社员所有，成员积极地或者直接地参与了相互组织的经营。[4] 总而言之，相互组织是人们自愿联合起来相互合作，共同服务于成员利益的组织，在法律上描述了一种特殊的所有权结构，这一所有权结构的组织形式可以是公司、合作社、互助社等。

在非相互化浪潮兴起之前，相互组织曾经广泛地出现于各个领域，在金融行业就出现了包括互助储蓄银行、相互保险组织及相互制的证券交易所。例如，作为会员制企业，在早期的证券行业里，包括东京证券交易所、香港证券交易所、澳大利亚证券交易所等证券机构都曾以相互组织的形式进行日常运营，这些交易所实行会员制，秉承为会员服务、由会员管理的理念，在治理上实行会员一人一票制。[5] 在美国银行业，相互制与股份制都是重要的组织方式，相互制的银行由存款人所有，但比较特别的是，这一银行组织并不由存款人控制，而是将更多的权力交给了经理人员。[6] 在澳大利亚，信用社（credit unions）是相互组织的代表性组织，信用社由成员所有，存款人和借款人同时为这一组织的客户和所有权人，并

---

① Peter Hunt, Ian Snaith, John Gilbert, Mark Willetts, *Raising New Capital in Mutuals-Taking action in the UK*, March 2017, available at http：//www. mutuo. coop/wp-content/uploads/2013/11/Raising-New-Capital-in-Mutuals. pdf.

② Peter Hunt, *The Hunt Review*, March 2017, availabe at http：//www. mutuo. coop/wp-content/uploads/2014/12/Hunt-Review. pdf.

③ Swiss Re, "Mutual Insurance in the 21st Century：Back to the Future?", *Swiss Re Sigma*, No. 4, 2016, p. 4.

④ UK Government Department for Business Innovation & Skills, *A guide to Mutual Ownership Models*, March 2017, available at https：//www. gov. uk/government/uploads/system/uploads/attachment_ data/file/31678/11-1401-guide-mutual-ownership-models. pdf.

⑤ Shamshad Akhtar, *Demutualization of Stock Exchanges，Problems，Solutions and Case Studies*, Published by AsianDevelopment Bank, 2002, pp. 3-11.

⑥ Eric Rasmusen, "Mutual Banks and Stock Banks", *The Journal of Law & Economics*, Vol. 31, No. 2, October 1988, pp. 395-396.

且是最后剩余权益的声索人,① 除了信用社之外，还包括相互银行（mutual bank）、住房互助社都是澳大利亚银行业的相互组织类型。

相互保险是相互组织在保险行业的应用。根据国际合作和互助保险联盟的定义，这一组织类型是"成员同时为客户（保单持有人）所有的保险机构"②。根据欧洲相互保险和保险合作社协会的定义，相互保险是指"由成员共同拥有，并服务于成员最佳利益的保险组织"③。无疑，"相互公司作为投保人自愿联合、相互扶助、分担风险的组织形态，与保险这种集腋成裘、分散风险并给予补偿的经济制度具有天然的契合性"④。从历史上看，保险制度与相互组织紧密地联系在一起，不仅走过了保险的原始阶段，也迎来了保险的现代化时期，至今在各国都扮演着重要的角色。综上所述，本书认为，相互保险是指保单持有人自愿联合形成保险资金池，相互合作，由成员所有的保险组织。

相互保险是由顾客所有的保险组织。每一个相互保险的所有权人必须成为组织的保单持有人。所有权人与顾客的二元性也体现在了法律规定中。德国《保险企业监督法》规定："只有与公司具有保险关系者才能成为会员，除公司章程有其他规定外，会员资格于保险关系终止时丧失"，美国纽约州保险法规定："相互保险公司的每个保单持有人都应是公司的成员"，日本《保险业法》规定，对于公司成立后加入的会员，凭投保保单成为公司成员。⑤ 因此，在相互保险组织内部，保险关系的建立有两层含义：第一层含义是，保单持有人成为相互保险组织顾客，与组织建立起保险合同关系，投保人支付保费，将风险通过保险合同转移至保险组织；第二层含义是，保单持有人在成为组织顾客的同时，成为相互保险组织的

① Ameeta Jain, Monica Keneley, Dianne Thomson, "Customer–Owned Banking In Australia: From Credit Union to Mutual Bank", *Annals of Public and Cooperative Economics*, Vol. 86, Issue 3, 2015, p. 467.

② ICMIF, *What is mutual insurance?*, April 2017, available at http://www.amice–eu.org/userfiles/file/AMICEWhat%20is%20mutuality%20.pdf.

③ AMICE, *Mutual Insurance: What is it? Why use it?*, April 2017, available at http://www.amice–eu.org/userfiles/file/AISAM_ What_ is_ Mutuality_ en. pdf.

④ 刘燕：《国外相互保险公司的发展路径及影响》，《保险研究》2006 年第 11 期。

⑤ 梁涛主编：《相互保险组织运作及风险管理研究》，中国金融出版社 2017 年版，第 75、333 页。

所有权人。

第二节 相互保险组织的组织演变历史

有学者经过研究发现，"作为一个物种，我们人类的优势或许应该归因于我们可以进行'社会的'思考。伟大的思想计划总是需要人们发挥团体合作精神才能付诸实践"[1]。正如诸多的研究所表明，人类的基因有着自私的色彩，[2] 但这些基因又从利己出发，在广阔的世界发展史中，扩展出了有限的利他，发展了"社会化的思考"，最终使得人类能够团结在一起，共同战胜前进中的困难。审视相互保险组织的起源与发展，也许这一组织的出现与兴起，正好诠释了人类在进化过程中的"有限的利他主义"。

一 相互保险组织的源起

相互保险组织的历史源头是人们基于利己出发的互助活动，这一组织最早成型于欧洲，而友谊社在其中最具代表性。友谊社的历史最早可以追溯到古希腊的"Thiases"，有时也被称为"Evanes"。Thiases 起源于"Thiazo"，意指"带来合唱或者跳舞"，Evanes 则源自"Evanos"，尤指盛宴的捐赠与集资。在早期，Thiases 的成员通过聚会，逐步培养起亲密的关系，当这一聚会活动慢慢发展到后期，建立一定亲密关系的成员之间开始在对方生病或者去世时进行互助救济。发源于古希腊的 Thiases，以及这一活动中人们所形成的集资互助行为，也影响了古罗马的部分组织。在罗马城19英里之外，曾经出现过主要为成员筹集丧葬费用，以"Diana and Antinous"[3] 作为崇拜对象所组成的组织（或称为协会），他们的入会费用为一罐白酒和100塞斯特斯。在成员逝去时，会员们会共同集资，用以筹集

---

① ［美］马修·利伯曼：《社交天性：人类社交的三大驱动力》，贾拥民译，浙江人民出版社2016年版，第8页。

② ［英］里查德·道金斯：《自私的基因》，卢允中等译，中信出版社2012年版，第10页。

③ "戴安娜"与"安提诺乌斯"，前者为罗马神话中的人物，后者为在罗马历史上留下一定影响的人物。

丧葬费用，而当时类似的丧葬费用一般为 300 塞斯特斯。① 由于军人和角斗士常有人员减损事件，因此，这一互相帮助、分摊丧葬费用的组织在这一人群中受到了广泛欢迎。

早期罗马由宗教崇拜而聚集在一起的互助组织，影响了后来西欧的行会/公会（Gild，又译为基尔特），两者之间也有许多相似之处，如它们的成立带有宗教和社会的双层因素，前者与祭司、寺庙联系在一起，后者则与教会有联系。两者的相似点还在于收集的会费都会集中放在一个盒子里。英国早期的行会组织分为三类，第一类为弗里斯行会或和平行会，第二类为社会与宗教行会，第三类为贸易行会——后来逐步演变为商人和手工艺人行会，每一类行会都对应着不同人群的需求。② 不过，也有学者认为，英国的行会组织可以分为职业群体公会、慈善公会，以及两者之间的混合。其中，职业公会主要服务于商业需要，如连接农村和城市的货物流通，慈善公会主要通过集体的力量帮助成员完成宗教的救赎。③

在当时，行会组织会为故去、生病或者年老的成员，以及孤儿寡母提供援助。以荷兰 17 世纪的经纪人行会为例，当时的成员入会需缴纳 50 盾的初始入会费，其中 40 盾缴入疾病基金，当会员生病时能够及时从该基金得到拨付的救助款。④ 当然，为维持正常运营，行会组织的一个重要任务是，引导成员承担属于自己的责任，而不是搭便车。因此，每一个行会组织都建立了监管成员缴费的准则与机制。

行会组织中的宗教行会，致力于教会的祷告及相关活动，并通过组织活动团结入会的成员，其中的某些组织也被称为兄弟会组织。⑤ 不论成员是否来自特定的职业群体，中世纪的行会或者兄弟会都是高度社会化的组

---

① ABB Landis, *Friendly Society and Fraternal Orders*, Published by the author, 1900, p. 4.

② M. Fothergill Robinson, *The Spirit of Association*, John Murray, Albemarle, Street, W., 1913, pp. 7-10.

③ Gary Richardson, Michael McBride, *Religion, Longevity, and Cooperation: the Case of the Craft Guild*, April 2017, available at http://www.nber.org/papers/w14004.

④ Marco H. D. Van Leeuwen, *Mutual Insurance 1550-2015: From Guild Welfare and Friendly Societies to Contemporary Micro-Insurers*, Palgrave Macmillan; 1st ed., 2016, pp. 18-20. 在这本书中，作者介绍了当时一个普通经纪人收入不错时的年收入为 400 盾。

⑤ 兄弟会组织最早可以追溯到古希腊时期。此后在欧洲中世纪时期，类似的机构称为帮会（confraternities），是天主教教会的结盟组织。

织体，重视在成员之间培养一种家庭的氛围，因此成员之间也相互称为兄弟姐妹。基于这样的理念，在日常的运作中，行会成员除了支付他们应缴的费用外，还有义务出席成员的葬礼，并参加集体的宗教仪式与节日游行。[1] 由于加入了宗教方面的因素，部分行会组织的入会仪式也具备相当多的神秘色彩，这样的特征使得其对于公众而言，有了更多的吸引力。

不论是早期古罗马时期丧葬费用的分摊，还是此后演变为在成员疾病、年老或者去世时对孤儿寡母的救济，早期的行会组织促使人们相互聚集在一起，汇集集体的力量帮助有困难的个体，体现了当时人们朴素的互助意识。当时间进入到工业革命阶段，这一行会组织也开始发生变化，并最终锐化为早期相互保险的雏形——英国友谊社。

二 原始保险与现代保险的过渡阶段

友谊社出现在行会组织凋敝的时代。在当时的英国，宗教革命正在发生，国家致力于从天主教改为新教，并在这一宗教改革的过程中产生了影响世界的清教徒。[2] 除了宗教因素的影响外，15 世纪的行会组织本身也开始发生质变，腐败与贪污开始频繁出现，更为严峻的是当时的英国国王颁布了法令，政府可以合法没收行会的财产。此后，人们开始大规模地改革行会组织，部分行会永久地消失于历史的舞台，部分则保留了原行会组织的特点，同时又融入了新的组织元素。[3] 友谊社正是出现在这一阶段。

英国国王詹姆斯二世的贪婪，引起了资产阶级的反扑。1688 年英国开启光荣革命，《权利法案》随之通过，君主立宪制得以在法律上确立，工业革命的种子由此播下，并最终推动英国快速地进入工业化时代。在当时，煤的大规模开采，蒸汽机的发明，促进英国成为当时资本主义最为发

---

① Victoria Solt Dennis, *Discovering Friendly and Fraternal Societies*: *Their Badges and Regalia*, Shire press, 2005, pp. 4-6. 转引自缪若冰《相互保险组织的发展历史与运作概述》，《法律与新金融》2015 年第 8 期。

② 部分清教徒在英国受到宗教的压迫，被迫来到美洲，纳撒尼尔·莫尔顿在《新英格兰回忆录》中这样描述他们离开旧欧洲："第二天他们上了船，朋友们还不肯离去，这时候可以听见深深地叹息声，所有人都在流泪，互相紧紧拥抱，热烈地祈祷，此情此景，就连陌生人也为之感动。开船的时间到了，他们都跪下来，牧师含泪仰望苍天，祈祷慈悲的上帝佑护他们。"引自［法］阿列克西·德·托克维尔《论美国的民主》，曹东雪译，译林出版社 2012 年版，第 34 页。

③ ABB Landis, *Friendly Society and Fraternal Orders*, Published by the author, 1900, p. 5.

达的国家。在经济发展的推动下，原有的社会结构开始发生变化。农民开始走入城市成为产业工人，早期的工业城市开始形成，5000—30000 人的小城镇获得了蓬勃发展。到 1800 年，英国城市人口的比例已经达到了 27.5%。①

　　然而，当时的英国却尚未建立起有效的社会保障体系，教会的力量又逐步地从市民生活中消散。涌入城市的人们挤在狭小的空间内，只有有限的薪水，饱受病痛、不清洁的食物与水的困扰，在这样的背景下，人们开始仿造当年的行会组织，建立了友谊社，聚集在一起以抵抗包括疾病、残疾在内的风险事项。有学者认为，友谊社继承了行会组织的许多元素，如入会仪式中的宗教色彩以及强调成员之间的互亲互爱，同时两者都信奉"秩序、规律、稳定和安全"的价值，其社会职能基础直接来源于中世纪的乡村行会，只是发展到这一时期，农民开始成为工人，友谊社取代了此前的行会组织，与工会、合作社成为当时英国最重要的工人组织。②

　　最早在 17 世纪中叶，友谊社就已经出现在苏格兰地区，当时的友谊社被称为"boxes"，如"Scottish Box"，这个称呼来源于社员们传统上将其支付给友谊社的费用锁在盒子里的习惯。③ 因此，友谊社虽然大规模地出现于工业革命时期，但这一组织在英国的发展承接了早期行会的诸多元素，其中既有行会组织中互帮互助的理念，也带有宗教中的博爱因素。

　　友谊社所需会费较少，为成员提供了一个可以以较少代价，共同抵抗风险的机会。例如，部分友谊社，只要求会员在其他会员死亡时按比例分摊费用。这样一种简单的互助模式吸引到了大量的会员。不过，友谊社在快速发展的同时，也面临着多个层面的挑战：首先，作为一个松散的互助组织，成员支付一定的会费，就能够在遇到困难时获得救助，这引发了逆向选择与道德风险的问题。具体体现为，早期友谊社一方面难以吸引到救助概率较低的年轻会员，另一方面一些本来就有疾病的人员蜂拥加入这一组织。虽然有部分互助社，如林托教社，针对这一问题，要求入社一年的

---

　　① 黄宗智：《再论 18 世纪的英国与中国——答彭慕兰之反驳》，《中国经济史研究》2004 年第 2 期。

　　② Simon Cordery, *British Friendly Societies*, *1750-1914*, Palgrave Macmillan Published, 2003, pp. 12-17.

　　③ M. Fothergill Robinson, *The Spirit of Association*, John Murray, Albemarle, Street, W., 1913, p. 142.

成员才有救助资格，或者如科克比·朗斯代尔联合友谊社向特定高风险的职业群体收取更高的入会费用，但依然在风险甄别方面没有有效的应对方法，这导致早期的友谊社难以长久地维系下去。其次，友谊社内部也如此前的行会组织一般，由于未形成成熟的内部治理机构，也无外部监管，开始频繁地遇到内部人监守自盗的问题，有时这样的内部人偷盗甚至是成规模、有组织的，这也是此后友谊社大面积倒闭的一个直接原因。[1] 最后，早期友谊社还面临着会费精准定价的难题，早在 1811 年英国议会曾经推出一个法案，规定政府可以任命五位精通算数计算的公共估价师对友谊社的固定会费进行评估，但是友谊社在政府介入与组织自治之间存在矛盾，最终导致这一法案未能通过。[2]

在更多的问题开始爆发后，友谊社通过采取多种措施以克服自身的困境，除了对救助期限、入会会员资格进行审查外，也会在会员生病时派医生前去检查，以核实是否存在欺诈。同时，部分友谊社加强了对内部钱财的管控，要求专人负责款项、多人监督等。但是，这些预防措施都没有非常有针对性地系统解决友谊社遇到的困境。友谊社大规模的失败，引发了公众的关注。针对友谊社面临的困境，一方面保险精算技术开始运用于友谊社以推动原始互助向现代保险进行转型。这其中，以 1762 年成立的伦敦公平人寿为代表，相互保险组织开始应用精算技术承保，根据投保人死亡的概率评估保费，并且约定投保的期限；[3] 另一方面法律也陆续出台相关措施，建立审查机构，以加强对友谊社的监管。

在相关法律的制定上，英国有关友谊社的第一部法律出台于 1793 年，称为"乔治·罗斯爵士法案"（Sir George Rose's Act），这部法律允许并鼓励任一数量的人组成社团，允许社员自己筹集资金成立一个基金（fund），制定规则，并服务于社员的共同福利。此后，1819 年通过的法律，对友谊社的成立施加了一定的限制，法官开始有权对拟成立的友谊社的内部规则进行审查，以确定这样的规则是否有效，并能在意外发生时为成员提供

---

[1] M. Fothergill Robinson, *The Spirit of Association*, John Murray, Albemarle, Street, W., 1913, pp. 138-146.

[2] ABB Landis, *Friendly Society and Fraternal Orders*, Published by the author, 1900, p. 7.

[3] Shepard Clough, *A Century of American Life Insurance: A history of the Mutual Life Insurance Company of New York 1843-1943*, Columbia University Press, 1946, pp. 20-21.

充足的保障。① 至 1850 年，英国修改法律将友谊社为两类，一类为认证的友谊社，一类为注册的友谊社。② 此后，英国还陆续出台友谊社的相关法律，仅在组织规章制定上，就经历了从自由放任发展到法官审查方能通过，之后又修改为需严格与法律一致。在早期友谊社的发展过程中，法律跟随着行业发展的需要，亦步亦趋地进行修改。但由于友谊社本身处在进化的过程，这使得英国在友谊社的相关法律上有着非常频繁的变动，往往制定不久，在出现新情况后，又进行了修订。

三 现代保险业的出现对相互保险组织的影响

早期友谊社在社员逆向甄别机制上的无力，风险定价上的粗糙，以及内部治理的混乱，都体现了 17、18 世纪初期人们从朴素的互助救济出发，而未进化到现代保险精算技术所面临的困境。直到保险行业精算技术的逐步发展与成熟，类似友谊社在内的早期相互保险组织才成功地转变为现代保险企业。

精算属于应用数学，包含了概率论与数理统计的知识，最初产生于17 世纪的英国，其中的代表人物有编制伦敦生命表的约翰·格兰特，编制保险费率表的辛普森，以及创立公平保费计算方法的道德森。③ 精算遵循大数法则，由于"保险集中了大量的同质风险"，大数法则有助于"预测出该风险集合的损失总额，再在个体风险单位间进行分摊"，从而有效地在风险定价上覆盖住风险频率和损失程度。④ 在精算技术的帮助下，保险公司只对可保风险进行保障，因此，保险公司愿意承接的可保风险必须涵盖以下几个特征：必须有大量的风险单位、损失必须是意外的和非故意的、损失必须是确定及可预测的、损失的概率必须可以预测及保险费必须在经济上是可行的。⑤ 从精算的定义、理论基础与可保风险的特征可以看到，早期友谊社由于人员规模较小，没有科学的风险识别和风险分散机

---

① Fuller Frank Baden, *The Law Relating to Friendly Societies and Industrial and Provident Societies*, Stevens and Sons, Limited, 3rd ed., 1910, pp. 1-2.

② Ibid., pp. 2-4.

③ 牛群：《精算学发展浅史》，《理财》（学术版）2014 年第 6 期。

④ 张艳辉：《保险经营中的大数法则与规模经济性》，《财贸研究》2003 年第 3 期。

⑤ ［美］乔治·E. 瑞达、迈克尔·J. 麦克纳马拉：《风险管理与保险原理》，刘春江译，中国人民大学出版社 2010 年版，第 28 页。

制，满足不了大数法则下对人员数量及风险规模的要求，也不能精准地进行风险定价，所以才会遇到大规模的倒闭事件。

英国在精算技术的发展影响了美国，但是美国在相互保险组织的发展上却与英国有很大的不同。美国的寿险企业最早可以追溯到 1759 年的长老会牧师基金 (The Presbyterian Ministers' Fund)。此后，到 1837 年美国有26 家公司向公众提供寿险保单，但这些公司少有能够长期存续，大部分经营几年就倒闭了。① 虽然英国的各项社会制度对早期的美国影响深远，英国伦敦公平人寿保险的运作方式在美国也非常知名，但美国相互制企业首先出现在火险领域，此后才渐渐发展到寿险行业。在当时的美国，民众信赖有着深厚资本的寿险公司，因此美国寿险行业初始的组织类型为大型的信托公司，而寿险只是这类公司的一项业务。② 此后成立的相互制寿险公司挑战了美国当时主流寿险业务的模式，这一类相互组织无须过多运营资本，保单持有人为所有权人，且只从事单一的寿险业务，与大型信托公司的经营模式截然不同。

1835 年，美国成立了第一家寿险保险公司——新英格兰相互保险公司，但直到 1844 年才发出第一张寿险保单，此后 1842 年颇具代表性的相互寿险组织——纽约相互人寿保险公司 (The Mutual Life Insurance Company of New York) 成立，它向公众开放保险业务。1842—1851 年，美国有 12 家基于相互原则建立的保险公司成立，这一期间美国还建立了本国的生命表，并从英国引入了平准保费制度，③ 美国保险公司开始基于保单持有人对盈余的贡献分配利息。④ 与英国以多种组织类型，包括友谊社、公司制的保险公司发展相互保险组织不同，美国的相互寿险选择了以公司作为主要的组织类型，并从 1843 年延续至今。

---

① Sharon Ann Murphy, *Life Insurance in the United States through World War I*, Feb 2017, available at http://eh. net/encyclopedia/life-insurance-in-the-united-states-through-world-war-i/.

② J Owen Stalson, *Marketing Life Insurance: Its History in America*, Harvard University Press, 1942, pp. 108-111.

③ 所谓平准保费，是把可预见的后面年度的保险费调整到前期，从而在保险期间内固定相同的保险费，降低保险费的平均水平。引自王森《寿险企业组织问题研究——对日本寿险企业组织的分析与借鉴》，博士学位论文，中国社会科学院，1998 年，第 14 页。

④ Shepard Clough, *A Century of American Life Insurance: A history of the Mutual Life Insurance Company of New York 1843-1943*, Columbia University Press, 1946, pp. 12-13.

从 1837 年到 1840 年代中期，美国经济进入萧条时期，股份制保险公司难以筹集初始资本，相互保险制度借此机遇得到快速发展。[①] 此外，相比股份制保险公司落后的宣传策略，相互制保险公司在这一期间成功地进行了市场化宣传，他们告诉投保人可以成为公司的所有权人，有权分享公司的利润。这一策略非常成功，帮助相互保险公司成为美国寿险领域中的重要参与者。但是，此后激烈的市场竞争，出现了大量保单欺诈事件，这促使监管部门加强了监管，如纽约州 1849 年加强了对保险公司的资本存量监管，新罕布什尔州 1850 年开始任命保险监督官，各州在 19 世纪 70 年代开始陆续建立起保险监管体系。[②]

在 19 世纪的美国寿险行业，保单类似于一种储蓄制度，人们购买保单获得分红，能够提供大量分红的公司可以在市场中获得竞争优势。当时间转到 1868 年，美国公平保险协会（Equi Life Assurance Society）发明了唐提式保险（Tontines），即投保人的保费分为两部分，一部分作为普通保险投保费用，当投保人去世时即进行赔付，另一部分与其他保单持有人的这部分支出共同构成一个基金池，向投保人每隔一段时间，如 10 年、15 年或者 20 年进行派息。在保单结束时，只有依然在世的投保人可以获得一次性的延期收入或者年金。[③] 这一保险方式，在市场上获得了广泛的欢迎，并帮助寿险公司成为美国金融市场的主要机构。

在美国保险业快速发展的同时，保险组织也积累了相当多的问题。虽然相互保险公司在 19 世纪成为寿险行业中的重要组织形式之一，股份制寿险公司依然是当时市场上的主要角色，这一期间包括大都会人寿公司，公平人寿公司，以及保诚人寿公司都是股份制企业，[④] 这一情况直到后来发生的欺诈事件，才在保险行业推动了保险企业从股份制向相互制转制。

[①]   John Steele Gordon, *Am Empire of Wealth: The Epic History of American Economic Power*, Harper Perennial, 2005, p. 179.

[②]   Anne Obersteadt, *State of the Life Insurance Industry: Implications of Industry Trends*, National Association of Insurance Commissioners Report, pp. 6-7.

[③]   Tom Baker, Peter Siegelman, "Tontines for the Invincibles: Enticing Low Risks into the Health-Insurance Pool with an Idea from Insurance History and Behavioral Economics", *Wisconsin Law Review*, Vol. 2010, Issue1, 2010, pp. 81-83.

[④]   John A. C. Heltherington, *Mutual and Cooperative Enterprises: An Analysis of Customer-owned Firms in the United States*, The University Press of Virginia, 1991, pp. 20-21.

1905 年，在纽约州发起了针对保险行业的阿姆斯特朗调查（The Armstrong Investigations），这一调查揭露了这一行业存在的诸多系统性问题，包括高管在未知会信托人的情况下大幅提高自己的薪水，公司资金在未经允许的情况下转移到经理人员手中，大型保险公司有系统地影响纽约州及其他州的保险监管，存在公司内部人员监守自盗的情形，公司治理形同虚设，保单持有人的利益未得到有效的保障等。[①] 在阿姆斯特朗调查报告公布后，这一系列丑闻被媒体广泛报道，不同的监管法律陆续出台以规制保险公司的胡作非为，这些措施包括禁止保险机构投资普通股，禁止保险机构投资证券，禁止向经纪人支付超额的佣金，要求保险机构每年进行分红等。[②] 同时，州法出台相关规定，允许股份制保险公司转制为相互制保险公司。为挽回公众的信心，当时数个大型的股份制保险公司，如保诚人寿、纽约大都会人寿公司等，都陆续转制为相互保险公司。

如今，美国的相互保险业务类型有两种，分别为预付保费的相互保险及可追征的相互保险。预估保费的相互保险与股份制保险公司相同，在保险合同签订时一次性收取所有的费用，在合同签订后不再收取保费。可追征的相互保险分为两类，一类是纯评估保费相互保险，费用在风险事项发生后由同一保险事项下的成员间进行分摊；另一类是预先评估保费的相互保险，保险企业会向成员提前收取保费，如果某一期间内发生的费用低于提前收取的保费，则剩余部分作为分红返还给成员，如果相反，则向会员追征相关的费用。可追征的相互保险通常存在于火险和农场的暴风雨灾害险，费用分摊分为有限的分摊和无限的分摊，这取决于保险合同的规定。通常，农场相关的可追征相互保险是无限的分摊机制。可追征的相互保险如今在许多州被立法禁止，如在美国佛罗里达州，禁止从事可追征的相互保险，并且这一相互保险形式的业务较为有限，所以在当代并不是一个非常主流的业务模式。[③] 从很多角度看，可追征的相互保险与早期友谊社的"原始保险"有相通之处，成员之间互

①　J Owen Stalson, *Marketing life insurance: Its history in America*, Harvard University Press, 1942, p. 549.

②　Anne Obersteadt, *State of the Life Insurance Industry: Implications of Industry Trends*, National Association of Insurance Commissioners Report, pp. 8–9.

③　［美］乔治・E. 瑞达、迈克尔・J. 麦克纳马拉：《风险管理与保险原理》，刘春江译，中国人民大学出版社 2010 年版，第 97 页。

相分摊风险发生后的费用，只是可追征的相互保险在法律上有了契约性的约束，而后者则只限于内部的分摊机制，成员可以以退社的方式躲避社团内部费用的分摊。

四　股份制保险公司的竞争与非相互化

当时间进入 20 世纪，相互保险公司开始从西欧、北美扩展到世界。日本的矢野恒太在考察完德国的相互保险组织，特别是科达生命后，创立了第一生命保险相互公司。[1] 在第一生命保险相互公司成立后，相互寿险公司在日本迎来了快速发展时期。第二次世界大战后，人寿保险市场上的股份制保险公司纷纷转制为相互保险公司，并占据了日本人寿保险市场最高的份额。1980 年，日本保险市场上有 16 家相互保险公司，占了所有人寿保单金额的 95%。[2] 即使在现在的日本，占据主要市场份额的几家大型寿险企业，依然保持了相互制的组织形式。

1983 年，美国寿险行业有 134 家相互保险公司和 2125 家股份制寿险公司，占有的市场份额分别为 41.8% 和 58.2%。[3] 在 1997 年，10 家世界的人寿公司中，相互保险公司占了 6 家，包括排名第二的日本生命相互保险公司（Nippon Life），排名第四的美国公平人寿保险公司，排名第七的美国大都会人寿保险公司等。在当时世界最大的五个保险市场上，相互制人寿保险公司占据了相当大的份额。[4]

在财险和意外险领域，相互制保险公司在各国表现不一。在日本，相互制财险公司占有相当少的份额，而在美国和德国，相互制财险公司与股份制财险公司起着同样重要的角色。[5]

虽然相互保险公司在 20 世纪依然保持着重要的行业角色，但随着保

---

① 刘燕：《国外相互保险公司的发展路径及其对立法的影响》，《保险研究》2006 年第 11 期。

② Fumitoshi Sugino, "Mutual Company in Japan, its uniqueness and future development", *Commercial Review of Senshu University*, Vol. 92, 2011, p. 46.

③ John A. C. Heltherington, *Mutual and Cooperative Enterprises: An Analysis of Customer - owned Firms in the United States*, The University Press of Virginia, 1991, p. 19.

④ Swiss Re, "Are mutual insurers an endangered species?", *Swiss Re Sigma*, No. 4, 1999, pp. 5-6.

⑤ Ibid. , p. 6.

险行业监管的加强以及保险市场竞争的加剧，大型相互保险组织本身随着规模变大带来的组织特征变化，使得世界保险市场在整个 20 世纪迎来了非相互化浪潮。这其中，包括大都会人寿保险公司在内的相互制保险公司纷纷转制，甚至在英国，相互制寿险公司市场份额的占比跌到了个位数。在加拿大的寿险领域，1990 年曾有 40 家相互寿险公司，占据了 59% 的市场份额，但时间转到 2012 年，相互制寿险企业只剩下 6 家，市场份额只占 1.1%。① 归结起来，相互制转变为股份制，与这一组织形式的所有权结构，及新形势下市场竞争环境的改变有关。

20 世纪末期，相互制的所有权结构在某种程度上导致了其发展的劣势。随着保险行业监管技术与监管能力的加强，原有的存在于客户与组织之间的信息不对称和利益冲突困境逐步消减了，强制性的信息披露与倾向于保护消费者的法律出台，使得保险公司欺诈客户的成本大为增加，以客户为中心的经营理念开始蔓延于整个行业，这使得早期相互保险公司拥有的竞争优势大为减弱。另外，保险行业的整体大环境发生了变化，大型相互保险组织由于投保人数众多，分布广泛，保单持有人与组织之间的关系纽带与股份制之间变得没有太大差别，契约关系取代了身份关系，普通消费者对传统的相互保险也失去了兴趣。各国原有的针对相互保险的税收优惠陆续取消，在保险企业大规模进行跨行业投资以促进资产增值的背景下，难以从资本市场进行股票筹资的相互保险公司受到了非常大的限制。② 上述种种因素削弱了相互保险组织的竞争优势，也最终引发了 20 世纪末的非相互化浪潮。

五　金融危机后对非相互化浪潮的反思

源于华尔街的金融危机从美国席卷了全世界。这一危机之深远，不仅体现在人们对金融主义的批评与反思上，③ 也体现在对世界政治经济文化的重塑上。从占领华尔街运动开始，美国反建制派的思想开始上

---

① Külli Tamm, *Canada P&C Sector Demutualization: Following the Path of Life?*, February 2017, available at https://media.swissre.com/documents/Canada_ PC_ Demutualization_ Mar1_ 2015. pdf.

② Lal C. Chugh, Joseph W. Meador, "Demutualization in the Life Insurance Industry: A Study of Effectiveness", *Review of Business*, Vol. 27, No. 1, Winter 2006, p. 3.

③ ［美］劳伦斯·E. 米切尔：《反思金融主义：一个历史的视角》，施天涛、袁田译，《清华法学》2012 年第 4 期。

升，这一思潮的标志性事件是 2016 年总统大选中，强调"社会主义思想"的伯利·桑德斯在美国年轻选民中受到了广泛的欢迎。在这一过程中，人们开始不断反思跨国资本主导的全球化究竟对本国普通民众是否有利。这一思潮的力量如此强大，不仅推动了强调"美国第一"，拥抱反全球化、反多边主义思想的特朗普上台，也使得部分欧洲国家，如英国选择了退出欧盟，还使得部分国家——如法国极右翼政治家勒庞的崛起。

在《共产党宣言》中，马克思、恩格斯这样写道："资产阶级……它使人和人之间除了赤裸裸的利益关系，除了冷酷无情'现金交易'，再也找不出什么别的联系了。它把高尚的、充满激情的宗教虔诚，义侠血性的骑士风范和小市民的俗人温情一概淹没在利己主义的冰火之中。"[1] 当我们将视野投向相互保险组织的发展历史，我们似乎依稀能够看到存在于这一组织中人们出于朴素的互助精神而不是资本为中心的价值，这样的价值在资本大行其道的当代又是如此弥足珍贵。

在 2008 年的金融危机中，相比股份制保险公司——如美国 AIG 保险公司三个月内亏损了 617 亿美元，相互制保险公司则体现了更多的稳定性。如在英国，没有一家相互制的保险公司在金融危机中倒闭或者请求政府的紧急援助，相互保险组织的市场份额也相比金融危机前提高了50%。[2] 另外，英国还在政府层面开始推动"大社会"政策。人们开始重估相互组织的价值，并发现相互制组织不仅能够推动商事组织的多元化，为消费者提供更多的选择，建立以长期而不是短期为目标的组织价值观，更能促进财务的流动，在某种程度上保障公共利益。[3]

在金融危机后，重新焕发生命力的相互保险组织在世界保险市场中的份额开始逐步回升。2007—2013 年，根据国际合作和互助保险联盟的统计，全球相互保险增长 32.4%，年均复合增长率 4.8%，快于全球保险行

---

[1]　［德］卡尔·马克思、弗里德里希·恩格斯：《共产党宣言》，陈望道译，民主与建设出版社 2018 年版，第 42 页。

[2]　王志宇：《没有股东权益的相互保险组织如何实现权益融资》，《法律与新金融》2016 年第 12 期。

[3]　Peter Hunt, *The Hunt Review*, March 2017, availabe at http://www.mutuo.coop/wp-content/uploads/2014/12/Hunt-Review.pdf.

业的整体速度，整体市场份额提升至27.3%。① 随着这一组织引入中国，相信相互保险市场的份额将进一步提高。

第三节　相互保险组织的法定组织形态

作为会员/成员/社员所有的组织，相互保险组织在各国法律下对应着不同的组织形态。在诸多的组织类型中，公司制的相互保险公司与互助社形式的相互保险在各国分布最广，也是采用较多的两种法律形式。2016年，苏黎世再保险公司曾发布关于相互保险组织的研究，该份报告充分展示了相互保险组织组织形态的多样性（见图2-1）。② 以下将分别介绍在各国常见类型的相互保险组织，如相互保险公司、互助社、友谊社等这些组织既有相似之处，也有组织规则上的差异，但它们都是各国法律下的相互保险组织，与股份制保险公司一同构成保险行业最重要的组织形式。

一　常见的相互保险组织类型

（一）相互保险公司

在美国、日本与英国，相互保险公司都是最为常见的组织形态。在日本，《保险业法》规定的相互制组织只有相互保险会社，且在实践中只存在于寿险领域。③ 虽然相互保险公司具有法人资格，所有权人承担有限责任，但与其他领域的公司制企业不同，相互保险公司是由保单持有人作为组织所有权人，这一所有权结构决定了这一组织形态从成立之初，就有着诸多特殊之处：

首先，在主要保险市场国家的法律上，相互保险公司并不能向外发行

---

① The International Cooperative and Mutual Insurance Federation, *ICMIF Global Mutual Market Share 2013*, March 2017, availble at https：//www. icmif. org/publications/global – mutual – market – share/global–mutual–market–share–2013.

② Swiss Re, "Mutual Insurance in the 21st Century：Back to the Future?", *Swiss Re Sigma*, No. 4, 2016, p. 4.

③ 日本此前在财险领域也存在相互制企业，此后由于转制或经营不善导致破产等原因不复存在。参见孙立娟、李莹蕾《日本相互保险公司的发展演变及其原因分析》，《现代日本经济》2013年第2期。

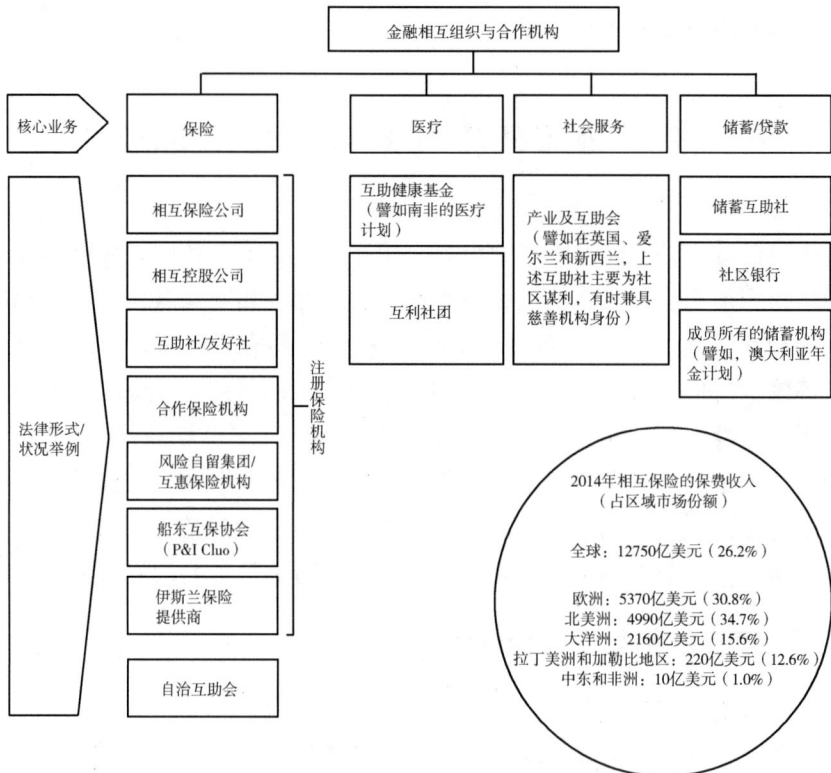

图 2-1　相互保险的法律形式

资料来源：瑞士再保险经济研究及咨询部。

股票，初始运营资金主要来源于保单持有人的保费，以及债务性质的资金——如借款、捐赠及信用证等。从设立到盈利转化为资本积累前的阶段，相互保险公司必须有一定的资本支撑初始运营，这样的资本在各国法律下有着不同的称谓，也有着不同的筹集方式。在日本，这一运营资金称为"设立基金"；美国由于是州法系统，在不同州有不同的规定，如纽约州称为"初始溢余"（initial surplus），马萨诸塞州表述为出资人缴纳的"保证资本"（guarantee capital），加州则规定为溢余票据（surplus note）。① 由于开业后的初始运营资金主要来源并非保费，也不为捐赠，而是债务性质的资金，所以各国法律规定这一类资金应在一定的期限内归还。此外，

---

① 梁涛主编：《相互保险组织运作及风险管理研究》，中国金融出版社 2017 年版，第 14 页。

为了保障相互保险公司的平稳运行，部分国家或地区对初始运营资金的借款利率有限制性的规定。①

其次，相互保险组织的价值观为同舟共济、民主管理、会员责任，这一特点也反映在了相互保险公司的权力架构中。例如，在主要保险市场国家的法律上，相互保险公司在组织治理上依赖成员之间的民主治理，多施行一人一票制度，而不是如股份制公司一般实行资本多数决。相互保险公司的最高权力机构为成员代表大会或者成员大会，由最高权力机构任命公司的常设治理机关——通常为董事会。同时，为了减少委托人（成员）与代理人（董事）之间的代理成本，在部分国家的相互保险公司中设置了投保人恳谈会和评议委员会，其中前者主要用以向投保人提供经营情况、听取投保人的意见，后者对公司的重要问题和有关管理的问题提出建议。② 作为会员所有制企业，相互保险公司一方面以公司为基础建立起基本的组织架构；另一方面在公司内部治理上，体现了向会员负责，以会员利益为中心的色彩。

最后，在主要保险市场国家的法律上，相互保险公司在盈余分配上，与一般性的公司截然不同，其分配方式既反映了会员所有制企业的特点，也反映了保险行业的特殊性。在大部分国家，相互保险公司的分红以保费减免、保费返还或者直接派息的方式体现。③ 在会计和税务处理上，部分国家将相互保险公司的分红作为费用进行处理。当然，各国不同的法律规定与税务处理，使得这一问题变得非常复杂。如部分大型相互保险公司已开始发放非会员的保单，这意味着在分配的时候，同时存在会员和非会员群体，而后者与会员保单持有人的盈余分配截然不同。可见，相互保险公司在盈余分配上体现了保单持有人作为所有权人的特点，颇具特殊之处。

从各国相关的法律来看，相互保险公司体现了相互保险制度与公司组织相互结合的特点，前者的基本特征是保单持有人为组织的所有权人，保险围绕着会员所展开，既融入了互帮互助的互惠特色，也有包括同舟共济、互相信赖的价值观；后者则为相互保险架构了公司的治理安排，将成熟公司组织下的董事会、独立董事（监事会）治理机制引入了相互保险

---

① 梁涛主编：《相互保险组织运作及风险管理研究》，中国金融出版社 2017 年版，第 15 页。

② 李敏：《相互保险组织的治理介绍》，《法律与新金融》2015 年第 8 期。

③ 缪若冰：《相互保险公司的理念与特色》，《中国保险》2016 年第 3 期。

组织之中。

（二）自保公司

给自保公司下定义变得越来越困难，这部分因为自保公司开始经营与初始成立时不同的业务范围，有时自保公司定义为"一家只为其母公司的全部或部分风险提供保险的保险公司"，或者定义为："由工业或者商业集团成立的主要为母公司提供保险的保险公司"，或者定义为："（自保公司）是一家非保险业务全资拥有的子公司，其主要功能在于为母公司及其附属的关联公司提供保险保障。"① 如今，自保公司主要出现在美国和英国，既可以采用资合公司制，也可以采用相互组织形式。

自保公司的出现，为大型企业集团的母公司或者子公司提供了"自我保险"的保险形式。在一个典型的自保关系中，自保公司的保险对象为母公司或者子公司，公司的所有权人——在资合公司制下为母公司或者子公司或者两者兼有，在相互组织形式下，则属于保单持有人（见图2-2）。②组织形式的不同，导致了两者在出资上有差别，如在美国南卡罗来纳州，工业自保公司以相互组织形式设立的，公司溢余（surplus）不得低于50万美元，公司制下的工业自保公司则不得低于30万美元。③

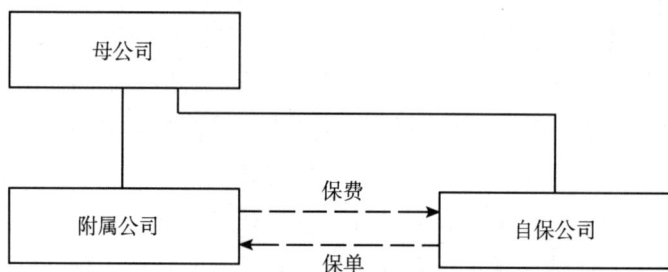

图2-2　典型自保关系

---

① P. A. Bawcutt, *Captive Insunrace Companies: Establishement, Operation and Management*, Woodhead-Faulkner, 1987, p. 1.

② Jay Adkisson, *Adkisson's Captive Insurance Companies: An Introduction to Captives, Closely-Held Insurance Companies, and Risk Retention Groups*, Universe, Inc., 2006, p. 1.

③ South Carolina Code of Laws, Title 29-Mortgages and Other Liens, Chapter 90 Captive Insurance Companies, Section 38-90-50.

总体而言，自保公司最重要的作用是直接或者间接利用再保险的功能，以降低母公司及附属公司的投保风险。自保公司的这一特性也反映在承保结构上。通常情况下，自保公司有两类较为典型的承保结构：第一类作为再保险公司间接承保母公司及下属公司的保险，由母公司设立自保公司，各地分公司在本地进行投保，自保公司连接前端的保险和后端的再保险市场，通过两层的再保险结构，降低母公司及附属公司的保险成本，这类自保模式在英联邦国家较为常见；另一类自保公司则直接进行承保，并不需要前端的保险结构。①

相对于传统的商事保险，自保公司有以下竞争优势：首先，自保公司可以减少对商业保险的依赖，提供稳定的保险费率，为企业降低运营成本；其次，通过建立自保公司，可以促使企业越过商业保险，直接进入再保险市场，通过再保险降低集团内部保险的成本；再次，自保公司一般没有雇员，行政工作外包至第三方，有效地降低了管理成本；复次，自保公司能够设计出针对特殊行业或者特殊风险事项的保险产品，某种程度上弥补了商业保险市场的不足；② 最后，相当多的自保公司享有税收上的优惠，这一特殊性对部分行业而言，具有相当大的吸引力。

作为零售保险的补充，虽然自保公司相较传统的商事保险在多方面存在优势，但自保公司的运营也有一定的风险：首先，自保公司承保的风险扩散较快，特别在初期，由于投保人数量有限，使得自保公司承担的风险较大；其次，部分自保公司中的保险标的难以在市场中进行保费评估；最后，自保公司成立初期通常需要维持一定的初始资本，这将部分地占用公司的资金。③ 由于自保公司在运营上的特殊之处，在其成立之初，通常需要专业管理人士的介入，并且在保险精算技术的能力上，也需要一定的时间培育。因此，与保险零售市场上直接购买保险产品相比，自保公司的成

---

① Heritage, *An Introduction to Captive Insurance Companies*, April 2017, available at http://www. polrisk. pl/wp-content/uploads/2013/05/Introduction-to-Captives. pdf.

② Perr、Knight, *Captive insurance：An overview of the market today*, April 2017, available at http://www. perrknight. com/wp-content/uploads/2016/06/Captive-insurance-An-overview-of-the-market-to day. pdf.

③ P. A. Bawcutt, *Captive Insunrace Companies：Establishement, Operation and Management*, Woodhead-Faulkner, 1987, pp. 15-18.

功运营需要更多的积累时间。

目前，市场上有多种类的自保公司，包括纯自保公司、联合自保公司、小型自保公司、代理自保公司等。从 20 世纪发展至今，世界范围内的自保公司已经超过了 5000 家，仅在美国市场上，超过 40% 的美国大公司拥有一家或者多家自保公司。[①] 在中国，自保公司数量较少，并且根据中国保监会《关于自保公司监管有关问题的通知》，自保公司可以采取股份有限公司或者有限责任公司两种组织形式，尚未放开包括相互制在内的自保组织。

(三) 风险保留集团

风险保留（自留）集团出现在 20 世纪 80 年代的美国。1981 年，为了解决责任保险供给的缺失，美国国会通过了《产品责任风险保留法》（*Product Risk Retention Liability Act*），该法授权成立风险保留集团以提高商业责任保险的供给。[②] 具体而言，风险保留集团是一类成员用于共同承担责任风险的组织形式，根据美国联邦的相关法律，风险保留集团的保单持有人应为公司的股权所有人，这使得其成为相互保险公司非常特殊的类型。[③] 由于风险保留集团在某些方面与自保公司非常相似，在部分研究中，也将风险保留集团视为自保公司的一种。

相比传统的保险公司，风险保留集团在美国的监管更为宽松。风险保留集团只需在一个州完成注册，即可将业务拓展到全国。在注册程序上，风险保留集团必须满足州法关于资本和溢余的要求。在组织形式上，风险保留集团必须选择注册为公司或者有限责任协会（limited liability association）的形式，对于前者，公司的所有权人应同时为风险保留集团保险的被保险人。风险保留集团的保单持有人称为会员，对于参与成员，法律要

---

① Risk Management Advisory, *Captive Insurance Companies*, April 2017, available at http：// www. riskmgmtadvisors. com/downloads/captive-overview. pdf.

② United States Government Accountability Office, *Risk Retention Groups Common Regulatory Standards and Greater Member Protections Are Needed*, April 2017, available at https：//www. gao. gov/ new. items/d05536. pdf.

③ Patricia Born, M. Martin Boyer, Michael M. Barth, "Risk Retention Groups in Medical Malpractice Insurance：A Test of the National Chartering Option", *Journal of Insurance Regulation*, Vol. 27, Issue 4, Summer 2009, pp. 4-5.

求必须从事相同的业务或者具有相似的风险责任敞口。①

1986 年，美国国会通过《责任风险保留法案》（*Liability Risk Retention Act*，LRRA），允许风险保留组织将其业务范围从产品责任扩大到除工伤保险外的商业责任保险市场。2003—2010 年，大部分风险保留（自留）集团的业务集中在医疗保健相关的业务，如医疗事故责任险及疗养院的责任保险。② 由于在监管上更为宽松，风险保留集团的投保人并不能够获得保险破产偿付基金的赔付，这促使各州法律要求风险保留集团出险时应向保单购买人进行特别说明，如蒙大拿州规定，风险保留集团保单应含有以下说明："此保单由你所在的风险保留集团颁发。你所在的风险保留集团可能并不在州或者地区保险法律的监管之下。州保险破产偿付基金并不适用你所在的风险保留集团。"③ 因此，风险保留集团的保单持有人相比购买其他保险产品，在组织破产时承担的风险更大。

虽然在一定程度上，风险保留集团只需接受注册州的监管，但根据美国学者的研究，接受一个州监管且有跨州经营业务的风险保留集团，与那些通常需要接受多重监管的保险公司相比，可以降低 26% 的费率，④ 这使得风险保留集团在责任险领域具有了一定的竞争优势。

（四）兄弟互助会

兄弟互助会（Fraternal Benefit Societies，以下简称兄弟会）是成员所有制企业，在美国通常注册为公司形式。美国兄弟互助会从 18 世纪的欧洲传入，当时来自欧洲的移民在到达新大陆后，陆续聚集起来成立这一组织，并将这一组织作为他们在陌生大陆上宗教或民族上的纽带。⑤ 美国的兄弟互助会正是从欧洲的友谊社进化而来。根据弗吉尼亚保险法的规定，兄弟互助会是指没有股本，不为利润，纯粹为其成员和成员受益人利益服

---

① Maureen A. Sanders, "Risk Retention Groups：Who is Sorry Now?", *Southern Illinois University Law Journal*, Vol. 17, Issue 3, Spring 1993, pp. 535-537.

② History of Risk Retention Groups(RRG), April, 2017, available at http://www.puremedmal.com/pdf/importantDifferencesOfRRGsEevised.pdf.

③ Monatana Code Annotated 2015, 33-11-104. Risk retention groups not chartered in this state.

④ J. Tyler Leverty, "The Cost of Duplicative Regulation：Evidence from Risk Retention Groups", *The Journal of Risk and Insurance*, Vol. 79, No. 1, 2011, p. 106.

⑤ John Light, *Fraternal Benefit Societies*, April 2017, available at http://www.theproducersnetwork.com/files/91027934.pdf.

务，按照分会系统惯例运作，且拥有代表性治理机构的组织。① 弗吉尼亚保险法关于兄弟互助会的定义，同样可见于其他州法。

兄弟会是会员所有型组织，定位为非营利的互助组织（mutual aid organizations），在日常运营中具有福利色彩，可以向会员提供保险。与一般性的相互保险组织不同，兄弟会的保单持有人同时是该组织的成员，并且，这一组织通常在相关法律中作为一类特别的组织进行规定。② 根据美国国内税收法规 IRC 501（c）（8）的规定，兄弟会组织若满足具有互相友爱的目的，以分会系统运作，为会员提供生活、疾病、意外或者其他福利之情况，可以免除所得税的缴纳。

与美国其他会员制组织一样，兄弟会组织的成员会向其所在的社区提供带有福利目的的志愿服务。通过兄弟会组织，个体之间相互联合起来，能够从事许多超出个体能力和想象力的事情。其中，非常关键且能持续促进兄弟会进行长期性志愿服务的原因是，兄弟会组织能够向其成员提供保险产品，来保障成员及其家庭的财务和人身安全，这从另一方面能够使成员免除后顾之忧，从而更好地投身于兄弟会的志愿活动之中。因此，保险成为兄弟会组织促进和保障成员进行志愿活动的后盾，保险业务带来的收入也成为兄弟会活动的支出来源。

以西部兄弟生活促进协会为例，这一组织是 1897 年成立于爱荷华州的兄弟会组织。根据该组织的章程，西部兄弟生活促进协会的组织目的包括以下几个方面：（1）通过集会、宗教仪式，帮助成员从事互助和慈善活动；（2）鼓励成员学习、培养和保留捷克和斯洛伐克的历史、文化、语言和传统；（3）根据相关法律的规定提供保险和其他福利；（4）支持其他合法的社会性和教育性活动。该组织的最高权力机构为国民大会（The National Convention），国民大会选举董事会从事管理工作。此外，该兄弟会对会员的要求为，保险年龄为 16 岁或以上的保险人，会员申请已被接受和批准，并已向其颁发了会员资格证书，拥有的保险或者年金合同已生效等。③ 西部兄弟生活促进协会提供包括寿险和年金在内的产品，其

---

① Chapter 41 of the Code of Virginia.

② Texas Jurisprudence, Third Edition, 53 Tex. Jur. 3d Mutual Benefit Societies § 3 Insurance companies distinguished.

③ Articles of Incorporation and Bylaws of the Western Fraternal Life Association, April 2017, available at http：//www. wflains. org/files/2914/4831/7731/2015_ bylaw_ for_ web. pdf.

中寿险有定期人寿保险产品（10 年、20 年和 30 年）和终身寿险产品。[①]
总而言之，西部兄弟生活促进协会是典型的兄弟会组织，一方面为其成员
提供包括文化和教育在内的互助志愿活动；另一方面通过年金和寿险等保
险产品支持兄弟会成员的志愿活动，两者互为支撑，共同促进这一组织的
长久发展。

（五）互助社

德国保险行业主要有三类组织，分别为互助社、股份保险公司及公法
保险组织（public law insurance）。根据德国《保险企业监督法》的规定，
互助社是指按照相互原则为其成员提供保险，并获得监管部门批准从事保
险业务的社团。德国第一家互助社成立于 16 世纪，主要业务是为当时的
行会成员提供火险，称为 Brandgilden。此后，在恩斯特·威廉·阿诺尔迪
（Ernst wilhelm Arnoldi）的带领下，德国在 1821 年、1827 年分别成立了称
为哥达火灾保险与哥达人寿保险银行的相互保险组织，随后相互形式的保
险在 19 世纪的下半叶在德国获得广泛的欢迎。[②] 2013 年，德国股份制保
险公司达到了 291 家，相互制的保险公司数量则达到了 254 家。[③]

德国互助社区分为两类，其中规模较小、业务范围集中于特定区域的
称为小型互助协会，另一类规模较大的相互保险组织称为互助社。两者适
用的法律规则并不完全相同，如在组织治理上，大型互助社主要适用德国
《股份公司法》的规定，小型互助协会主要适用《民法典》的规定。[④] 之
所以在治理上出现不同适用规则，部分源于大型互助社在规模上已与股份
制保险公司相仿，保单持有人遍布全国各地。因此，大型互助社在组织治
理上与股份公司相同——都面临着如何解决委托人（所有权人）与代理
人（管理委员会和高级管理人员）之间的代理成本问题。在小型互助协

---

① Western Fraternal Life, April 2017, available at http://www.wflains.org/financial-products/
Life-insurance/.

② Raimond Mauree, Barbara Somova, "The German Insurance Industry: Market Overview and
Trends", *Handbook of International Insurance: Between Global Dynamics and Local Contingencies*, edited
by J. Dacid Cummins, Springer 2007, pp. 305-306.

③ Gesamtverband der Deutschen Versicherungswirtschaft e. V., *Statistical Yearbook of German Insur-
ance* 2016, April 2017, available at http://www.en.gdv.de/wp-content/uploads/2016/11/Stat_
Yearbook_ 2016.pdf.

④ Act on the Supervision of Insurance Undertakings, Section 34-36, Section 53.

会，由于成员有限，成员彼此之间有一定的了解，所以在治理上更多的是依赖成员之间的民主自治，代理成本问题反而并不突出。

　　大型互助社定位为德国《商法典》下的"商人"，它们建立起了董事会（又译为管理委员会，management board）、成员代表大会（或成员大会）、监事会的组织结构（见图2-3）。① 根据《保险企业监督法》的规定，互助社的董事会至少由两人组成，并应满足德国《股份公司法》关于董事的任职条件，董事会负责领导公司，并对内或者对外代表组织；② 监事会至少由3人且不超过21人组成，监事会有权任命互助社的董事会成员，并按照《股份公司法》的规定，负责对董事会及公司的业务执行监督；③ 会员大会或者会员代表大会是互助社的最高权力机构，他们有权决定关于互助社经营和发展的重要事项，在行使职能上类似于股份公司的股东会（或股东大会）。

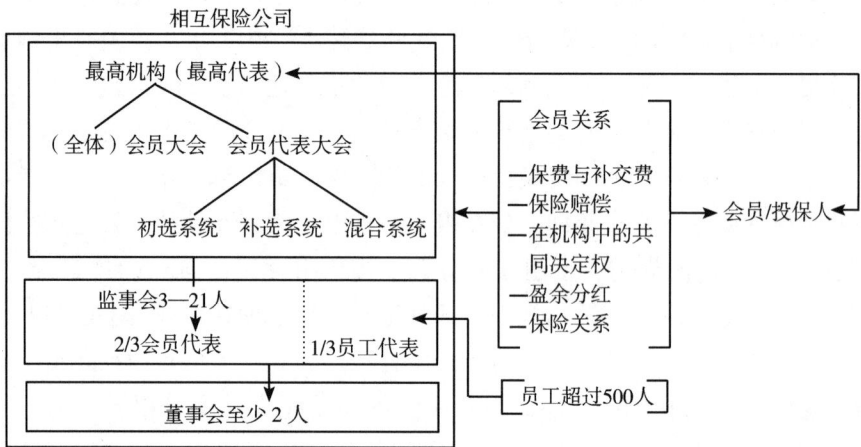

图2-3　德国互助社的治理机构

　　由于大型互助社与股份制保险公司在组织治理上已差别不大，因而保单持有人与组织之间的关系更多体现为保险合同的债权债务关系，而不是

---

　　① ［德］法尼：《保险企业管理学》，张庆洪、陆新等译，经济科学出版社2002年版，第133页。

　　② Act on the Supervision of Insurance Undertakings，Section 34.

　　③ Act on the Supervision of Insurance Undertakings，Section 35.

体现为一种会员关系。此外，由于规模庞大的会员群体在组织治理上有
"搭便车"的倾向，因而大型相互保险组织治理的权力在实践中更多地掌
握在了董事会及管理人员手中。

在激烈的市场竞争下，德国的监管法律放开了相互保险组织向非会
员出售保单的限制，这进一步加剧了大型互助社"相互性"的丧失。与
之相反，小型互助协会则更多地体现了相互保险组织的"初心"，这一
类相互保险组织不向非会员发售保单，最高权力机构为全体会员大会，
实行一人一票的表决制度，① 与大型相互保险组织形成了较为鲜明的
对比。

（六）友谊社

友谊社是英国互助社的代表性组织，有着悠久的历史，至今仍是英国
重要的相互保险组织。早在 19 世纪，英国曾专门委托相关的委员会调查
友谊社的类型分布，在这一过程中，委员会发现友谊社的类型多达 17 种，
其中包括本地城镇友谊社、普通友谊社、年金友谊社、慈善友谊社、丧葬
友谊社等。② 发展至今，友谊社在英国已成为为成员或其亲属在遇到疾
病、失业和退休时提供福利的重要组织。

友谊社在法律上并没有一个法定的定义，通常认为友谊社是会员成立
的一个用于会员福利或者在其需要时，或者有困难时提供互助的组织。英
国出台了相当多的关于友谊社的监管法律和规则，其中主要的法律法规包
括 1974 年友谊社法、1992 年友谊社法、1994 年友谊社监管规则、2008
年友谊社监管规则、2000 年金融和市场法及 2006 年公司法等。虽然先后
出台了不同的法律，但 1974 年和 1992 的友谊社法律并不是先后废止的关
系，它们同时存续并适用于英国的友谊社。

在现有的法律框架下，友谊社分为三类，③ 分别为未注册的友谊社
（Unregistered friendly societies）、注册的友谊社（Registered friendly societies）

---

① ［德］法尼：《保险企业管理学》，张庆洪、陆新等译，经济科学出版社 2002 年版，
第 141 页。

② Lauren Perillo, *The British Friendly Society and the Rise of the Welfare State*, April 2017, availa-
ble athttps：//www. hamilton. edu/documents/Perillo%20Levitt%20Paper. pdf.

③ UK Government, *CTM*40310, April 2017, available at https：//www. gov. uk/hmrc-internal-
manuals/company-taxation-manual/ctm40310.

以及法人型的友谊社（Incorporated friendly societies）。[①] 对于未注册的友谊社，一般用排除法进行定义，即既不属于注册的友谊社，也不属于法人型的友谊社。对于未注册的友谊社，若其年收入未超过160英镑，则免除公司税的义务。[②]

英国1974年的友谊社法将1896年的友谊社法和1971年的友谊社法合并，该法最重要的目的是促进友谊社进行注册。根据该法及后续法律的解释，注册的友谊社可以向其成员提供包括寿险、年金、失业和健康保险的合同。[③] 该法第7条还规定了可注册的友谊社类型，包括家畜保险友谊社、慈善友谊社、工人俱乐部、老人之家友谊社及特别授权的友谊社等。[④] 1974年友谊社法的出台，使得友谊社在法律上有了规范的运行结构。

与1974年友谊社法相比，英国1992年的友谊社法出台最主要的目的是促进友谊社注册为法人组织。虽然两部法律同时并行，英国1992年友谊社法并不强制要求已注册的友谊社转为法人型的友谊社，两者从事基本相同的业务，但相比注册的友谊社，法人型的友谊社可以设立分支机构。[⑤] 法人型的友谊社在其名称中必须加注"有限"的字样，并且从1993年起，英国只允许友谊社注册为法人型友谊社。[⑥] 在1992年友谊社法出台后，相当多的友谊社开始转为法人型友谊社，以更为方便地从事相关业务。

以成立于1834年的福雷斯特友谊社为例，该组织注册为英国法人型友谊社，至今已有180多年的历史。如今福雷斯特友谊社已发展成为年保

---

① 在英国，对于法人型的组织而言，所有权人承担有限责任，组织拥有财产决定权，有设立和运行费用，也有明确的法定框架和问责机制。

② Britain Finance Act 2012.

③ UK Government, *CTM*40310, April 2017, available at https：//www. gov. uk/hmrc-internal-manuals/company-taxation-manual/ctm40310.

④ Friendly Societies Act 1974, Registration of Societies and Branches.

⑤ UK Government, *CTM*40310, April 2017, available at https：//www. gov. uk/hmrc-internal-manuals/company-taxation-manual/ctm40310.

⑥ Simon Broek, Bert-jan Buiskool, Alexandra Vennekens, Rob Van der Horst, *Study on the current situation and prospects of mutuals in Europe*, April 2017, available at http：//ec. europa. eu/DocsRoom/documents/10391/attachments/1/translations/en/renditions/native.

费近 1900 万英镑的友谊社，业务包括为成员提供储蓄、保险和投资等。福雷斯特友谊社的主要治理机构是董事会，根据组织章程的规定，董事会由不多于 9 位的董事组成，其中至少 2 人为会员董事（即应成为友谊社的会员），另有不超过 3 人为执行董事。董事会下设多个委员会，包括审计委员会、投资委员会、会员委员会、提名委员会、薪酬委员会、储备委员会及风险和资本委员会，其中会员委员会的主要职能是监督友谊社的活动是否满足会员的需求，是否能够为会员增加价值。① 从福雷斯特友谊社的治理机构来看，董事及其下设委员会都是围绕着组织治理与保护会员利益开展工作，反映了友谊社作为相互组织的组织特性。

（七）合作社形式的相互保险组织

工业和住房互助社②产生于英国工业化大生产时代，当时合作社运动在欧洲正如火如荼地进行，英国的工人们聚集在一起成立这一组织以服务于共同的利益。③ 在组织形式上，工业和住房互助社的源头可以追溯到早期的友谊社，1834 年的友谊社法允许该组织从事任何合法的活动，早期的工业和住房互助社即根据该法注册为友谊社。此后，1852 年通过的《工业和住房互助社合作法》（the Industrial and Provident Societies Partnership Act），确立了工业和住房互助社是独立的组织形式，④ 随后部分原注册为友谊社的组织转为工业和住房互助社。

根据 1965 年的《工业住房和互助社法》，英国在法律上将工业和住房互助社分为两类，一类称为善意合作社（bona fide co-operative society），另一类为服务于社区利益的合作社。⑤ 两类组织有相当大的不同，前者主要通过汇集独立的个体及资金，为合作社成员共同的利益从事相关活动，视为英国组织类型中的合作社，后者主要为社区利益服务，在税法上赋予

---

① Foresters Friendly Society, April 2017, http: //www. forestersfriendlysociety. co. uk/about-us/reports-and-governance/.

② 在英国的组织类别划分中，工业和住房互助社是互助社的一类，但同时属于英国组织类别中的合作社组织。与工业和住房互助社相同，日本在农业领域存在着从事相互保险业务的合作社组织，本书将在第五章中对该组织作进一步的讨论。

③ *English Private Law*, edited by Andrew Burrows, Oxford University Press, 2013, p. 155.

④ The Industrial and Provident Societies Bill, Bill 14 of 2001-02.

⑤ Industrial and Provident Societies Act 1965, 1 (2) Registered societies.

了慈善组织的资格。①可以说，1965 年的工业住房和互助社法为该组织的进一步发展奠定了重要的基础，该法不仅促进了这一组织的注册，区分了组织类型，还赋予了工业和住房互助社法人资格，成员在该组织下担负有限责任。

在 2014 年后，英国颁布了《2014 年合作社和社区福利协会法》（*Co-operative and Community Benefit Societies Act 2014*），工业和住房互助社按照类型不同，分别注册为合作社（Co‐operative Society）或社区福利社（Community Benefit Society），原有的名称不再存在。② 从该法的颁布开始，工业和住房互助社这一组织名称已从英国组织类型中消失，取而代之的为合作社或社区福利社。如今，在英国组织法下，合作社或社区福利社属于互助社（mutual society）的一类，且需在英国金融行为监管局注册。并且，按照法律的规定，成立这一组织至少需要三位成员，注册需要股本，但是在组织治理上通常实行一人一票制度。

合作社在英国可以从事相互保险业务，这其中 Co-op Insurance 是英国合作社从事互助保险业务的代表。Co-op Insurance 原名称为 CIS General Insurance Limited，在英国原注册为工业和住房互助社，后根据法律规定改为合作社，其业务覆盖车险、房屋产险及宠物险。Co-op Insurance 由会员所有，主要的治理结构为社员大会（Society General Meetings）及董事会，由于 Co-op Insurance 不仅从事保险业务，也从事食物、旅游和电子购物业务。因此，成为 Co-op Insurance 成员，除作为消费者购买保险外，购买其他产品达到相关要求也可以成为会员。就保险业务而言，若购买 Co-op Insurance 的保险产品按照相关计算方法达到 12 个月，则满足 Co-op Insurance 定义的合格采购要求，可以成为该组织的成员，并能够在组织内部行使会员权利。作为客户所有的企业，会员有权决定该组织的重要事项，Co-op Insurance 的组织原则包括开放的会员资格、民主、会员经济参与、自主和独立、与其他合作社的联合等。③ 这一原则鲜明地体现了该类组织与其他资合组织之间的差别。

---

① The Industrial and Provident Societies Bill, Bill 14 of 2001-02.

② Co-operative and Community Benefit Societies Act 2014.

③ Co-op Insurance, April 2017, available at http://www.co-opinsurance.co.uk/.

二　特殊的相互保险组织类型

（一）协会形式的相互保险组织：保赔协会[①]

船东互保协会是以协会形式运作的相互保险组织。在域外，与船东互保协会起到类似作用的组织称为保赔协会/保赔俱乐部 Protection and Indemnity Clubs（P&I Clubs），提供的为保赔保险（Protection and Indemnity insurance）。通常，P&I Clubs 为非营利组织，为其成员提供保险，但实践中成员支付的并不是保费，而是称为互助会费（calls）的费用。[②] 根据中国船东互保协会的条款，互助会费分为预付会费、追加会费、巨灾会费和免责会费，缴纳时间由经理机构确定。[③] 可见，从保费的缴纳方式看，保赔保险与一般性的海商保险已经有了相当大的差异。

从历史上看，保赔保险是相对较新的保险种类，时间上可以追溯到 19 世纪中叶。在当时的英国，海商法尚不发达，并未发现和识别出保赔保险保障的风险事项，加之南海泡沫事件后英国对合股公司申请的限制，促使船主们开始以俱乐部的形式对各自名下的船只提供相互保险，这样的实践操作最终反映在了英国 1906 年的海商保险法上，保赔协会此后也成为船东第三责任险的一个惯常运作模式。[④]

保赔保险的保障对象覆盖面较广，以美国保赔协会的保赔保险为例，保付的责任包括船员乘客和其他人员的生命、伤害和疾病损失、货物损害损失、船只碰撞损失、环境污染损失等。[⑤] 需要特别指出的是，保赔保险的责任承担方式秉承"先付原则"，即船东互保协会只在投保人先行支付

[①]　协会并不是一个特定的组织形式，如美国船东互保协会是公司组织，但以一个协会的方式运作，成员要成为会员，缴纳的为会费。这一特殊的运作方式，使得这一类组织与其他相互保险组织有了许多运营上的差别，所以本书将其单独列为一种组织形式。

[②]　Antōnios M. Antapasēs, Athanassiou, Lia I. Athanassiou, Erik Røsæg, *Competition and Regulation in Shipping and Shipping Related Industries*, Martinus Nijhoff Publishers, 2009, pp. 317-318.

[③]　中国船东互保协会：《中国船东互保协会保险条款》（http://www.cpiweb.org/cpiweb-manager/pages/index.jsp? language=C&type=&SYSMODULE_ ID=null）。

[④]　Mark Tilley, "The Origin and Development of the Mutual Shipowners' Protection & Indemnity Associations", *Journal of Maritime Law and Commerce*, Vol. 17, No. 2, April 1986, pp. 262-265.

[⑤]　American Steamship Owners Mutual Protection and Indemnity Association, April 2017, http://www.american-club.com/page/protection-indemnity-insurance.

损失后进行赔付。换而言之，是一种事后补偿的保险赔付模式。

保赔保险无疑与传统的保险并不相同，这一特殊性也引起了法律的关注，美国法院在相关判决书上指出：保赔协会并不是传统的保险公司，而是以相互保险协会的形式运作，它们提供的并不是标准的责任保险，而是赔款保障。[①] 由于这一保险形式的特殊性，在部分区域，保赔保险及船东互保协会组织往往会有专门的立法或者监管规则，如在日本，有专门的《船东互助保险协会法》，与商事保险为主的《保险业法》进行区别立法。在我国，船东互保协会提供的保险则不认定为《保险法》第 2 条规定的商业保险行为，[②] 并由交通运输部进行监管。

保赔协会按照相互原则运作，保险人同时为被保险人，相互承担损失和赔偿责任，是典型的相互保险组织。保赔协会的治理结构也部分地反映了这一会员持有型组织的特征，以日本保赔协会为例，最高权力机构为会员大会，由会员大会任命组织的董事会成员（包括董事长、副董事长、执行董事及董事等），再由董事会任命管理委员会，负责组织的日常管理工作。不过，无论是董事会还是管理委员会，都需向会员大会负责，以会员的利益为中心开展工作，这既是该组织运作的起点，也是这一类相互组织与其他相互组织的共同点。

（二）社会保险的特殊组织形式：互惠社

互惠社对于中国而言，是相当陌生的一个组织体，它在法律上并没有一个明确的定义。在历史上，互惠社与其他相互保险组织一样，最早可以追溯到古希腊、古埃及及古罗马人们之间的互帮互助活动，在之后的发展过程中融入了宗教上的兄弟会和友谊社因素。此后，欧洲大规模的工业化运动，出现了许多产业工人，这些人迫切需要在生病与衰老时获得风险保障，互惠社正是出现在这一历史背景，但与互助社、友谊社不同，这一组织更多体现为对社会保障的补充。[③] 如今，互惠社在欧洲覆盖 2 亿多人，

① Ronneberg, Norman J. Jr. , "An Introduction to the Protection & Indemnity Clubs and the Marine InsuranceThey Provide", *University of San Francisco Maritime Law Journal*, Vol. 3, Issue 1, Winter 1990, pp. 2-3.

② 中国保险监督管理委员会：《关于船东互保协会问题的复函》（http：//www. circ. gov. cn/web/site0/tab5226/info19184. htm）。

③ Edith Archambault, *Mutual Organizations*, *Mutual Societies*, April 2017, available at https：//halshs. archives-ouvertes. fr/halshs-00267566.

提供包括保险、卫生保健、社会服务及贷款在内的会员服务。[①]

在意大利，相互组织包括两类，一类为相互保险公司，另一类为互惠社，后者在法律上定位为非为营利目的的组织。根据意大利的法律，互惠社适用于健康、社会、娱乐和文化等领域，是会员持有型组织，主要为会员服务。并且，非常特别的是，互惠社并不能选择成员，成员资格是自由和自愿的。近几年来，意大利成立的互惠社主要集中于提供补充健康服务保险。[②] 如意大利一样，在卢森堡，互惠社是非营利组织，贯彻团结互助的原则，并且主要作为社会保障的一部分，向社会成员提供社会保险保障。[③] 在法国与德国，也有类似的组织，为成员提供社会风险保障服务，起到类似补充社会保险的作用。

在部分研究中，互惠社也称为"互助会"（mutual aid society），或者称为"健康保障协会"（health providence society），为老人、残疾人和疾病人士提供健康、医疗和社会保险保障，是欧洲国家建立福利社会的先驱。[④] 这一组织广泛分布于欧洲和非洲地区，如北欧的瑞典，西欧的德国，南欧的意大利，以及非洲的南非。各国对这一组织也有不同的规定，如在希腊，互惠社为专业人士提供强制医疗保险服务；在比利时，互惠社是唯一的强制健康保险提供者。[⑤] 因此，可以看到在欧洲的许多国家，互惠社处在国家与私人企业的中间，一方面连接了普通的市民，另一方面为这些会员提供强制或补充社会保险，更多地起到一个国家与市场之间的中

[①]　Steering Committee of Mutual Benefit Societies, *Mutual Benefit Societies: A Tool for Developing Social Protection Worldwide, Particularly in the Health Sector*, April 2017, available at http://library. uniteddiversity. coop/Cooperatives/Mutual% 20benefit% 20societies – A% 20tool% 20for% 20developing%20social%20protection%20worldwide. pdf.

[②]　Simon Broek, Bert-jan Buiskool, Alexandra Vennekens, Rob Van der Horst, *Study on the current situation and prospects of mutuals in Europe*, April 2017, available at http://ec. europa. eu/DocsRoom/documents/10391/attachments/1/translations/en/renditions/native.

[③]　Ibid.

[④]　Marie-José Fleury, *The mutualist economy: what is their foreseeable future in the Single Market?* April 2017, https://infoeuropa. eurocid. pt/opac/? func = service&doc_ library = CIE01&doc_ number = 000049870&line_ number=0001&func_ code=WEB-FULL&service_ type=MEDIA.

[⑤]　European Parliament Policy Department, *The Role of Mutual Societies in the 21st Century*, April 2017, available at http://www. europarl. europa. eu/document/activities/cont/201108/20110829ATT54-22/20110829ATT25422EN. pdf.

间角色。

互惠社与互助社的治理机制相同，成员组成会员大会或者成员代表大会，任命组织的董事和管理人员。在这一组织中，任何重要的决策，都需要成员（代表）大会进行决策。[1] 有研究认为，互惠社提供的并不是通常意义的保险，如法国相互法典下的 mutuelles，不仅提供健康服务，还提供社会和文化服务，因此并不在《保险法典》的规制之下。[2] 因此，互惠社与一般性的商业保险有所区别。

第四节　相互保险组织与股份制保险公司的比较

与股份制保险公司相比，相互保险企业最为本质的区别是没有股份，组织的初始运营资金来源于借款资金或者捐赠资金。并且，在初始运营资金源于借款的情况下，相互保险组织在一定的期限内，需通过盈余的积累来偿还这部分借款。[3] 在相互保险组织中，保单持有人为所有权人/会员，也是组织的客户。每一保单持有人的投保金额及保险合同的期限并不相同，这决定了保单持有人并不能向外转让只适用于他的保险合同（所有权）。因此，相互保险组织的所有权既附期限且不能对外转让（两者的主要对比见表 2-1）。[4]

表 2-1　　　　　　　　相互保险公司与股份制保险公司比较

	相互保险公司	股份制保险公司
性质	不以营利或公益为目的的中间法人	以营利为目的的法人

① European Parliament Policy Department, *The Role of Mutual Societies in the 21st Century*, April 2017, available at http://www.europarl.europa.eu/document/activities/cont/201108/20110829ATT5422/20110829ATT25422EN.pdf.

② Swiss Re, "Mutual Insurance in the 21st Century: Back to the Future?", *Swiss Re Sigma*, No. 4, 2016, p. 3.

③ 刘燕：《相互保险与股份保险比较》，《中国金融》2016 年第 24 期。

④ 日本生命保险相互会社：《日本生命 2014 年年报》（https://www.nissay.co.jp/english/annual/pdf/ar2014.pdf）。

续表

	相互保险公司	股份制保险公司
资金	资本出资人（债权者）出资的基金	股东（公司的投资人）出资的资本金
最高权力机构	成员大会或成员代表大会	股东大会
保险关系	相互保险（成员关系与保险关系同时发生）	营利保险（根据保险合同发生保险关系）
损益的归属	成员（投保人）	股东

　　相互保险的资金池是不同保单资金的汇集，并且投保资金具有复合属性，既作为保险资金，也作为所有权人的出资。资金池汇集了投保资金，也肩负着支付保险赔付的义务。通常情况下，相互保险组织并不能像股份制保险公司一样可以发行股份，因此它需要积累盈余（surplus）来提高自身的偿付能力。盈余是资产超出负债的部分，积累的盈余使得相互保险组织有了抵御不好年份和极端情况下的一个安全垫（a safety cushion）。虽然相互保险在运营上会将超出保费的费用支出返还给保单持有人，也没有理由拒绝合理和公正的盈余分配，但这样的返还应满足：（1）保险企业偿付能力的要求；（2）与相互保险的企业经营情况相结合。因此，在英美的法律制度下，主要由组织的董事会而不是所有权人根据商业判断原则对盈余进行分配。[①] 虽然相互保险的所有权人在法律上有分享组织盈余的权利，但组织所有权资金与保险资金的双重属性，使得这一权利的行使取决于相互保险的财务状况。

　　除了盈余分配的限制，相互保险的保单持有人也不能随意要求财产分配。在股份制保险企业中，投保人的资金池与所有权人的所有权资金相区隔，股东可以对所有权资金进行处理，如退出、转让，只要这样的行为不影响保险资金池的资金安全。但在相互保险组织情形下，这两者是相统一的，所有权人的资金与投保资金是同一来源资金，偿付能力与组织盈余之间的关联性，决定了所有权人并不能在非特殊情况下，要求超出组织偿付能力外的资产分配。

　　相互保险的特殊性也反映在了治理结构上。在相互保险企业，保单持有人的所有权来源于保险合同，当购买保险后，保单持有人之间共同共有

---

① 梁涛主编：《相互保险组织运作及风险管理研究》，中国金融出版社 2017 年版，第 37 页。

相互保险组织。这一共同共有，是相互制与保险共同结合的结果。共同共有在法律上表现为所有权不能转让，所有权有期限，并且财产分配有限制。此外，保单持有人虽是相互保险企业的所有权人，但是他们持有的所有权期限并不相同，例如有的保单持有人投保期限更长，有些更短，并且可能存在不同险种，不同保险产品的情形，大量并不相同的保单决定了在相互保险内很难清晰地、明确地分割他们的所有权权利。其结果是，保单持有人对企业的权利，只在某些情况下，如盈余分配或转制、清算下按照每一保单的情况有所区别。在日常的组织治理上，则通常在最高权力机构上实行一人一票原则。与相互保险相反，股份制保险公司资产负债表的右侧分别为负债和所有者权益，股东以股份出资的形式出资，在没有章程差异性规定的情况下，按份享有对公司的所有权。并且，股东与股东之间对公司有着清晰的、明确的、可以分割的所有权，股东之间不仅区分了权利的多少，也在组织层面贯彻了"资本决定权力"的治理逻辑。

综上，在股份制保险公司内，组织的所有权人与保单持有人是分离的，股东资金与保险资金是两类资金，股东按份出资，享有可以转让的、明确分割的所有权。组织的最主要目的是服务股东资本增值的目的，而不是服务保单持有人。在相互保险组织中，所有权人与保单持有人具有复合属性，所有权人的出资与保险资金是同一资金，且保险的特殊性决定了这一所有权难以明确清晰地进行划分，也不能够对外转让，表现为所有权上则是保单持有人共同共有的状况，组织的最主要目的是为所有权人，也就是组织的保单持有人服务。

第三章

相互保险组织的本质特征——相互性的理论解释

相互性是相互保险组织最根本的组织特征。相互性体现在组织理念上是以会员为中心，服务会员的利益，而不是为资本服务；相互性体现在所有权结构上，则是保单持有人是组织的会员，同时为组织的所有权人；相互性体现在组织定位上，则是处于国家与私人之间的中间部分，这一中间形态在部分国家被定位为第三部门组织，或者称为社会经济。

某种程度上，相互性是相互保险组织作为市民社会一员的体现，这一渊源使得相互保险组织，区别于追求私益或者公益的组织。不过，相互保险组织虽然从私力互助的历史发展过程中形成了相互性这一本质特征，但这一类组织经营的是受到高度管制的保险业务。在保险行业，由国家行使的保护社会利益的监管权力，深度地介入到了组织的经营之中，并使相互保险组织的相互性注入了法律内涵。

第一节 相互性的基本内涵

作为保险行业的重要组织类型，相互保险组织体现了保险机制（大群体分散及共担风险）、治理模式（集体参与、共同决策）、商业运作（利润返还，取之于众，用之于众）的三位一体。它既是一种特殊的保险组织方式，也是一种团体组织方式，同时也是一种商业运作模式，且三者之间具有同心圆的特点。正是这种多角度的交叉，导致对相互保险组织的定位成为一个复杂的问题，需要分层次来处理。此外，各国的不同形态也表明，这个问题并非纯然的逻辑分类，而是受制于各国的历史、文化与法律传统。

不过，无论从何种角度分析，相互保险组织都是具有浓厚价值观的组织，其中，相互性是相互保险组织最根本的组织特征，并且从相互性衍生出了组织的其他特性。根据牛津词典的解释，Mutuality 一词意为两人或者两人以上的群体间分享感情，共同行动，建立联系，并且人们的合作一直是基于互惠原则。从上述定义出发，本书认为相互保险组织的相互性指的是人们共同行动、相互合作、共担风险的互惠行为与理念。这一相互性在漫长的历史过程中，影响了相互保险组织的价值观、运作规则与法律制度。

相互性作为一种互惠理念，体现在相互保险组织的基本特征上，而基本原则构成了相互性的主要内容，具体包括：（1）没有股份。相互保险组织由一群人集合在一起，而不是人们把钱集合在一起。这一点与股份公司有着根本性的不同。（2）成员的团结。这一原则来源于 19 世纪工人运动对相互组织的影响。（3）民主管理。相互保险组织一般实行"一人一票"制度，贯彻成员的民主自治和民主管理。（4）独立。相互保险组织既不是政府组织，也不是私人组织。因此，在部分国家相互保险组织被视为第三部门，或者称为社会经济的组成部分。（5）有限的利润分配。相互保险组织的利润分配以保费返还、增加保额或者减免保费的方式体现，是特殊的利润分配方式。①

相互性形成于市民社会阶段，这一渊源使得相互保险成员在历史上有着追求组织内部自治，同时远离国家监管的需求。因此，相互性在早期就形成了包括平等、民主、独立等内涵，并且这些相互性内涵主要依靠成员的自律与道德上的要求维系着，时至至今依然对相互保险组织有着非常大的影响。此外，早期相互保险组织作为私力互助的自助组织，并不包含任何利润追求之目的，组织的所有费用都运用于会员身上，按照现代的组织划分方法，是典型的非营利组织，这一特征也部分地反映在当代相互保险组织的经营理念上。

① Edith Archambault, *Mutual Organizations*, *Mutual societies*, April 2017, available at https：// hal. inria. fr/file/index/docid/267566/filename/ Mutual_ organizations. pdf.

一　作为组织理念的相互性

从历史上看，早期相互保险组织融合了多种因素，而这些因素组合起来则统一地体现为一种理念，即人们的互帮互助与同舟共济。在古罗马时期，当时的人们重视丧葬，通过成立俱乐部的形式，可以汇集众人的力量，帮助那些有困难的人在故去时能够有尊严地下葬，他们留下的孤儿寡母也能得到大家的救济，这成为互助保险早期的起点；在行会时期，由于行会汇集了较多同质的群体，在宗教上汲取了许多养分，随后不仅成长为保护成员利益的组织，也发展出了在成员遇到困难时进行互助共济的功能，体现了原始保险与慈善救济糅合的特征；在友谊社时代，工业化的生产使得人们成为城市的一员，农民从乡村开始涌入城市，基于血缘的互助纽带开始让位于初显社会经济特征的互助组织，友谊社让人们能够抱团取暖，并以"友谊"之名实现人人为我、我为人人的理念；在北美新大陆，新移民们从世界各地追求"美国梦"，在陌生的土地上从一无所有开始奋斗，由于脱离母国熟识的亲友，促使人们学会了与他人合作，建立新的联系，在陌生人之间培育兄弟姐妹般的情谊，这也是兄弟互助会在美国扩散的源头。

宗教、慈善都曾深深刻入相互保险组织的基因，这决定了相互保险组织并不是法律的拟制，它融合了人们基于互助友爱的良善愿望，在被时代打磨后，又具有了现代保险组织的特点，但相互性的本质始终嵌在组织的核心理念上。因此，与资合性组织相比，相互保险并不是一个冷冰冰的组织，而是具有浓厚价值观、有自己发展理念、具有理想主义的组织体。

这一理想主义既形成了相互保险组织的本质特征——相互性，塑造了组织的价值观，也由相互性衍生出了相互保险组织的基本特征，包括没有股份、成员的团结、民主管理、独立与有限的利润分配等。

相互保险组织承载了厚重的价值观，既不同于政府组织，也不同于一般性的商事组织体，是一个社会性组织，如有学者认为："相互性表示：一人为大家，大家为一人……每个参与者所付的钱相互有利于其他每个人。"不过在当代，相互性的组织理念受到了部分学者的质疑，如法尼认为前述观点"似乎已经过时"，并且他进一步提出相互性作为相互保险组织的特征，用以表示会员与组织之间的关系，但这样的关系带有双轨特征，一种是作为会员（社团）的关系，另一种主要为保险合同的经济关系。① 换而言之，法尼认为相互保险已不像早期的组织形式，主要体现为会员关系，发展到当代，其本身也体现了一定程度的保险合同关系。

二　法律视角下的相互性

在法律层面，相互性早在 18 世纪的英国就引发了许多法律上的争议。在 1875 年 Glasgow Corporation Waterworks Acts v. IRC 一案中，当时的法院经过一系列讨论后认为，相互性（或称互惠性）这一概念是基于这样的事实：人们通过一个协会的形式聚集在一起，通过相同和清晰的目的互相贡献费用来共同达到统一的目的，而不是为了赚取利润或收益。② 相互保险组织的成员既是保险人也是被保险人，是一种为成员提供互助保障的法律安排，在其出现的初始阶段，并无营利性的追求。

通常情况下，法律并不允许对一个从自己身上赚取利润的人进行征税，譬如一个人在家劳作获得了收益，他并没有对外出售，在这样的情况下，法律并不能对这样的行为进行征税，因为他的利润来源于自身而不是外部的第三人。③ 这一问题随后在普通法下进行了大量的讨论，也引起了相当多的争议。

在 1887 年的 Styles v. The New York Life Insurance Company 一案中，上诉人为税务检查员，被告人为纽约人寿保险公司。在当时，纽约人寿保险公司是一个主要办公地点在美国，但在英国有分支机构从事保险业务的保险组织，纽约人寿保险公司并没有股东，经营的是相互保险业务，保单持有人是会员。纽约人寿保险公司的主要收入来源于成员的保费及非参与性保单持有人的保费收入。在纽约人寿保险公司的产品安排中，非参与性保单持有人并不是纽约人寿保险公司的成员。在该案发生前，纽约人寿保险公司的盈余通常豁免缴纳税费。在该案中，上诉人认为应对纽约人寿在英国业务的利润进行评估，其中年金收入和成员保单收入可以豁免纳税，但

① ［德］法尼：《保险企业管理学》（第 3 版），张庆洪、陆新等译，经济科学出版社 2002 年版，第 130—131 页。

② Abhirup Ghosh, *Principles of Mutuality—A study*, April 2017, available at http：//ssrn. com/ abstract = 1823644.

③ Love, Natalie, "The Relevance of the Mutuality Principle within The Nonprofit Sector", *Third Sector Review*, Vol. 13, No. 1, 2007, pp. 1-2.

非参与性保单持有人的收入应按照所得税法进行缴纳。与之相对，被告人主张，保费收入是保单持有人用以每年度平衡风险保障的支出，任何盈余都不是利润，只是作为超出费用的保费支出。上诉法院法官之间产生了分歧，有两位法官认为这样的做法好比三个好朋友一起出去旅游，他们设立了一个旅游基金，结束时剩下了 20 英镑的钱，这样剩余的金额并不能视为"利润"，其他法官则有不同的观点，认为这样的收入与股份制企业并无不同，应视为企业的利润，最后法院判决倾向了后者。[①] Styles v. The New York Life Insurance Company 一案对法律上的相互性进行了系统讨论，此后案例对相互性的观点也有所发展。

在上述案件发生后，直到 1961 年，英国在该年的所得税法中，才对税法上的相互性进行了系统的阐释，在该法第 2（24）（vii）条款定义的"收入"概念项下，明确了相互保险公司从事的任何业务中所产生的利润或者收益，都视为税法上的"收入"。对此，有学者认为，类似相互保险的组织，它们的相互性只包括了部分的公众利益，而不是普通的公众，因此并不能获得税法上相互原则（相互性或互惠原则）的豁免。[②] 在这一观点下，相互保险组织是否能够获得税法上相互原则的豁免，要看其是否针对普通公众的利益，而不是特定群体的公众利益。

除了从税法上界定了相互性并不能获得税收缴纳的豁免，在保险监管的介入下，相互性下的组织特征也有了法律层面的意义。例如，相互性下所包含的有限的利润分配，这是出于偿付能力监管所形成的基本特征，这一基本特征与此前的纯粹非营利有所区别，但这一有限性，又反映了这一组织不以营利为主要目的的组织特征。相互性依然体现了人们互帮互助的特点，但是这一互助有了法律强制性的要求，变成了现代法律意义下的保险契约。换而言之，相互性的内容依然延续了从历史传承下来的特性，但其内涵在保险监管的推动下，有了法律层面的意义。在接下来的部分，本书将进一步讨论相互性具有的法律内涵及具体表现。

---

① "Styles v. The New York Life Insurance Company"，*Journal of the Institute of Actuaries*，Vol. 27，No. 1，January 1888，pp. 32–37.

② Abhirup Ghosh，*Principles of Mutuality：A study*，April 2017，available at http：//ssrn.com/abstract = 1823644，pp. 2–3.

三 国家和私人之间的相互性

在域外，有诸多组织词汇或概念以形容相互性下的组织体与国家和其他私人组织之间的关系与定位，这些词汇包括第三部门、社会经济、公民社会、市民组织、自愿组织、独立部门等。以社会经济概念为例，"社会经济"在法国用以指代既不是传统的私人板块，也不是国有公共部门的组织。① 在历史上，法国公民运动的兴起，工人运动的蓬勃发展，使得包括结社自由、言论自由在内的，抵抗国家和资本主义的努力始终不曾衰减。在法国，"社会经济"一词既包含了法国传统上社会主义运动的精神内核，也结合了"利益相关会员""经济活动"的内涵，从而与一般性的"私有产权主导"相区隔。② 与"社会经济"一词相比，德国学者更为关注第三部门的提法。在传统上，德国重视区分某一组织是否为公法或者私法上的组织体，而包括相互保险组织在内的组织体在传统上，既不是公法上国家的代理组织，也不是私法上存续的市场组织。③ 因此，部分学者使用第三部门这一概念以形容包括互助社在内的组织体。在内涵上，德国第三部门的概念，在19世纪融合了民间社团和工人运动的色彩，这一概念的适用更多的是将其与公法和传统私法上的组织体进行区分，描述了一个中间层面的组织概念。④ 无论是第三部门还是社会经济的提法，都反映出了相互保险与国家和私人板块的特殊关系，本质上体现了相互性下相互保险组织带有的社会中间层属性。

（一）相互保险组织与国家的关系

早期友谊社带有非常明显的处在国家与私人板块之间的状态。当时的

① European Communities Report, *The Cooperative*, *Mutual and Non-profit Sector and Its Organizations in the European Community*, April 2017, available at http：//aei. pitt. edu/41813/1/A5956. pdf.

② Philippe Chanial, Jean-Louis Laville, "French civil society experiences: attempts to bridge the gap between political and economic dimensions", *The Third Sector in Europe*, edited by Adalbert Evers and Jean-Louislaville, Published by Edward Elgar Publishing Limited, 2004, pp. 83-90.

③ Alyssa A. Dirusso, "American Nonprofit Law in Comparative Perspective", *Washington University Global Studies Law Review*, Vol. 10, Issue 1, January 2011, pp. 46-47.

④ Bode, Adalbert Evers, "From Institutional Fixation to Entrepreneurial Mobility? The German Third Sector and Its Contemporary Challenges", *The Third Sector in Europe*, edited by Adalbert Evers and Jean-Louislaville, Published by Edward Elgar Publishing Limited, 2004, pp. 103-104

友谊社主要由农村涌入城市的工人阶级组建。这一组织成立后既有社交功能，也有互助合作和原始保险的功能。因此，在部分研究中，友谊社被称为"自助组织"，以形容这一由公民自发联合起来远离国家的组织体特征。并且，特别应指出的是，当时的友谊社对国家干预十分敏感，也比较抗拒。

友谊社对外部监管与国家干预的微妙态度，与当时的时代背景有关。在欧洲的 19 世纪及更早之前，欧洲的市民社会深受国家与宗教的双重干预，"人是生而自由的，但却无往不在枷锁之中"①。人们为自由和民主的权利奋斗良久，也做出了非常多的牺牲。从法国大革命爆发，到英国资产阶级革命，"五月花号"将清教徒从英国送到美洲大陆，这些历史事件的爆发，说明当时欧洲处在政治经济文化上除旧破新，同时夹在传统与现代之间互相斗争的状态。某种程度上，友谊社、互助社就是人们在这样一种环境下，通过结社自由所凝聚的产物，所以这样一种互助、自助的组织体，对国家的干预尤为敏感。也因此，对于早期相互保险组织的成员而言，他们有理由担心这样的一个组织体可能被国家所取缔，也担心社团的行为会受到国家的干涉。

从另一方面而言，国家对当时的自助组织的态度也是微妙的。在法国，1789 年大革命的爆发，使得此后的政府对包括行会、兄弟会和相互保险在内的组织体进行打压，他们担心民众在这一组织体之中互相联结，从而引发政局的不稳和社会的动荡。直到工业革命进一步的发展，这一打压的态度才逐步放宽。② 在英国，19 世纪友谊社在入会仪式上的神秘色彩，内部运作的不公开，使得当时的政府对这一组织存在许多疑虑，并且政府还专门派相关人员对友谊社进行考察，以确定这一组织体是否有反政府的行为和目的。③

从相互保险组织与国家之间的互动历史可以看到，早期相互保险组织的定位是远离国家的自助组织，成员按照社团的章程，在内部进行带有慈善、互助色彩的自助活动。在当时的政治经济环境下，相互保险组织对来

---

① ［法］卢梭：《社会契约论》，何兆武译，商务印书馆 2005 年版，第 4 页。

② Helmut K. Anheier, Stefan Toepler, *International Encyclopedia of Civil Society*, Springer US, 2010, p. 1017.

③ Simon Cordery, *British Friendly Societies*, *1750-1914*, Palgrave Macmillan Published, 2003, pp. 42-62.

自组织体外的干预是排斥的，某一程度上这一排斥，与这一组织本身强调自治与成员民主治理有关。在组织内部，成员并不希望早期奋斗所换来的结社自由被政府所干涉，这就使得当时的相互保险组织与国家有着较远的距离。

不过，随着时代的发展，保险开始成为广泛受到监管的行业。相互保险组织与其他类型的保险组织体一样，受到保险法的监管。其结果是，相互保险组织内部的自治权利在某种程度上被"剥夺"了。当然，相互保险组织在接受严格监管的同时，也保留了一定的自治特征，这种自治特征体现在内部权利分配的自由度上，例如部分相互保险组织可以在章程上由成员设定盈余分配的目标与组织治理权利的分配等。因此，对于保险这一高度管制的行业而言，相互保险组织创设的自治空间是较为难得的，是相互性理念的具体体现。

（二）相互保险组织与私人板块的关系

从组织目的的不同出发，日本将不同的组织体划分为公益组织、共益组织与私益组织。所谓公益，在日本是一个源于西方的概念，代表着"public interest"，意指公共利益。① 由公益概念出发，日本建立了公益法人的组织划分结构。例如，在明治时期制定的《民法典》中，法人组织区分为营利法人和公益法人，根据该法第 34 条的规定，所谓公益法人是指"有关祭司、宗教、慈善、学术、技艺及其他公益的社团或财团且不以营利为目的者，经主管官署许可，可以成为法人"，公益法人可以注册为社团法人或者财团法人。在日本，公益法人必须以公共利益为目标，这一定位使这一类组织体与共益或者私益的法人组织相区别。② 同时，日本语境下的共益又称互益，代表了共同体成员的共同利益，是成员之间利益的平等分配之意，是从民间社会发展出来的概念，与公益相对。③ 另外，私益则与公益、共益不同，多指营利性的私人组织，以资本制的公司为代表，服务特定成员的资本利益升值为目的，并非为公共利益之目的，也非为团体成员利益之目的。

---

① ［日］菅丰：《公益与共益：从日本的"社会性"传统再构成看国家与民众》，陈志勤译，《民俗研究》2016 年第 6 期。

② 王世强：《日本非营利组织的法律框架及公益认定》，《学会》2012 年第 10 期。

③ 同上。

　　相互保险在日本视为共益目的的组织体，为成员的共同利益服务。当然，从多方面来看，保险本身就带有共益的色彩。例如在财险中，不同社会成员之间将资金汇集到资金池，当同一资金池的成员发生风险事项时，由共同的资金池向遭受困难的保单持有人进行赔付，这实际上是成员之间的互助共益安排。因此，可以看到，相互保险基于成员的共同利益导向，某种程度上超越了纯粹的私人利益，是一类带有社会共益色彩的组织安排。

　　不过，相互保险组织的共益却在理论与实践中带来了许多争议。一个合理的质疑是，这样的共益只属于某一特定社团的成员，而社员的有限性又使得它对社团之外的人并无贡献，那么这一共益是属于超越私益的追求吗？股份制企业也可以理解为追求特定的、一定范围内的资本持有人的共同利益，那么这一共益与相互保险的共益又有何区别？日本最后在立法上对前述争议做了决断，源自共益概念所衍生出的中间法人概念，由于其本身含义的争议性、不确定性、内部逻辑的难以自洽性，使得日本在法人体系内废止了中间法人。日本对中间法人的纠结和舍弃，虽然在法律层面已经终结，不过对于理解相互保险组织而言，却是非常重要的一点。因为，相互保险组织从根本上而言，体现了既非完全私益，也非公益的共益特征。

第二节　相互性形成的社会基础

　　市民社会的产生与发展是相互性赖以生存的社会基础。那么，什么是市民社会？市民社会是一个西方的概念，这一概念在历史上经历了不同的阶段，有着不同的建构。有学者将市民社会区分为古典社会理论下的市民社会概念与现代市民社会理论下的市民概念。在古典社会理论下，市民社会是相对于野蛮社会的概念，往往在政治社会层面使用，与文明社会的概念并没有明确的区别。[①] 到近代，市民社会的概念是指"除国家以外的社会和经济安排、规范、制度"，其中，黑格尔第一次将市民社会作为与国家相对的概念提出，他认为市民社会包括了三部分，包括"市场经济、自

---

① 何增科：《市民社会概念的历史演变》，《中国社会科学》1994 年第 5 期。

愿组织与警察和司法机构"①。相互保险正是市民社会的一个代表性组织。

一　市民社会概念及其理论内涵

市民社会的概念是含混的，有着多重的意义，在历史发展中不断得到发展与建构。在亚里士多德有关政治学的论述中，市民即为公民，意指城邦具有投票权的个体。同时，亚里士多德认为"人类在本性上，正是一个政治动物"，这使得有关公民的概念与政治高度相关，而市民社会则与城邦政治的建构和运作息息相关。② 此后，随着欧洲中世纪神权的兴起，教会的相关理论家，又从亚里士多德的著作中寻求教皇统治合法性的来源。例如，以阿奎那为代表的神学家继承了亚里士多德的学说，把"理性观念"引入对市民社会的分析之中，但他认为人们每天通过社会进行生产生活，其最终的归宿则是上帝，这一理论建构在神与人之间搭建了中间的桥梁，在符合人们现实认知的同时，为教权的现实合法性奠定理论基础。③文艺复兴为资产阶级革命奠定了思想与社会基础，在这一过程中，人们亟待从宗教中进行解脱，自由而非封建，开放而不是封闭，尊重人性而非人为的压制逐渐成为共识。不同的思想家、法学家与社会学家开始重构国家、社会与个人之间的关系。

对人的认识差异、对国家功能的认识差异，使得近现代的哲学家对人与国家的互动存在着不同的见解。例如，霍布斯认为人是"自私自利"的，这使得他强调人们需要缔结契约以终结人们因自私本性导致的战争状态。与之相反，卢梭对人带有抽象的乐观，这使得他更关注如何从权利建构方面，保障人们的权利。而中间更为现实主义的进路，则是以洛克和孟德斯鸠为代表，强调权力的制衡以促进人们权利的保障。④

卢梭欲以"社会契约"理论，重塑不同结构下人与国家、人与社会的定位。如果说，"过去，基督宗教的牧师与教士及犹太教拉比们，一直是从宗教或神圣授命的角度谴责人间的罪与恶，而卢梭将对人间的审判置

---

① 邓正来：《国家与社会——中国市民社会研究》，北京大学出版社 2008 年版，第 30—32 页。

② ［古希腊］亚里士多德：《政治学》，吴寿彭译，商务印书馆 1965 年版，第 7 页。

③ 何增科：《市民社会概念的历史演变》，《中国社会科学》1994 年第 5 期。

④ ［美］E. 博登海默：《法理学：法律哲学与法律方法》，邓正来译，中国政法大学出版社 2017 年版，第 47—66 页。

于人间之中"①。本质上，通过社会契约论，提出自然法的思想，卢梭将视野最终转向了人，也即实现了他认为的"现代社会具有某种特性，它要么使人丧失人性，要么令人无法实现它的人性"②。是人而不是神在缔造社会的契约，市民社会重回人间，而人与人之间的互相承诺、合作，也为法国大革命以及近代社会、现代民族国家的构建奠定了理论基础。

黑格尔第一次将市民社会作为一个与国家相对的概念提出，他认为市民社会包括了三部分，包括"市场经济、自愿组织与警察和司法机构"③，并将这一概念定义为"由私人生活领域及其外部保障构成的整体"④。在黑格尔的理论体系下，市民社会是伦理生活的第二个形式，第一个形式为家庭，而终极形式为国家，黑格尔认可市民社会在促进专业化生产和产品交换中的重要作用。只是，黑格尔坚定地认为贫困是市民社会的癌症，而其解决方法则有赖于公共权力的介入。⑤

马克思认为，黑格尔理论的独到之处是将市民社会与政治国家的分离作为其理论的出发点，但他同时认为黑格尔"把政治国家的自在自为的普遍利益同市民社会的特殊利益绝对地对立起来"，认为两者"永久对立"，"并试图用虚幻的'绝对理念'进行调和"，并没有把握住市民社会的精髓。⑥ 在马克思看来，市民社会不仅是一个分析范畴，也是一个历史范畴。对于前者，马克思认为"市民社会是对私人活动领域的抽象，它是与作为公共领域的抽象的政治社会相对应的"，对于后者，马克思认为市民社会是在资产阶级革命中，与国家完成分离的。⑦ 从理论的变迁过程中，可以发现黑格尔建构了国家与市民社会的对立分析基础，但黑格尔深陷到"绝对理念"之中而未揭示市民社会具有的历史价值。马克思在历史唯物

---

① [美] 弗兰克·M. 特纳：《从卢梭到尼采》，王玲译，北京大学出版社 2017 年版，第 3 页。

② 同上书，第 8 页。

③ 邓正来：《国家与社会——中国市民社会研究》，北京大学出版社 2008 年版，第 30—32 页。

④ 何增科：《市民社会概念的历史演变》，《中国社会科学》1994 年第 5 期。

⑤ [英] 斯蒂芬·霍尔盖特：《黑格尔导论》，丁三东译，商务印书馆 2013 年版，第 314—328 页。

⑥ 俞可平：《马克思的市民社会理论及其历史地位》，《中国社会科学》1993 年第 4 期。

⑦ 同上。

主义的基础上，对黑格尔的市民社会概念进行了批判接受，指出其在经济社会发展过程中的重要作用。

在黑格尔、马克思之外，托克维尔对市民社会概念的论述，在西方理论学界有着较大的影响力。1831 年，托克维尔在美国考察了民主制度的运作，并在行程结束后写就了至今具有相当影响力的《论美国的民主》一书。在该书中，托克维尔认为美国民主成功的三个要素是优良的自然环境、法制、生活习惯和民情。其中，他又非常深刻地指出英裔美国人在北美新大陆贯彻自由、平等的民情和生活习惯是其中最重要的因素，但是这样一个成功要素的运作也依赖前两者，其他国家难以复制。① 在进一步讨论民情时，托克维尔重点考虑了美国特有的"多数人的暴政"，并认为解决之道在于"保持一个活跃的、警觉的、强有力的公民（市民）社会（主要由各种民间社团组成）"。前述思想是托克维尔关于市民社会中的重要观点，即市民社会的发达有助于对抗民主制的弊端以及国家机构的膨胀。②

二　组成相互保险组织的会员与市民阶层

从历史上看，工业革命时期，农民从附着的土地上解放成为城市的产业工人，一个前所未有的大规模的市民阶层开始成型于城市。这些市民阶层有着自身的、带有时代发展的，并区别于传统的社会需求。这些社会需求最终演变成了近代的结社自由，演变成了人们的互助需求，也演变成了新的市民社会阶层和市民组织。在哈马贝斯看来，市民社会产生了独立于国家的私人自治领域，包括由市场对生产进行调节的经济子系统，以及各种团体、俱乐部组成的非官方的公共领域。③

市民社会的出现，推动了财产权的形成，推动了个人权利的解放与"自我意识"的形成。④ 市民社会也是现代民法产生的社会基础，⑤ 它推动

---

① ［法］阿列克西·德·托克维尔：《论美国的民主》，董国良译，商务印书馆 2017 年版，第 388—397 页。

② 何增科主编：《公民社会与第三部门》，社会科学文献出版社 2000 年版，第 14—15 页。

③ 何增科：《市民社会概念的历史演变》，《中国社会科学》1994 年第 5 期。

④ 张康之、张乾友：《对"市民社会"和"公民国家"的历史考察》，《中国社会科学》2008 年第 3 期。

⑤ 胡建：《市民社会的理论演变与民法的角色选择——以民法和市民社会辩证关系为视角》，《东方法学》2012 年第 5 期。

了人们对权利的关注，人们从各种私权出发，追求包括结社自由、言论自由、民主、自治、不受国家干预在内的一系列权利。从多种角度看，市民社会的形成，具有包括形成新型城市、确立人的独立、开创现代民主机制、建立与国家相对立的独立领域和等级在内的历史意义。①

非常值得一提的是，市民社会极大地推动了民主机制的形成。在早期的欧洲，君主制下皇帝可以根据自身的需求向市民进行征税。当征税是合理时，双方之间尚处于能够和平相处的阶段。但随着征税需求的扩张，君主对私人财产的征收到了一个较为紧张的阶段。人们开始关注君主权力行使的边界。为了对君主与市民之间的关系进行有效界定，欧洲的思想家们开始从不同的角度，来解释国家这一产物的本源，并希望从这一角度出发，可以在理论上解释并规范以君主为代表的国家权力运作。

在当时的许多思想家看来，国家的权力应按照规范的形式进行运作，不能超越普遍的契约式同意。由此引发的内涵是非常深刻的，当契约需要变化时，无疑需要订立契约或者执行契约的人同意，这必然将问题引向了全体契约人的一致同意或者多数同意。本质上，上述社会契约论，反映了运用民主机制解决社会权力分配的问题。在这一国家形成以及权力来源的解构过程中，学者们非常重视市民社会的概念。② 那么，应该按照什么样的标准分配权力以使得市民社会稳定发展？答案是通过民主赋权，并限缩国家权力，才能从根本上保障人民的权利。

在相互保险组织运作的社会层面，每一个参与组织的民众又在整个社会环境下，训练权力的行使及对规则的服从，而以规则及法律为导向的治理文化，又在一个个社会组织中传递到了普通人当中。相互保险本身是会员制，而会员制的核心是平等、互助以及成员的利益至上，这一对成员的要求，与市民社会的特征是一致的。并且，在相互保险组织内部，确立了一人一票的民主制度，从组织内部消解了财产权利带来的不平等。此外，相互保险组织将权利赋予了会员，强调了权利在民的观点；内部治理的会员自治色彩，也显示了这一组织的独立性质。一言以蔽之，相互保险组织本身是典型的市民社会组织，它的本质特征反映了市民社会的价值观与理

---

① 胡承槐：《论"市民社会"及其历史地位——兼评"重建市民社会"》，《哲学研究》1999 年第 11 期。

② 何增科：《市民社会概念的历史演变》，《中国社会科学》1994 年第 5 期。

念，推动了民众自身基本素养的形成。

三　相互保险组织的有效运作与市民社会的关系

在英国资产阶级革命中，洛克有关国家、社会与个人的理论和阐释，深深地影响了英美两国。洛克认为，"社会是在自然状态中地位平等之人自愿缔约的产物，其目的是更好地保障哪些属于他们的自然权利——生命、自由和财产"，这一思想对美国极具影响力，"几乎等同于美国人的生活方式"，并塑造了此后美国秩序的根基。①

当西方在理论层面不断构建市民社会概念，并将这一概念从现实生活中抽象出来，以平衡国家与私人的关系，并为经济发展与市民组织找到栖身之所时。这一阶段，正是诸多市民社会组织开始出现的时候。

在 18—19 世纪，工业革命的持续发展，使得大量产品生产出来并需要运送到世界各地的市场，这促使人们开始建设铁路、公路在内的基础设施，而这往往需要大量的资金。这一时候，能够将资金从大量陌生人处进行聚集，且能够在债务上通过有限责任制保护投资安全的公司应运而生。② 不过，公司的成功运作，不仅需要制度，也需要鲜活个体的有效参与。在工业革命时期，产业工人们背井离乡，从农村涌向城市，为公司组织下的工业生产贡献自己的力量。这些工人变成了新的市民阶层，并开始自由组成各种社团，这其中就有本书关注的对象——友谊社、互助社等。

相互保险组织正是一个典型的市民社会产物，它出现在现代市民社会形成的阶段，本身是市民社会的代表性组织。在欧洲学者看来，保险以及经营保险的组织体，促进了欧洲市民社会（civil society）的形成。③ 通过包括友谊社在内的市民社会组织，促使人们相互联合起来，在有人生病、故去时，帮助他们，帮助他们的家庭，将人们的互助与宗教下的博爱精神注入冰冷的工业生产之中。④ 在这样一个组织内，很有特色的是人们非常

---

① ［美］拉塞尔·柯克：《美国秩序的根基》，张大军译，江苏凤凰文艺出版社 2018 年版，第 290—296 页。

② Phillip I. Blumberg, "Limited Liability and Corporate Groups", *The Journal of Corporation Law*, Vol. 11, Issue 4, Summer 1986, pp. 583–592.

③ Martin Lengwiler, "Insurance and Civil Society: Elements of an Ambivalent Relationship", *Contemporary European History*, Vol. 15, No. 3, August 2006, pp. 397–416.

④ 缪若冰：《相互保险公司的理念与特色》，《中国保险》2016 年第 3 期。

强调组织的自治、共治、成员的平等，并鲜明地体现在人们在重要事项的决策上，贯彻了一人一票的决策机制。① 对人的权利的重视，对平等的关注，也使得这一类组织受到了当时社会舆论与国家层面的关注。② 从诸多这样小的、独具个性的组织体的出现与运作上，可以看到当时欧美市民社会的发展状况，以及在市民组织内部对每一个个体权利意识的培养。

概而言之，在理论层面，包括亚里士多德、洛克、卢梭、黑格尔、马克思、托克维尔、密尔、潘恩③等政治与哲学家，从不同角度为市民社会概念的生成与丰富奠定了基础，影响了西方国家的政治哲学与国家制度；在法律制度层面，相互保险组织顺应市民社会的理论与实践，通过不同方式的改进，以服务新型市民阶层的保险需要；而在国家与组织之间，良好的市民社会建构，明确了公权与私权的彼此界限，借助社会中间层的扩大，法治得以实现。在此背景下，思想的解放及交流，组织的变革与适应，以及参与组织的人群对权利行使的学习与良好服从，最终促进相互保险组织走向了保险世界的舞台中央。

第三节　相互性折射于组织的运作方式

相互性决定了相互保险是一个成员平等、团结、独立的组织体。从相互性出发，相互保险组织在法律制度上衍生出了会员制，会员制反映了成员之间平等、民主与自治的特征。并且，会员制促使相互保险组织在提供商品与服务契约之外，还为成员带来了特定的身份感。而这一身份感，不仅有助于提高成员的团体意识，也有助于相互保险组织区别于其他类型的保险组织。

会员制的传统根植于相互保险组织的历史。在欧洲工业革命之前，行

---

① 刘燕：《相互保险与股份保险比较》，《中国金融》2016 年第 24 期。

② Edith Archambault, *Mutual Organizations*, *Mutual Societies*, April 2017, available at https://halshs. archives-ouvertes. fr/halshs-00267566.

③ 在对市民社会所起的作用上，潘恩与黑格尔走向了不同的两端，黑格尔对国家重视，而潘恩则走向了社会一端，并认为"凡是交给政府去做的事，社会几乎都可以自己来做"，并且在潘恩看来"政府不过是按社会的原则办事的全国性社团"，参见 [美] 托马斯·潘恩《潘恩选集》，马清槐等译，商务印书馆 2015 年版，第 230—234 页。

会组织施行的是会员制。在这一时期,行会高度垄断了某一区域的商业、制造业及其他服务业(如理发业、律师行业等),这些行会组织不仅制定本行业的"行规",对入会会员有着严格的要求,也负责保护本地行会成员的利益,如非本行会的成员,将被行会组织禁止在某一区域执业。① 基于行会组织的特殊地位,当时的行会除了能够提供执业会员资格外,也将行会的职能拓展到成员的福利上。在当时,行会会员福利的存在,使得行会成员的会员资格也被视为"任命的社会阶层"(ordained social hierarchy)。② 行会组织影响了相互保险组织,在产业革命时期,融合行会组织特色的友谊社,一方面吸收工厂会员,团结会员的力量,设立最低工资标准,与工厂主作斗争,从而保障工人的利益;另一方面又对外排挤非会员的就业,构建成员之间互惠互助的机制。③ 由此可见,在相互保险组织的发展早期,会员制是其基本特征之一,通过吸收会员,为会员谋福利,促进了互助保险的发展与成熟。

会员制企业有多种组织类型,这其中的代表有早期的证券交易所、期货交易所,以及分布在欧美的俱乐部组织。通过考察既有的会员制组织,可以发现包括相互保险在内的会员制企业普遍具有以下特征:

首先,组织会员资格的取得,具有一定的门槛。不论是行会组织,或是工业时代的友谊社,还是欧美的乡村俱乐部,大学校友会,都对会员资格的取得有限制条件。对于某些组织而言,其入会要求可能是申请者要在某一地区执业,受到行会人员的推荐,品行无碍,方可获得会员资格;对于另一部分组织而言,则往往要求申请者是某一地区的居民或受雇于某一组织的成员。因此,组织对会员的要求并不是"来者不拒",本身设置了一定的门槛。相互保险组织也承袭了这一特色,时至至今,德国《保险企业监督法》规定"公司章程中应包括有关会员资格取得的规定,只有与公司具有保险关系者才能成为会员,除公司章程有其他规定外,会员资格于保险关系终止时丧失"④。并且,在部分英联邦国家,许多相互制保险

---

① 代轩宇:《西欧行会组织的发展与演进》,《中北大学学报》(社会科学版)2011年第2期。

② Francis W. Wolek, "The Lesson of Guild History: Variance Reduction Must Be Balanced with Innovation", *The Quality Management Journal*, Vol. 11, No. 2, 2004, pp. 33–34.

③ James Fulcher, *Capitalism: A Very Short Introduction*, Oxford University Press, 2004, p. 22.

④ Act on the Supervision of Insurance Undertakings, Section 20.

企业仍固守传统，根植于某一行业，或某一地区，保留了早先会员制企业的入会门槛。如部分相互制企业服务于大学职员，部分互助保险服务于牙医，或者服务于医护人员、消防员，或者如美国的 USAA，只服务于美国军队成员及家属。这一类企业对身份资格的要求，构成了成员入会的门槛。

其次，组织会员享有会员权利，也须履行会员义务。在会员制企业内部，最高权力机构为会员代表大会或者会员大会，由会员制定组织的章程，同时任命组织的管理人员，这决定了组织的运作核心始终围绕着服务会员的利益展开。同时，会员也应履行其对组织的义务，这方面较为突出的是按时缴纳会费，或是如早期行会般，要持续地在执业上或者品行上，满足行会组织的要求。

最后，会员资格的取得，既是组织成员资格的象征，也是一种身份的象征。不论是兄弟会特殊而又神秘的入会仪式，还是早期行会组织对成员的精挑细选，又或是友谊社限定区域、限定资格的入社要求，再或是发展到当代某些校友会组织、高尔夫俱乐部的入会条件，无不或多或少地彰显了会员制企业在成员资格上的限定条件。而加入其中，也表明了入会成员本身具有一定的社会影响力和身份。从这一角度看，会员资格既有组织成员的含义，也具有一定的身份属性。

相互保险组织企业是会员制企业，但不可否认的是，这一会员制的特点随着时代的发展，在与股份制企业的竞争中，会员制的传统开始有所消退。具体体现在，一方面，为了应对竞争并吸引更多的客户，部分相互保险组织打破了会员制，开始向非会员出售保单，这使得组织既有了会员，也有了非会员；另一方面，庞大的保单持有人规模，使得会员之间曾有的互信、亲密变得难以为继。

当然，在某种程度上，监管部门希望相互制保险企业在会员关系与保险经济合同之间能够有一定的平衡，从而保留相互保险企业的特色。这方面的突出表现可以见于德国对非会员保单的限制。① 但即便如此，对于相互保险组织而言，保单持有人的规模在某种程度上与会员制存在一定的冲突。这一冲突对于小型相互保险组织而言，相对挑战较小，而大型相互保险组织则更多地留住了会员制的治理结构，而会员制的内涵

---

① Act on the Supervision of Insurance Undertakings, Section 21.

则有所消退。

第四节 相互性下所有权结构的法律经济学解释

相互保险的本质特征是相互性，相互性衍生出的基本特征之一是没有资本的所有权。那么，在保险行业，这一所有权结构是如何形成的？汉斯曼对诸多企业组织形式的所有权进行了深入研究，他认为对于任一组织而言，决定组织形式的存在两类成本：一是市场交易成本，二是所有权成本。在成本最低的所有权配置状态下，企业交易成本的总和应当实现最小化，也就是以下两种成本之和达到最小：（1）企业与非所有人的客户在市场上交易的成本；（2）作为企业所有人的那一类客户拥有企业的所有权成本。①

在区分寿险与财产意外险的基础上，汉斯曼分析了保险行业早期发展的历史，以及相互制在保险领域中所起到的作用。他认为，在早期的寿险行业，生命表的预测非常重要。通过生命表，保险企业可以预估某一投保人群的死亡率，从而收取适宜的保费。适宜的保费一方面意味着保险企业能够赚取利润；另一方面也能够使企业形成价格上的竞争优势，吸引更多的人进行投保。但是，19世纪初的精算技术非常粗糙，其估算的数据往往导致友谊社在会费的收取上入不敷出。精算技术的粗糙也引起了友谊社内部成员的愤怒，他们甚至认为当时的精算技术只是一种"猜测"（guessing）。② 不过精算技术不成熟带来的经营难题，并不仅仅存在于相互保险组织中，也存在于股份制保险企业上。

对于投保人而言，寿险的合同期限一般较长。在精算技术不发达以及寿险合同长期性的双重影响下，保险企业与投保人面临着较为严重的市场交易成本问题。一方面，当保险合同是长期合同时，保单持有人缴纳的资金会长期地留在保险企业。对于保单持有人而言，由于寿险合同下保险资

---

① ［美］亨利·汉斯曼：《企业所有权论》，于静译，中国政法大学出版社2001年版，第11—48页。

② Simon Cordery, *British Friendly Societies, 1750-1914*, Palgrave Macmillan Published, 2003, pp. 125-151.

金的给付与支出之间存在较长的时间差，如果保险企业的所有权人挪用这部分资金，这将产生一个非常严重的问题，他可能在保险事项发生时并不能够得到合同约定的保险赔付；另一方面，对于保险企业而言，早期保险精算技术的不发达，使得它们非常容易遇到逆向选择的问题。例如，那些风险程度更高的人，反而容易投保，这使得保险企业也面临着客户选择的问题。①

相互制的所有权结构部分地解决了上述问题：首先，在缺乏保险监管的情况下，将保单持有人变为组织的所有权人，能够降低所有权人与保单持有人的市场交易成本减少所有权人因自我利益驱动导致的侵犯投保人利益的情形；其次，相互制降低了逆向选择的问题，将保单持有人变为组织所有权人，将投保人的利益与组织的利益相互捆绑，既能减少保险欺诈的问题，同时可以锁定组织的长期客户。因此，在缺乏有效保险监管的情况下，相比股份制下所有权人与投保人相分离的制度安排，无疑相互制搭建的所有权结构，具有降低市场交易成本的作用。

与寿险行业相比，财产险存在的问题并不一致。财产险通常为短期险种，主要面临的问题是投保对象的风险应如何评估的问题。例如，在农业领域，某一农作物在经营中最主要的风险是什么，往往是经营这一农作物的农场主们最为清楚，并且他们相互之间也对其他相邻的农户的经营水平有着更为专业的风险评估知识。因此，在当时的财险领域，保险企业最需要解决的问题是如何对特定地域的投保对象进行合理评估，以减少两者之间信息不对称的问题。在此情况下，以农场主组成的相互保险组织——保证了投保人生活在同一区域，彼此之间相互了解，能够互相监督，对风险的隐患能够提前进行预防与排除。在此基础上，相互制的所有权结构无疑在解决信息不对称上具有自身特有的价值。②

因此，在保险监管与精算技术并不发达的阶段，相互保险组织在解决市场交易成本方面存在着极大的优势。不过，这一所有权结构本身也存在着一定的成本，这就是汉斯曼所说的所有权成本。任何一种所有权结构本身是存在成本的。对于相互制企业而言，这一所有权成本体现在庞大的保

① ［美］亨利·汉斯曼：《企业所有权论》，于静译，中国政法大学出版社 2001 年版，第384—393 页。

② 同上书，第402—415 页。

单持有人规模，并造成了事实上的"无所有权人"的状况。① 在部分研究看来，相互保险组织在组织治理上，所有权与控制权之间分离的问题尤为严重。这一严重性突出地体现在会员代表大会的出席人数以及投票率上，行使投票权的保单持有人数量与保单规模相比实为悬殊，甚至出现了百万保单，只有几十张投票表决的情况。② 这一情况的出现，一方面与成员具有集体搭便车的倾向有关；另一方面则是所有权与保险契约的双重性，在某些情况下对会员而言，后者的价值更大。这一所有权成本，导致的结果则是经理层控制了相互保险组织的运营。

保险监管在保险业的应用，对整个行业具有非常重大的意义，汉斯曼认为，在保险监管的推动下，保险企业与投保人之间的信息不对称与利益冲突的情况被有效减少，保险监管推动了规范的组织治理。③ 在有效的保险监管介入下，保险企业的市场交易成本以及所有权成本同时降低了。在这一过程中，相互保险组织相对股份制公司在解决市场交易成本上的优势有所减弱，而其所有权结构的劣势也越发突显。

与汉斯曼不同，梅耶斯与史密斯更多的是从保险合同的利益相关方出发分析保险行业存在的结构性问题。他们认为保险市场的参与主体之间存在利益冲突，这一利益冲突具体表现为道德风险与逆向选择问题。在道德风险上，保险企业存在追求自身利益最大化，从而侵害保单持有人利益的情况，投保人则在另一方面存在选择性的信息披露问题。保险合同、保险组织的所有权结构是对两者利益不一致的控制手段，但对利益冲突的控制并不是没有成本的。具体对于所有权结构而言，在相互保险组织所有权结构与保单持有人重合的情况下，保单持有人（委托人）与组织所有权人（代理人）之间的代理成本降低了。但是，相互制在减少投保人与所有权人合约成本上的优势，却在另一方面，被所有权人与管理层之间增加的代

① Gary P. Kreider, "Who Owns the Mutuals—Proposals for Reform of Membership Rights in Mutual Insurance and Banking Companies", *University of Cincinnati Law Review*, Vol. 41, Issue 2, Summer 1972, pp. 275-311.

② J. A. C. Hetherington, "Fact v. Fiction: Who Owns Mutual Insurance Companies", *Wisconsin Law Review*, Vol. 1969, Issue 4, 1969, p. 1079.

③ ［美］亨利·汉斯曼：《企业所有权论》，于静译，中国政法大学出版社 2001 年版，第393—394 页。

理成本所抵消了。[1]

第五节 保险监管的介入及对相互性内涵的法律改造

汉斯曼认为保险监管改变了相互制与股份制保险组织在解决市场交易成本与所有权成本上的对比优势。在全球保险监管的中，偿付能力是保险业最主要的监管手段，偿付能力用通俗的话形容则是"有多少能力干多少事情"。这意味着，保险业务规模的扩大，需要伴随着资本能力的增强展开。对于不同的保险组织而言，偿付能力适用统一的监管。以欧洲为例，除部分小型相互保险组织之外，偿付能力对股份制保险组织与相互制保险组织并没有制定不同的监管标准，两者一视同仁地适用同一套、标准化的监管规则。

在某种程度上，现代保险监管"拉平"了相互保险组织与股份制保险解决市场交易成本的能力。标准化的监管降低了股份制保险企业所有权人与保单持有人的利益冲突，规范了保险企业的经营行为，这使得相互保险组织在解决市场交易成本上的竞争优势不再明显。这一监管的结果，正如汉斯曼所说："监管的作用就在于向消费者保证投资者所有的保险公司不会采取过分的机会主义行为，这实际上替代了互助保险公司的功能。"[2]

汉斯曼指出了保险监管在减少"机会主义行为"，以及解决市场交易成本上的优势，但却没有进一步分析，保险监管对相互性内涵的法律改造，以及这一监管的介入对相互保险组织法律定位的影响。需要注意的是，保险监管对相互性的影响与作用，并不是一蹴而就的，这一影响经历了漫长的演变过程。这一演变过程的结果体现为相互性内涵的变化。因此，本节就保险监管对相互性影响的研究是历史性的考察，也是整体性的研究。

---

① David Mayers, Clifford W. Smith Jr., "Contractual Provisions, Organizational Structure, and Conflict Control in Insurance Markets", *The Journal of Business*, Vol. 54, No. 3, July 1981, pp. 426-427.

② ［美］亨利·汉斯曼：《企业所有权论》，于静译，中国政法大学出版社 2001 年版，第394 页。

一　对相互保险组织进行监管的原因分析

在历史上，作为市民社会中的自助组织，相互保险对国家的干涉尤为敏感。那么，为什么随着时间的推移，国家要对具有私人自助与互助性质的保险业务进行监管？本质上，这与自助组织本身具有的社会重要性以及自治能力的界限有关。

（一）　市场失灵与市场主体的脆弱性

19 世纪英国友谊社大规模的失败，激发了社会舆论的关注。友谊社的失败，一方面由于当时精算技术的粗糙与不成熟，导致入不敷出与收费不公的情况频繁出现；另一方面，则是内部的腐败现象，友谊社的管理层出现了许多监守自盗的情形，这使得友谊社变得更加脆弱。即使出现种种的问题，当时的友谊社在外部的监管上仍然非常欠缺，而这又与当时的时代背景息息相关。

亚当·斯密在 1776 年出版了著名的《国富论》，在这本书中他旗帜鲜明地提出应相信"看不见的手"来规范市场中出现的问题，这一思潮深刻地影响了当时的英国。在这一经济指导思想下，英国政府恪守了"小政府、大市场"的传统，对经济事务的介入较少。① 这一经济思想，决定了政府并不会对市场出现的问题过多干涉，而是相信市场可以自动、自发地把问题解决掉。

但是，市场机制本身是存在缺陷的，也就是经济法所提的市场失灵问题。② 市场失灵反映了市场在多个层面存在缺陷：首先，市场存在着信息不对称的问题。体现在早期的保险行业，则是当时的相互保险组织在没有外部监管的情况下，投保人并不确定交给保险企业的保费是否会被合理使用，组织内部的管理人员是否会监守自盗，而相互保险组织则面临着难以有效甄别入社会员风险程度的问题，这一问题在组织规模扩大后尤其明显。其次，市场机制的有效运作依赖于竞争，但是早期相互保险组织的部分机制限制了竞争，例如部分友谊社只允许社员加入本组织，在发现社员同时加入其他组织的情况下，将开除社员的资格，并且友谊社往往附着于

---

① 陆伟芳、余大庆：《19 世纪英国城市政府改革与民主化进程》，《史学月刊》2003 年第 6 期。

② 张守文：《经济法总论》，中国人民大学出版社 2009 年版，第 17 页。

某一行业或地区，带有一定的身份垄断性，这使得市场机制难以完全发挥作用。最后，会员难以有效地控制内部人员，组织的实际权力掌握在经营管理层手中，这一问题随着友谊社规模的扩大变得愈发明显。换而言之，仅靠组织内部的自觉与自治，难以让友谊社稳固地发展下去。

在相互保险组织内，数量庞大的会员之间普遍地具有搭便车倾向，其结果是，友谊社的内部控制权并未掌握在会员手中。信息不对称的存在，使得包括友谊社在内的相互保险组织，极容易面临管理层对会员合法利益侵蚀的问题。友谊社频繁的经营失败从另一个层面也证明了完全的市场自治本身存在一定的脆弱性。并且，这一市场失灵所带来的后续影响并不仅仅限于组织内部，也间接地损害了社会的整体利益。

（二）国家职能的扩张

从 19 世纪下半叶到 20 世纪初，资本主义国家开始经历国家职能的扩张。出现这一现象的背景是，在周期性的经济萧条中，人们开始反思自由放任的政策是否合理。在这一背景下，部分学者开始研究政府干预的正当性与必要性。其中，凯恩斯为政府干预经济提供了理论支撑，凯恩斯提出仅靠市场自发的运作无法保障经济的增长，需用政府之手进行干预。[1] 当然，凯恩斯并没有否认市场的作用，但他认为市场本身存在一定的缺陷，需在一定的条件下，由政府介入保障经济的持续增长。

在这一期间，国家职能扩张的一个集中体现是诸多带有宏观调控与经济规制的法律开始出台。例如，针对市场垄断所出现的问题，德国在 19 世纪末出台了《反不正当竞争法》。美国在这一阶段遭遇了市场垄断问题，巨型的托拉斯操纵了市场的准入与价格的竞争，损害了消费者的权益。因此，美国出台了《谢尔曼法》对市场垄断行为进行规制。在 20 世纪 30 年代的经济危机中，美国以罗斯福新政为标志，政府开始广泛地参与到基础设施与经济计划的制订中，一系列带有政府干预色彩的法律开始出现，例如《证券法》《国家产业复兴法》等。[2] 上述法律的出台，不仅标志着政府开始形成合法地干涉经济运行的权力，也意味着部分私法主体的自治开始受到限制，过去自由放任下的企业行为开始受到约束，而国家也有义务整顿不正常的经济秩序。

---

① 张守文：《政府与市场关系的法律调整》，《中国法学》2014 年第 5 期。

② 张守文：《经济法总论》，中国人民大学出版社 2009 年版，第 95—97 页。

　　国家职能也扩张到了公民的私人领域,福利国家缓慢地在西方发达国家形成。社会保险政策的出台,意味着国家的职能扩张到了公民的私人生活。在 19 世纪末期,德国是最早从法律上出台社会保险制度的国家,先后出台了《疾病社会保险法》《老年和残障社会保险法》等,在法律层面对公民的养老、医疗、疾病等风险事项提供社会保险保障。①

　　随着经济危机后对政府作用的反思,以及福利国家的稳步推进,人们对国家与社会之间的关系,国家与私人经济的关系,开始扬弃 19 世纪的自由放任主义,开始一定程度地接纳政府的干预行为。人们开始承认、认可政府在推动经济增长、科技创新、社会保障、环境保护及基础设施建设中的作用。毫无疑问,这些社会与经济目标,并不能由具有"搭便车"倾向的、松散的民间组织或个人推动,只能由政府来推动。并且,私人经济的负外部性,使得国家的干预成为一个正当的理由。

(三) 保险行业的特殊性

　　保险是一个风险转移的法律安排,投保人通过合同的安排,将风险转移到了保险企业。② 但是,保险背后还有深层次的社会意义。在契约条款的安排下,投保人对保险契约下的风险转移有合理的信赖。特别是对于养老保险而言,投保人长期稳定地缴纳保费,其目的是在一定的年限后,在身体衰老时能够维持一定基准的物质生活水平。因此,保险企业的健康有序存续,涉及许多家庭的财务安排,对投保人而言具有长期性的影响。若保险企业发生偿付能力危机,将影响到许多家庭与个人的生活,背后牵涉着许多的社会问题。也因此,保险监管蕴含的意义正如我国《保险法》第 1 条所言,是为了"保护保险活动当事人的合法权益,加强对保险业的监督管理,维护社会经济秩序和社会公共利益"。

　　在保险发展史上,包括概率论等统计数学的发展推动了现代保险业的形成。借助对风险事件的考察,研究人员发现"大量的随机现象由于偶然性相互抵消而呈现出某种必然的数量规律"③。这一规律可以在概率论等数学方法下进行计算,并且通过一定数量的保险单位,对风险进行对冲,

---

① 叶姗:《社会保险法》,高等教育出版社 2016 年版,第 14—15 页。

② [美] 哈威尔·E. 杰克逊、小爱德华·L. 西蒙斯编:《金融监管》,吴志攀等译,中国政法大学出版社 2003 年版,第 436 页。

③ 何英凯:《大数定律与保险财政稳定性研究》,《税务与经济》2007 年第 4 期。

现代保险行业也由此进入了"科学化"的阶段。通过精算技术，保险企业可以有效识别风险发生的概率，针对特定人群开发有针对性的保险产品，并且这一风险概率对应的成本，也将计算在保单的价格之中。这一"科学化"的结果，使得保险企业大大提高了企业经营的能力，避免了早期互助机制频繁遇到的费用不足问题。

虽然精算技术推动了保险行业的科学化，但保险行业本身是信息不对称非常严重的行业。以寿险为例，通货膨胀率的预估、生命表的建立与维护，这些精算技术考虑的要素都是每一家保险企业的核心资产，这一核心资产并不会对外公布，也不会告知于投保人。对于投保人而言，他并没有保险的专业知识来判断保险收费的水平是否合理，也不能判断这一收费水平是否能够保障他多年后的财务利益。并且，在保险合同的条款上，投保人也不具有"讨价还价的余地"。因此，如果没有保险监管部门的介入，投保人与保险组织的"交易"，处在博弈非常不对等的位置。

另外比较特殊的是，保险企业必须维持一定的偿付能力。对保险企业偿付能力的关注，是保险业发展史上逐步得到的教训，也是外部力量从组织运营层面维护保险消费者权益的制度安排。以美国为例，在 19 世纪初，规范保险行业的主要手段是定期的公告。1835 年，纽约发生了一场火灾，给当时的人们带来了很大的损失，但是投保人要求保险公司进行赔付时，才发现当时美国保险企业整体的资本金总额不到此次火灾应赔付资金的一半。[①] 因此，在 19 世纪中叶，纽约的立法部门开始要求保险公司维持一定的保证金，才能开展业务；1851 年，美国新罕布什尔州出现了首个保险监督机构；1859 年，纽约州任命专业的保险负责人，由其对保险机构的运营进行独立的监管。[②] 上述历史发展过程中出现的相关事件表明，偿付能力对于保险企业而言非常重要，是这一企业能够履约的重要保障。保险企业若不能始终维持偿付能力，在赔付事故高发的时期，则面临着不能赔付的困境。

从保险本身带有的社会影响与社会价值到偿付能力的监管需要，从精算技术的引入到这一行业固有的信息不对称问题，都可以看到保险业是非

[①] 崔冬初：《美国保险监管制度研究》，博士学位论文，吉林大学，2010 年，第 50 页。

[②] ［美］哈威尔·E. 杰克逊、小爱德华·L. 西蒙斯编：《金融监管》，吴志攀等译，中国政法大学出版社 2003 年版，第 412—415 页。

常特殊的行业。保险并不涉及货物或者服务的现时交付，而其对风险的评估又涉及大量的专业知识，投保人与企业之间处在非常不对等的博弈位置，这都决定了保险企业必须接受来自外部力量的监管，以规范其正常运作。

二　保险监管对相互性内涵的法律改造及影响

金融业监管的最大意义在于减少了保险行业的市场交易成本。标准化的监管在保险行业树立了许多规范做法，这些做法一方面减少了保险行业的利益冲突问题；另一方面使得相互性的内涵发生了改变，并使得相互保险与股份制保险在组织上趋同。简而言之，保险监管的推动下，相互保险组织的本质特征发生了深刻的法律变化。

（一）保险监管的内容——以资本筹集为例

无论是相互保险组织还是股份制保险公司，从其诞生之日起，都难以回避与资本的关系。保险是一个非常特殊的行业，投保人在购买保险产品时，获取了风险事项发生时的赔付请求权，但这一请求权往往并不会马上发生，在其产生和生效之间存在着时间差。这一特殊的时间差，反映在保险公司的财务报表上，则是保费收入体现为组织的债务，并且这部分债务在法律上同时是保单持有人对保险公司的债权。

收入与支出之间时间差的存在，决定了保险企业有足够的动机对存放在保险企业的保险资金进行合理的管理，这一时间差，在某种程度上又使得保险组织体现为一个"投资公司"①。在实践中，通过对保险资金的合理投资，保险企业可以实现以下目的：首先，实现存放资金的保值增值，避免因通货膨胀导致偿付能力的丧失；其次，提高资本回报率，在资本增加后，可以提高保险公司开拓新业务的能力，实现更高杠杆的财务投资；再次，保险行业许多保单带有分红性质，投资业绩的提升，可以提高保险产品的市场竞争力；最后，也是最重要的目的，提高保险企业的偿付能力水平，以应对潜在的风险事项。另外，保险企业开展新的业务，往往要求其具有一定的资本能力，这一要求迫使需要大规模开展业务的保险企业只能不断地提高自己的资本存量，以应对监管要求。

---

① John A. C. Heltherington, *Mutual and Cooperative Enterprises: An Analysis of Customer-owned Firms in the United States*, The University Press of Virginia, 1991, pp. 13-27.

保险企业与保单持有人之间的特殊联系，与银行与储户的关系有异曲同工之妙，这从另一方面决定了监管机构一定会对组织的财务健康非常关注。为了保障保单持有人的利益，保险监管部门有强烈的动机要求保险企业提供充足的资本，而较高的资本存量的最终目的是力求保险公司能够始终满足保单持有人的赔付请求。并且，偿付能力标准的设置，让监管部门可以运用一系列的定性与定量监测方法，督促保险组织的财务偿付能力与其业务量相匹配。

与股份制保险公司相比，相互制保险企业在开业时，面临着各项费用的支出，需要一定的资本来支付初期成立时的各种费用。然而，这一资本如何定性从而与相互组织的相互性不相冲突是颇费思量的问题，各国也有着不同的对策。

在德国，设立互助社必须有一定的初始运营资金，初始运营资金可以来自借款或者捐赠，如以借款形式提供的，必须在一定的时间内归还；在日本，相互保险会社设立时可以设立基金，对外发行筹资，以提供组织运营所需的资本；在美国加利福尼亚州，初始溢余可以以发行票据的形式进行筹集。[①] 因此，在主要保险市场上的相互保险组织在设立阶段的筹资，多以负债借款的形式完成。相互制并不是股份制，资本所有权人在理论上并不能成为组织的所有权人，这样的组织定位某种程度上也决定了初始资金在一定时间之后，应进行偿还。不过也有非典型的相互保险组织，从另一方面解决了资本的问题，这其中的代表是美国的风险保留集团等。

风险保留集团是美国特有的相互保险组织，其所有权人为保单持有人，同时保单持有人也是这一保险组织的会员。作为会员持有型组织，风险保留集团只向会员发售保单，也只从事针对会员的责任保险业务。风险保留集团可以注册为公司形式，所有权人为公司的会员，会员同时向公司提供资本，以股东的形式存在于公司之中，这意味着股东、会员、保单持有人三者统一在风险保留集团之中。以 Housing Authority Risk Retention Group, Inc. 为例，该风险保留集团注册在美国佛蒙特州，组织类型为非营利公司，所有权人为保险人，也是该组织的会员。全国天主教风险保留集团公司也是注册在美国佛蒙特州的风险保留集团，其组织类型为营利性

---

① 梁涛主编：《相互保险组织运作及风险管理研究》，中国金融出版社 2017 年版，第 14—16 页。

的股份制公司，每一股东取得一股具有投票权的 A 类股，以及根据其资本贡献和支付的保费金额折算的无投票权 B 类股，该组织同时获得美国国内税收法典下的税收减免资格。① 这两家公司都为美国法下的风险保留集团，也是广泛意义上的自保公司，属于典型的相互保险公司，但与一般性的相互保险公司不同，成员向组织进行了出资，是保单持有人的同时，也是组织的股东及所有权人。

在风险保留集团的情况下，资本所有人参与其中，以相互保险的组织方式进行运作，在传统的保险组织中，也开始出现新的权益工具的发行情况。在英国，为了解决相互保险组织筹资困难所导致的竞争劣势，英国《相互保险组织递延股份法》应运而生，允许没有股东权益的相互保险组织可以对外发行有限投票权的递延股份，② 这一法案从某种程度上突破了相互制在成员所有上的所有权限制，使得资本的所有者也可以进入相互保险，成为组织的所有权人。

虽然在监管的推动下，部分相互保险组织向资本开放了所有权，但是相互保险组织的相互性特征依然排斥股份资本的介入，这决定了相互保险组织是典型的非资合性组织。在保险监管的推动下，除了慈善性质的兄弟会与可追征的相互保险对盈余不作要求外，主流的相互保险组织多通过积累盈余、发行债券的方式来增加组织的资本。但是，这样的一个资本积累方式，相对股份公司通过发行股票融资而言，有着非常大的局限。

（二）保险监管对相互性内涵的影响

早期的相互保险组织主要按照摊收的形式收取费用，并不需要积累资本，也对来自国家层面的监管保持警觉。但是，当 19 世纪发生的一系列事件，将无充足偿付能力的保险企业暴露于公众之时，对保险企业资本的监管开始出现在保险行业。如今，对于新设保险企业而言，监管有着初始运营资金的要求。保险行业的初始运营资金要求较高，这使得绝大多数新设保险企业，都会选择以股份制而不是相互制的形式设立。③ 并且，有研

---

① The National Catholic Risk Retention Group, Inc., April 2017, available at http：//www. tncrrg. org/NCSite/ContentNC. aspx？menuid＝113&siteid＝1.

② 王志宇：《没有股东权益的相互保险组织如何实现权益融资——〈英国相互保险组织递延股份法〉简介》，《法律与新金融》2016 年第 12 期。

③ George Zanjani, "Regulation, Capital, and the Evolution of Organizational Form in US Life Insurance", *The American Economic Review*, Vol. 97, No. 3, June 2007, p. 977.

究表明融资能力的限制，使得相互保险组织开始去相互化，以提高自身的经营水平。[①]

当积累盈余成为相互保险组织持续稳健发展的必然要求时，保险监管为相互保险组织引入了一个前所未有的问题：组织的盈余来自超出保费成本的利润，但是这部分利润并不能向成员进行分配。虽然名义上，保单持有人享有这部分盈余的所有权，但是实际上，这部分盈余因为偿付能力的监管，"固定"在了相互保险企业内部。并且，相互保险组织所有权结构的特殊性，使得保单持有人并不能向外转让只属于他的保险合同，从而获得所有权转让的溢价。此外，保单持有人也不是永久地固定在组织内部，他的所有权受限于保险合同，有着固定的期限。这意味着，这部分盈余从保单持有人"不可逆"地转移到了组织手中，并且意味着相互保险企业并不会将其以保费减免的形式返还给保单持有人。

早期的相互保险组织虽然也有盈余积累和偿付基金的设立问题，但是，当时精算技术的不成熟与非强制性，使得早期的相互保险组织经常面临入不敷出的困境，也经常性地要求成员以补缴会费的形式来弥补当下经营的损失。在业务类型上，与现今普遍的预付保费制度不同，当时更多的是可追征机制，即在保费不足以覆盖当下的成本时，由社员按照人头平摊需要支出的费用，以支撑组织的赔偿承诺。如今，虽然在美国的部分州依然有可追征的相互保险组织，但是这一组织的业务非常特殊，市场份额也非常少，已经在很多地方被立法予以禁止。

从相互保险组织业务模式的变化中可以看到，保险监管对偿付能力的要求，使得相互保险组织必须按照法律的规定积累盈余，但是积累盈余的运作方式，又使得这一组织与早期的相互保险组织有了很大的不同。这一积累盈余的运作结果体现为，现代相互保险组织有了留存收益，并且这一部分收益并不会返还给保单持有人，这使得现代相互保险组织与早期不追求营利的市民社会组织有了法律定位上的差别。应当认为，这一法律定位的变化既伴随着监管的产生而出现，也伴随着社会对"共益"下市民组织定位的困惑产生，背后既有这一组织形式随着时代发展所出现的新情况，也反映了背后一系列政治经济文化与社会发展的变化。

---

① Lal C. Chugh, Joseph W. Meador, "Demutualization in the Life Insurance Industry: A Study of Effectiveness", *Review of Business*, Vol. 27, No. 1, Winter 2006, pp. 10-17

这一问题引发了学者们的关注，在部分研究看来，相互保险公司（mutual insurance company）与互惠社团是出现在两类不同时间点的组织体，相互保险公司是更为晚近的组织体，而互惠社团的历史可以追溯到早期的互助组织，包括行会组织、兄弟会组织与英国的友谊社等。① 学者们之所以在研究中将两者作为前后出现的组织体，本身反映了对两类组织体差异的洞察，因为相互保险公司已经脱离了早期市民社会组织的特征，具有了追求私益的经营特色，而18、19世纪的互惠社团并没有这样的特性。不过这一结论，在某种程度上忽视了早期互助理念所影响的组织结构在相互保险组织上的重要性。

（三）本质特征内涵的改变及具体表现

友谊社、互助社等早期相互保险组织为成员提供的并不是现代保险，当时的运作机制为"原始保险"，与现代保险的差异较大。以德国的Knappschaft组织为例，这是德国19世纪挖矿工人用于抵御矿难、疾病和身体衰弱的相互保险组织，工人既是这一组织的所有权人，也同时管理着这一组织的运作。在当时，加入Knappschaft的条件是，必须为当地的矿工成员。在最开始的阶段，工人们会在矿难发生时，向组织的成员募捐，成员实行自愿捐赠的制度，以帮助那些矿难事故中死去工人的家庭。但这一自愿的募捐制度随后被废止，取而代之的是成员进行定期的、附有义务的缴纳费用以组建基金池。不过，在这一阶段，Knappschaft组织成员还是没有法律上的权利，一定能够在风险事项发生时获得救助。直到监管法律开始强制要求收取费用，同时赋予成员在约定的事项发生时能够获得救助的权利，这一早期的相互保险组织才演变为现代意义的保险组织。② 从组织特点来看，德国Knappschaft组织的"原始保险"特征也同样出现在了友谊社身上。友谊社在内部形成资金池，成员按人头平摊会费，当缴纳的会费不足以覆盖组织当下的成本时，再由友谊社向成员征集费用，以支付互助的费用，并在后续的法律要求下逐步转变为现代保险组织。

早期相互保险组织的费用分摊模式归结起来有以下特征：首先，并不

---

① Edith Archambault, *Mutual Organizations*, *Mutual societies*, April 2017, available at https：//hal. inria. fr/file/index/docid/267566/filename/ Mutual_ organizations. pdf.

② Timothy W. Guinnane, Jochen Streb, "Moral Hazard in a Mutual Health Insurance System：German Knappschaften, 1867 - 1914", *The Journal of Economic History*, Vol. 71, No. 1, March 2011, pp. 73 - 74.

区分不同成员之间的风险程度。譬如，在健康风险程度并不相同的老年会员与青年会员之间收取同样的会费，这导致会员的义务与其实际享受的权利并不对等，年轻会员需要持续地缴纳会费，但并不一定能马上享受缴纳会费带来的保障，促使健康状况相对较好的年轻社员频繁退社，并导致友谊社遭遇经营失败。其次，早期的会员有会费分摊的义务，但这一义务并不具有法律强制性，其有效实施主要依靠会员的自觉。除最严厉的开除会员资格外，早期的相互保险组织并没有很好的办法能够保证费用的缴纳。最后，当组织难以收集到会费时，现有成员的救助需求将难以得到满足。某些情况下，这样的风险保障缺乏稳定性与确定性。

现代保险的运作机制与早期的互助机制有许多差异，美国风险和保险协会保险专业术语委员会将保险定义为："保险就是通过将风险转移给保险人，从而把偶然的损失进行分摊。在这一过程中，保险人同意为被保险人赔偿这些损失，在损失发生时提供金钱方面的援助，或者提供处理风险的服务。"① 保险与早期的互助机制相比，两者之间的具体差别可以归结如下：首先，与早期的互助机制相比，由于采用了科学的精算技术，这使得现代保险能够平衡保单持有人之间的权利、责任与义务，每一保单持有人按照其风险程度承担对应的保险费用。而不像早期的相互保险按照人头分摊费用。其次，现代保险带来了契约的强制性义务，这一义务具有双向性：对于投保人而言，义务主要体现为如实告知自身的信息，包括必要的个人信息（职业、工作地点等）与风险历史。对于保险企业而言，则是按照合同的约定，在保险事项发生时，向受益人支付保险保障资金。最后，现代保险是有准入门槛并受到监管的行业，这与早期自由放任的互助安排并不相同，现代监管既对保险合同条款进行了规定，对保险费率进行了监管，也对偿付能力有要求，覆盖了所有的保险企业。

因此，相互性在保险监管的强制推动下，有了不一样的内涵与外在表现。比如，相互性下的互助理念，在法律的推动下，于传统的道德理念之上有了法律的强制性色彩；相互性依然决定了相互保险组织处在国家与私人的中间层面，但是相互保险组织作为保险企业，在监管的要求下，它必须追求一定的盈余，并限制利润分配，由此开始具有组织经营上的营利性

---

① ［美］乔治·E. 瑞达、迈克尔·J. 麦克纳马拉：《风险管理与保险原理》，刘春江译，中国人民大学出版社 2015 年版，第 26 页。

色彩；在税法上，相互保险组织如今与股份制保险企业有着相同的税收待遇，除部分小型或者带有慈善性质的相互保险组织外，其他类型的相互保险组织与股份制保险企业在税收缴纳上差异不大。①

比较现代保险与早期互助的本质特征差异，可以非常清楚地看到，两者虽然共享了相互性的部分特征，但现代相互保险相互性的内涵有了法律和国家干预的色彩。现代相互保险脱离了私力互助的范畴，带有了非常厚重的国家干预内涵。并且，保险监管的介入，使得现代保险脱离道德层面的互助，锐变成了具有法律强制性的互助安排，其中的合同条款、保险费率、产品设计等都有了国家强制性保障，也带有了国家干预的色彩。原本带有道德自律、互助共济理念的私力互助，在融入法律监管后，开始转为复制性较强而又标准化的商事契约。相互保险组织的相互性依然保留着，但这一相互性特征中的内涵，随着保险监管的介入，有了许多法律与国家干预的色彩，这一变化随后也影响了其法律定位及与其他组织的本质差别。

当然，抛去两者之间的差异，早期相互保险的互助机制在运作原理上与现代保险是相同的，两者都是一种互助的分摊机制，体现为风险的转移功能。在友谊社、互助社，成员们通过缴纳会费，在一定的情况下能将自身的风险转移出去，由所有的会员平摊风险；在现代保险组织，保单持有人缴纳保费后，风险转移到保险企业，而保险企业也是通过汇集其他保单持有人的保费，以进行风险的承担。

（四）组织趋同理论下的分析

20 世纪 80 年代，新制度经济学派的推手迪玛奇奥与鲍威尔提出了组织趋同理论。他们认为当代的组织存在趋同性，具体表现为组织形式与组织行为的趋同。在组织趋同的背后，有三个驱动机制：首先，强制性机制。强制性机制主要表现为一国的法律规则。法律规定了一系列的禁止性规定，要求组织必须在一定的范围内规范自己的行为，否则将被惩罚。其次，模仿机制。每一行业总有非常成功的组织，组织像个体一样，会模仿那些表现优秀的个体，这推动了组织之间的趋同。最后，社会规范。社会规范是社会制度化的结果，社会制度化改造了人或者组织的行为模式，形

---

① 梁涛主编：《相互保险组织运作及风险管理研究》，中国金融出版社 2017 年版，第 41 页。

成了潜移默化的教化，也形成了一个固定的范式。① 从组织趋同理论出发，可以解释相互保险组织相互性内涵的变化。

首先，对相互保险组织而言，监管所代表的强制性机制是推动保险企业运作趋同的最重要因素，也起着最为重要的作用。相互保险组织非常特殊的是处在保险行业，这一行业的鲜明特征是组织被高度管制。保险企业从设立伊始就进入监管的轨道。从初始运营资金的筹集，试运行的筹备，到高管人员的任免，直到偿付能力丧失时的接管，都体现了组织高度被管制的特征。其结果是，以保险监管为代表的强制性机制，推动了保险企业之间的趋同。

在治理规则层面，相互保险组织与股份制保险企业出现了趋同。组织治理规则接近的最鲜明体现在两者法律的趋同。在德国《保险企业监督法》中，互助社的诸多规定直接适用于《股份公司法》。譬如，在董事会的提名选举与董事会的议事规则等方面，《保险企业监督法》规定直接适用《股份公司法》；在监事会的连任、监事会的任职条件、监事会的职责等问题上，《保险企业监督法》也规定直接适用《股份公司法》的规定。无独有偶，我国《试行办法》对一般相互保险组织董事、监事及高级管理人的任职要求规定为，"除章程另有规定外，相互保险组织的董（理）事会、监事会适用《中华人民共和国公司法》（以下简称《公司法》）关于股份有限公司董事会、监事会的规定"。在《保险法》下，对股份制保险企业董事、监事、高级管理人员适用的任职条件，也是不得违反《公司法》关于上述人员的禁止条件。这些法律的规定表明，标准化监管使得不同组织体在具体的组织治理规则上变得趋同。

在组织运作层面，相互保险组织与股份制保险企业也出现了趋同。保险监管的主要目的是保护消费者的权益与减少信息不对称，理论上概括为减少市场交易成本。在监管的约束下，股份制保险企业减少了引发利益冲突的行为，这使得股份制企业与相互制企业在减少市场交易成本方面的表现越来越趋近。另外，保险监管的介入，使得相互保险组织与股份制保险企业的产品越来越趋同。监管介入了保险产品的许多环节，从保险产品的费率、保险合同的制定到保险产品的设计，两者产品在监管的推动下越来越相似。特别在财险领域，由于财险通常是短期险种，相互保险在盈余分

---

① 周雪光：《组织社会学十讲》，社会科学文献出版社 2003 年版，第 85—91 页。

配方面较难体现出特殊性，这使得两者在许多保险产品上，差异已经不大。

其次，模仿机制推动了相互保险组织与股份制保险公司的趋同，这一改变在非相互化浪潮中越发明显。在非相互化的浪潮上，英国走在了世界的前头。从 20 世纪 90 年代末相互制占市场份额的 40%，到陆续转制后，相互制保险在英国占比已不到 10%。这一去互助化浪潮的威力之巨大，促使英国金融时报发表专门的报道，称："相互组织都将在 21 世纪消失。"学者们做了许多研究，以分析此前一直占主导地位的相互保险组织出于何种动机进行"转制"。部分学者的研究结论认为，相互保险组织在与股份制保险公司的竞争中有一定的劣势：股份制保险公司可以在资本市场以发行股票的形式筹集大量廉价资金，这些资金有助于这些保险公司开发新的产品和技术，也能通过行业并购来提供公司的利润率。[1]

相互保险组织在融资方面的劣势，以及股份制保险企业的优秀表现，促使相互保险组织向股份制保险进行模仿，推动了组织的趋同。自 20 世纪以来，相互保险组织本身在融资上发生了变革。在英国，为了消弭股份公司与相互制企业在资本融资上的不对称竞争优势，英国出台了《相互保险组织递延股份法》，允许没有股东权益的相互保险组织可以对外发行有限投票权的递延股份，[2] 这一方案的出台正式标志着英国相互保险组织可以对外发行股份。虽然在具体的权利构造上，这一法案限制了递延股份的赎回期限，也对其投票权作了限制，但这样的一个股份构造，已经使得相互保险组织与资本的结合更为紧密，也与股份制保险企业有了更多的相似性。不仅在英国存在赋予相互保险组织发行股份的权利，法国也在 2014 年推出了"相互票证"，这一工具可以发行给会员，也可以发行给外部的投资者，保证他们的股息收入，但也限制了他们的表决权，在清算时无任何权益，属于新型的类似股权的专属资本工具。[3] 相互保险的这一变化，可以视为向股份制融资模式的学习，通过在组织结构中融入股份的安排，相互保险的所有权结构里出现了资本所有权人，某种程度上解决了组

---

[1] 缪若冰：《相互保险组织的发展历史与运作概述》，《法律与新金融》2015 年第 8 期。

[2] 王志宇：《没有股东权益的相互保险组织如何实现权益融资——〈英国相互保险组织递延股份法〉简介》，《法律与新金融》2016 年第 12 期。

[3] Swiss Re, "Mutual Insurance in the 21st Century: Back to the Future?", *Swiss Re Sigma*, No. 4, 2016, p. 21.

织缺乏股份融资的问题。正是这样一种模仿以及接近，在 2008 年金融危机后，相互保险这一组织形式开始在全球范围内复苏，不仅市场份额在回升，人们对相互保险组织的判断也发生了变化，这其中最能体现风向变化的是苏黎世再保险研究中心的报告。1997 年该中心关于相互保险组织的报告标题为："Are Mutual Insurers an endangered species？" 2016 年则出了另一份报告，用含糊的新标题回应了接近 20 年前所提的问题："Mutual Insurance in the 21st century：back to the future？"

股份制也出现了对相互保险组织的模仿，这一模仿的结果最为集中地体现在分红险上。在合同期限较长的寿险行业，相互保险组织的所有权人由于是组织的所有权人，寿险资金在交付与支出之间有一个较长的时间期间，保险企业通常在这一期间内会对寿险保单的资金进行投资。在投资的过程中，保险企业如果稳健经营，会有固定的收益，并作为组织的分红返还给保单持有人。早期相互保险组织并没有刻意地设计分红保单，而是其本身的所有权结构，使得分红属性附着于保单产品之中。在 19 世纪的时候，分红保单使得相互保险组织获得了较大的竞争优势。这一竞争优势也使得股份制保险企业，开始向相互制企业看齐。但是在股份制公司内部，保单持有人与所有权人是两类主体，公司的盈利在早期并不能以分红的形式分配给保单持有人。最终，股份公司开发了具有分红属性的保单产品。在操作上，股份制保险公司将分红保单进行了账户的分立，通过独立的账户运作，单独结算，单独分配，实际上在组织内部构成了一个分离的保单账户主体。这一保单账户由保单持有人持有，只是其所有权并不是在组织层面，而是对资金池的持有，这已经与相互保险组织的运作模式有了许多相似之处。因此，在分红保单上，股份制公司模仿了相互保险组织，只是这一模仿内化在了股份制保险的保险产品上。

最后，社会规范推动了相互保险组织与股份制保险公司的趋同。所谓社会规范是指"产生一种共享观念或共享的思维"[1]。社会规范通过社会的共同信念，形成规范的价值信念，影响制度的变化，并最终体现在社会资源的配置上。[2] 在保险行业，保险企业非常重要的是"声誉"问题，保险本身带有金融属性，这一资源配置的方式决定了保险的信用对投保人而

---

[1]　周雪光：《组织社会学十讲》，社会科学文献出版社 2003 年版，第 88 页。

[2]　金智慧：《社会规范、财务报告质量与权益资本成本》，《金融研究》2013 年第 2 期。

言非常重要。

以会员利益为中心的相互保险组织很大程度上影响了股份制公司。相互制作为会员制企业，保单持有人的身份具有多重属性，这与简单的商事契约下的合同相对方的法律结构并不相同。相互制始终服务于会员的保险需求，并将会员的利益作为组织最核心的价值，这样的价值体现在多余保费的返还、体现在理赔的过程之中。早期相互制的出现推动了保险行业对保单持有人的重视，这一重视超越了商事保险契约的权利义务内涵。

股份制公司在与相互制企业竞争的过程中，也受到了相互制企业以保单持有人利益为重的影响。并且，更为特殊的是诸多的股份制保险公司是从相互制转制而来，共同的价值信念随着转制或许有所减弱，但无疑还是影响了两类不同的组织。这些非正式的社会规范内容，从相互制组织延续到了股份制公司。其结果是，两者在服务保单持有人的共同思维上越来越接近。

综上，组织趋同理论可以在某种程度上解释相互保险组织本质特征的变化，也可以解释为什么保险行业的组织有着趋同的特点。在法律监管的推动下，相互保险组织在组织治理上，在产品运营上，在偿付能力上，与股份制公司有着趋同的情形。并且，两者在社会规范与模仿机制下，在组织行为上也越来越接近。更为革命的是，相互保险组织本身开始引入股份资本，这一在法律变革与模仿机制双重作用下的结果，在未来将进一步推动相互保险组织本身的结构变化。

第六节　相互性持续存续的原因分析

相互性内涵在保险监管下发生了改变，这一改变集中体现为两点：第一，互助行为转为具有法律强制性的保险契约；第二，保险监管推动了相互保险保留盈余以满足偿付能力的要求。保险监管的目的是减少市场交易成本，但这一国家干预介入的结果是，相互保险组织具有了营利性组织的色彩。并且，这一法律影响逐步渗透到了组织的本质内涵中，相互保险组织转化为法律上的商事保险组织，具有了营利性特点。当然，相互性依然保留了包括互助、同舟共济在内的理念，只是这一理念开始有了法律化与国家干预的特性。

诚如汉斯曼的分析，随着保险监管的介入，相互保险组织在解决市场交易成本上的优势不再明显，而所有权结构本身具有成本，这一成本反映在相互保险组织上则是所有权与控制权的严重分离，以及融资能力的缺陷。在这一情况下，许多相互制企业转制为股份制公司。那么，为什么依然有保险企业选择注册为相互制企业而不是股份制公司来开展保险业务？既然相互保险组织不再具有解决市场交易成本上的压倒性优势，为什么现有的相互保险组织不全部转制为股份制企业，从而降低所有权本身的成本？

一言以蔽之，相互性是价值观投射在组织上的反映，而价值观并不会因环境的变化而丧失。股份制保险企业在漫长的组织演变史中，已经证明了这一组织形式是商业色彩最浓，最富竞争力，某种程度上也是最有效率的组织方式。股份制企业在融资能力上具有优势，能够让这一企业迅速地扩大规模，从而提高组织生产的效率，实现规模经济。但是股份制内含的"资本决定权力"的逻辑，并不能够为所有人接受。正如法国创造"社会经济"概念，以形容相互企业、合作社在内的组织，以区别于私有产权主导的股份制公司，体现了这一类组织体背后人们所追求的超越利润之上的价值理念。

相互制这一特殊的具有浓厚价值观特色的组织体，虽在保险监管的介入下，具有营利性的色彩，但这一组织体并不以营利为目标，其核心还是围绕着服务会员的保险需求所展开。由相互性所形成的民主、自治、共治以及平等互助，反映了组织全部权利属于会员。而所有上述规则与理念的形成，最本质地体现了组织从初始源头所形成的价值观，也就是相互性的内涵。这些价值观也许并不为所有后来者所坚持，但总有一部分人会选择这样的组织体以满足自身的价值取向。

因此，相互性本身反映了一种价值观与基于人人平等的组织理念，相互保险组织是这一价值观与理念的产物，在相互性上因保险监管的介入，有了营利性与法律强制性色彩，但这一价值观与组织理念依然存续于相互保险组织之中。带有浓厚价值观的相互性，将继续跟随着相互保险，并区别于一般性的以追求利润为主要目标的组织体。只要这样一种价值观不从人类社会消失，那么包括相互保险、合作社在内的组织体，就一定会与其他资合性的组织共存于人类社会之中，并彰显自身的特性。

第四章

相互性内涵变化对法律定位的影响

　　相互性与保险监管的互动构成了相互保险组织的法理基础，直接影响了这一组织的法律定位。相互性是相互保险组织的本质特征，相互性集中表现为会员自治、共治、平等、独立、互助与民主等组织内涵。随着国家监管的介入，相互性这一本质特征发生了内涵上的改变，具体体现为从事业务的营利性色彩，以及由互助行为转变为具有法律强制性的契约义务。虽然保险监管使得相互性的内涵发生了变化，但这一影响的结果在各国不同的社会背景下，表现为不同的法律规定。具体而言，相互性内涵的变化投射在相互保险组织上，是组织的目的兼具营利性与非营利性，在法律定位上则体现为部分国家将相互保险组织认定为营利组织，部分国家则将其认定为非营利组织，部分国家将不同类型的相互保险组织进行不同的法律定位。

第一节　组织目的的营利性与非营利性

　　在保险监管对相互性的内涵进行法律改造后，相互保险组织的组织目的兼具营利性与非营利性。在保险监管的介入下，相互保险组织必须积累盈余以应对可能的危机，这使得早期相互保险组织按人头进行追征的会费缴纳模式不再适用，积累的盈余固定在组织内部，相互保险组织有了组织层面的"利润"。但是，在满足监管的基本要求之外，相互保险组织并不以营利为主要目的，当组织有超过偿付能力的盈余时，会将上述超出的部分以多种方式返还给保单持有人。

从组织目的来看，相互保险有营利性的特征。相互保险从事的保险业务，本质上是商事风险转移合同。保险企业若不能正确地估算成本收益，不能做到覆盖成本的经营，则很有可能陷入亏损。并且，相互保险组织必须有一定的盈利才能支付日常的支出，必须积累盈余才能持续地满足偿付能力的要求。因此，从上述角度看，相互保险组织在组织目的上必须具有营利性。

同时，相互保险组织在组织目的上也具有非营利性的特征。相互保险组织的非营利性体现在组织并不以营利为主要目的，因为保单持有人就是组织的所有权人，多余的保费也会在满足条件的情况下返还至保单持有人。这体现了相互保险组织在组织目的上的非营利性。

或许，在相互保险组织关于组织目的的营利性与非营利性的讨论中，国际合作社及相互保险联合会的描述，可以清楚地说明相互保险组织在组织目的上的这种二元特点：

"应该注意的是，相互制的商业结构与以利润为导向的管理原则是不冲突的。所有相互保险机构都应追求积极的财务表现，创造年度盈余以维持公司的财务能力或支持公司发展。相互保险机构与股份制公司之间的区别是主要的基本运营目标不同：对于相互保险机构而言，营利不是其唯一或主要的目标。这实际上意味着相互保险公司不会像股份制保险公司一样追求利益最大化。"[1]

相互保险这一在组织目的上的二元特点，也反映在了法律定位上。在相互保险组织是否为非营利组织的问题上，并没有统一的、标准化的结论，这部分地因为两者在许多国家并不是一个能够相互比较的概念，也部分地因为相互保险组织在非营利性的问题上，各国有着并不一致的观察视角和定义方式。并且，部分学者认为随着组织多元化的发展，营利性与非营利性、商业与非商业性的界限开始模糊。[2] 这样一个趋势也反映在相互保险组织的发展过程中。以下将从法律定位切入，以验证相互保险组织营利性与非营利性在法律层面上的体现。

---

① 梁涛主编：《相互保险组织运作及风险管理研究》，中国金融出版社 2017 年版，第 9 页。
② 邓峰：《普通公司法》，中国人民大学出版社 2009 年版，第 15 页。

第二节　组织目的在法律层面的验证——
以法律定位为切入

相互保险的特殊性体现在，这一组织体在发展的过程中延续了市民社会自助组织的特征，但在保险监管的介入下，又带有现代保险商事组织体的营利性特点。反映在法律或理论层面的组织定位上，可以看到各国用不一致的法律与理论上的组织概念以定位相互保险组织。这些概念，不论是社会经济、共益组织还是第三部门，都表明相互性折射在组织目的上，体现出兼具营利性与非营利性的特点。

一　非营利组织的概念与含义

非营利在各国并没有一个通用、明确的定义，这一模糊性也反映在了非营利部门（nonprofit sector）的定义上。各国近似或者相似指代非营利部门范畴的概念就有志愿部门（volunteer sector）、不以营利为目的部门（not-for-profit sector）、慈善部门（charitable sector）、博爱部门（philanthropic sector）、第三部门（the third sector）、社会经济部门（social sector）及公民社会部门（civil society sector）等。① 历史、民情、法律传统为各国非营利部门注入不同程度的差异，也使得非营利部门作为一个源于美国法下的范畴，但体现在各国则有范围不一、定义不同的对应概念（见表4-1）。②

表4-1　　　　　　　　　　非营利部门的相关概念

名称	描述及特征
非营利部门	指那些不以营利及利润分配为主要目的的非营利组织
第三部门	强调与营利组织和政府组织相区别的非营利组织
独立部门	强调自主性，以区别于政府和以营利为目的的组织类别

---

① Tschirhart, Mary, Bielefeld, Wolfgang, *Managing Nonprofit Organizations*, Jossey – Bass, 2012, pp. 6–7.

② Kelly LeRoux, Mary K. Feeney, *Nonprofit Organizations and Civil Society in the United States*, Routledge, 2015, pp. 1–37.

续表

名称	描述及特征
自愿部门	强调成员的自我选择，限于那些由成员志愿经营的组织
慈善部门	直接目的是提供慈善的非营利组织
博爱组织	强调人类之间利他的关怀，通常表达为时间和物质的帮助
社会部门	以社会为关注中心，强调改善社会状况
非政府部门	指那些非营利并且有着社会目标的非政府组织

在理论上，约翰·霍普金斯大学的学者在 20 世纪从结构—功能角度推动了非营利组织的研究，确立了非营利组织需满足五项条件：（1）组织化；（2）私有组织；（3）自我管理；（4）没有利润分配；（5）成员自愿。[1] 因此，非营利组织不是政府机构，通常实行自我管理，不会对组织者或者管理人员分配利润。[2] 除了提出非营利组织的基本条件，约翰·霍普金斯大学的学者还与联合国统计司经济统计处推动了《1993 年国民账户体系》，以在世界范围内界定非营利的框架、概念和分类。在联合国发布的《1993 年国民账户体系》中，非营利机构被定义为"为了生产货物和服务而设立的法律或社会实体，其地位不允许它们成为设立、控制或资助它们的那些单位的收入、利润或其他金融收益的来源。实际上，它们的生产活动必然产生盈余或亏损，但它们如果得到任何盈余，均不能为其他机构单位所占用"[3]。这一定义的核心强调了，"它们的生产活动必然产生盈余或亏损，但它们如果得到任何盈余，均不能为其他机构单位所占用"。

虽然自 20 世纪 90 年代开始，非营利组织的概念和理念在各国得以推广和接受，但基于各国不同历史、国情和法律传统的原因，使得发源于美国法下的非营利部门在各国有着较大的差异，各国虽有类似对应概念，但

---

[1]　Lester M. Salamon, "Defining the nonprofit sector: the United States", *Working Papers of the Johns Hopkins Comparative Nonprofit Sector Project*, No. 18, edited by Lester M. Salamon, Helmut K. Anheier, The Johns Hopkins Institute for Policy Studies, 1996, p. 22.

[2]　Lester M. Salamon, Helmut K. Anheier, "The International Classification of Nonprofit Organizations: ICNPO - Revision 1", *Working Papers of theJohns Hopkins Comparative Nonprofit Sector Project*, No. 19, The Johns Hopkins Institute for Policy Studies, 1996, pp. 2-3.

[3]　联合国经济和社会事务部统计司：《国民账户体系非营利机构手册》，2003 年，第1—9 页。

范围、理念并不完全一致。非营利组织作为一个较为"年轻"的概念，在各国的差异也折射到了相互保险组织是否是非营利组织①的划分上，难以有统一的、标准一致的结论。或者说，某些情况下，这两个概念的比较是将一个 A 国的组织概念去定位 B 国法下的互助组织，如法国法律上并没有非营利组织的概念，理论中是以"社会经济"一词指代本国类似的非营利组织，但两者并不完全相同，这就出现了概念上的偏差。另外，相互保险组织本身由于历史悠久、组织形式多样，又加剧了这一问题的复杂性。例如，在非营利组织发源地的美国，大部分相互保险公司都为营利组织，但也有部分相互保险公司从非营利的蓝十字和蓝盾计划转制而来，这使得其延续了非营利组织的定位。② 以下将从各国非营利组织的法律规定与理论分析出发，介绍各国相互保险组织的法律定位。

二　美国法下的法律定位

美国非营利组织的历史可以追溯到英国殖民时代。当时的组织与现代组织有着很大的差别，私有公司的组织形式尚不常见，更多的是公共机构（public agency）。从欧洲来到美洲的移民，为美国带来了各自国家的组织形式，如兄弟会、教会组织、行会组织等，人们开始陆续加入包括协会在内的宗教与社会团体，推动陌生人之间博爱、互助情感的建立。在美国内战中，普通百姓为了照顾军人，开始成立不同的志愿协会，进一步推动了非营利组织在美国的形成。从 19 世纪到 20 世纪，美国出现了一批巨型公司，这些公司分布在铁路、银行、钢铁和能源领域，富裕起来的企业家，包括卡耐基与洛克菲勒，成立了不同的基金会，以实现包括教育、医疗等在内的慈善目的，这些基金会也成为日后非营利组织的重要组成部分。③

---

① 部分国家法律制度下，并没有"非营利组织"这一法律概念，但有类似或者接近描述这一特征的概念。为行文的方便，本书将在部分描述中以非营利组织这一概念来代指不同国家下的对应组织。

② Laurie Sobel, *Non-profit conversion: basic corporate structures in healthcare*, April 2017, available at http://consumersunion.org/research/non-profit-conversion-basic-corporate-structures-in-health-care/.

③ Peter Dobkin Hall, "Historical perspectives on Nonprofit Organizations in the United States", *The Jossey-Bass Handbook of Nonprofit Leadership and Management*, edited by David O. Renz, Robert D. Herman, Jossey-Bass, 2010, pp. 3-28.

进入 20 世纪，美国非营利组织进入了快速发展时期，大部分美国的非营利组织都在该时期成立，并逐渐发展成熟。如今，美国的大部分非营利组织都注册为公司形式，或者信托的形式。

（一）非营利组织的定义与法律形式

在美国，非营利可以是法人，也可以为非法人组织，还可以是信托。① 具体而言，非营利组织在美国通常被认为是一类为了创造利润以外目的所存在的组织，非营利组织并不会将任何收入分配给成员，包括董事或者管理人员。② 根据纽约州《非营利法人法》，非营利组织是指根据该法或者其他特别法成立，不是为了金钱收益和经济利益目的存在的，并且其资产、收入或者利润除法律规定外，也不对成员、董事或者管理人员进行分配的组织。③

在法人组织上，非营利组织既可以注册为普通公司，如互益性公司、公益性公司，也可以根据本州州法的规定，注册为有限责任公司（limited liability company）。非营利组织还可以注册为非法人组织，如非营利协会，或者慈善信托的形式。

在各种非营利组织类型中，公司形式的非营利组织较为普遍。美国律师协会曾起草《非营利法人示范法》，涉及了三类比较常见的非营利组织，分别为宗教法人、公益法人和互益法人。④ 不过，美国为州法系统，部分州在《非营利法人示范法》基础上，又根据本州的法律实践对非营利组织的类型有所更改，这一情形使得美国各州存在着诸多不同类型的非营利组织，如部分州有着并不常见的非营利专业法人公司、合作公司等（见表 4-2）。⑤ 此外，作为移民国家，美国强调自治与多样性文化的并

---

① Lester M. Salamon, "Defining the nonprofit sector: the United States", *Working Papers of the Johns Hopkins Comparative Nonprofit Sector Project*, No. 18, edited by Lester M. Salamon, Helmut K. Anheier, The Johns Hopkins Institute for Policy Studies, 1996, p. 11.

② Cornell Legal Information Institute, *Non-profit organizations: an overview*, April 2017, available at https://www.law.cornell.edu/wex/non-profit_ organizations.

③ New York Not-For-Profit Corporation Law § 102. Definitions. (5) Corporation or domestic corporation.

④ 金锦萍、葛云松主编：《外国非营利组织法译汇》，北京大学出版社 2006 年版，第 11 页。

⑤ Harbor Compliance, *Types of Nonprofit Organizations*, April 2017, available at https://www.harborcompliance.com/information/types-of-nonprofit-organizations.

存，体现在美国非营利组织的法律规定上，则是非营利部门有着多样性的法律形态，这些法律形态既有州法根据本地政治、经济、文化进行的创新，也有传统上保留下来的组织类型。

表 4-2 美国非营利组织的划分及主要类别

非营利组织	组织形式	主要适用范围
法人组织	公益性公司	公众利益公司是那些为广大社区服务的组织，如消防志愿者部门、基金组织和无家可归者收容所
	互益性公司	互益性公司为一定数量有着共同利益的成员提供服务
	非营利专业人士公司	专业人士公司的成立是为了给有执照的专业人士服务，如会计师、律师或者医生
	宗教公司	主要服务于宗教目的
	合作公司	合作公司更多的是控制在雇员或者顾客手中的公司。这种模式比较合适的是当地的食品合作社以及其他基于社区的合作社模式
	有限责任公司	相比普通公司，只有少数州存在非营利有限责任公司
非法人协会	非营利协会	主要适用于社区服务和筹款目的的使用
信托	慈善信托	最常见包括遗产信托的形式

在非营利组织的定义上，容易混淆的是这一组织与税收优惠组织之间的联系与区别。根据《美国税法典》第 501（c）条的规定，29 类专门从事包括宗教、慈善、科学、公共安全检测、鼓励国家或者国际业余体育竞赛等目的的组织、公司或者社团、基金等，为上述目的从事的活动都可以豁免联邦所得税。为获得这一免税资格，这一类组织需要向美国税务局进行申请，并且每年应提交相关文件。[①]

非营利组织的概念比税收优惠组织更广，例如某些非营利组织，虽然不为金钱收益和经济利益目的存在，但未获得美国税务局的相关规定，为非税收优惠组织，依然可以视为非营利组织。在相关的文献中，也认为非营利组织的概念比税收优惠组织更广（见图 4-1），[②] 包括了慈善组织和私人基金会。

（二）相互保险组织的法律定位

在美国，大部分相互保险组织并不属于非营利组织。以相互保险公司为

---

① 翟继光：《美国税法典》，经济管理出版社 2011 年版，第 740 页。

② Nicholas P. Cafardi, Jaclyn Fabean Cherry, *Understanding Nonprofit and Tax Exempt Organizations*, Matthew Bender & Company, 2012, pp. 1–2.

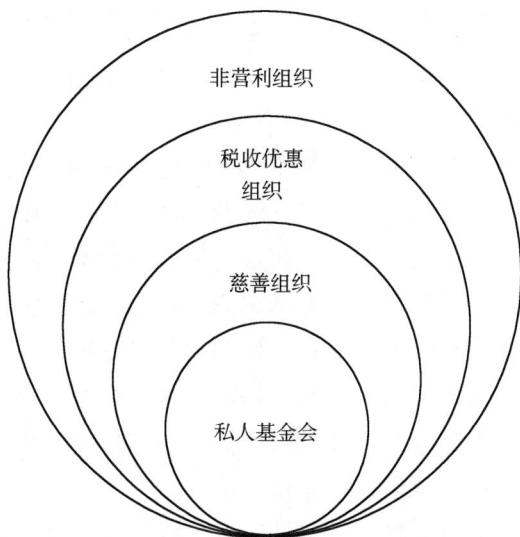

图 4-1　非营利组织与其他类似组织的关系

例，保单持有人作为公司的所有权人，有权以减免保费或者现金的形式从公司获得分红，这使得相互保险公司难以满足美国法律上非营利组织定义中的核心要件——非营利组织并不会将其任何收入分配给其成员、董事或者管理人员的要求。但是，相互保险在美国有着多样化的组织形态，除相互保险公司外，还有包括兄弟会、船东互保协会在内的相互保险组织。并且，即使绝大部分为营利性质的相互保险公司，也有部分组织在历史上由蓝十字与蓝盾计划转制而来，这使得部分相互保险组织在类型上可以划分为非营利组织。

　　以历史上存在的从蓝十字计划转制而来的非营利相互保险公司为例，也许能够理解相互保险在是否为非营利组织问题上的复杂性。在历史上，20 世纪 30 年代美国发生的经济大萧条，使得许多人难以支付高昂的医疗费用。这一困境的直接结果是美国许多医院面临着倒闭危机。为解决医院缺乏病人，以及病人难以支付高昂医疗费的双重困境，美国得克萨斯州的一个学校开始启动一个试验性的医疗计划，并形成了后来在全美知名的蓝十字计划。[1] 蓝十字计划开始的运作原理是，任一参加这一计划的老师

---

[1]　Laura A. Scofea, "The development and growth of employer-provided health insurance", *Family Economics Review*, Vol. 8, No. 2, 1995, pp. 38-39.

们，每年支付 6 美元，就可以享受参与计划医院的 21 天医院服务。在这一计划推出后，监管部门认为这并不是保险，而是"集体服务销售合同"（group contract for the sale of services）。① 由于非营利的性质，蓝十字计划在全美迅速得到发展。

从 1933 年开始，美国医院协会（The American Hospital Association, AHA）开始监管这一医疗付费计划，并且 AHA 认定只有非营利的蓝十字计划才能够获得营业批准；也正是在这一年，纽约州保险监督官认为蓝十字计划提前收取费用，用以支付未来相关风险，应视为保险。各州也陆续出台法律规定蓝十字计划。由于这一计划运作的特殊性，其必须保持非营利的特色，因此监管部门规定蓝十字保险的费率必须受到严格监管，同时在法律上也豁免了准备金和州保单税的征收。② 到 1963 年，46% 的美国人都在蓝十字计划的医院保险（hospital insurance）覆盖之内。③ 由于法律上的严格限制，蓝十字计划转为营利性组织，或者调整保险费率，都需得到监管部门的批准。

如今，在北达科他州，州立法部门专门出台了《非营利相互保险公司法》，允许一些原本是非营利的医疗、医院或者健康服务公司的保险商，如本州的蓝十字和蓝盾计划转制为非营利的相互保险公司。这部分转制的企业仍在法律上视为非营利组织，同时为慈善组织。在密歇根州，2013 年州参议院通过了两个法案，允许密歇根州的蓝十字和蓝盾计划转制为非营利相互保险公司。该法实施的目的，不仅意在阻止蓝十字和蓝盾计划转变为营利组织，也进一步保证该组织留在本州。④ 转制后的非营利相互保险公司，将在内部设立单独的健康留本基金（Health Endowment Fund），

---

① Blue Cross and Blue Shield, A Historical Compilation, April 2017, available at https://consumer-sunion.org/wp-content/uploads/2013/03/yourhealthdollar.org_ blue-cross-history-compilation.pdf, pp. 2-3.

② Michael A. Morrisey, *Health Insurance*, Second Edition, Health Administration Pres, 2013, pp. 5-8.

③ Blue Cross and Blue Shield Association History, April 2017, available at http://www.fundinguni-verse.com/company-histories/blue-cross-and-blue-shield-association-history/.

④ Legislative Analysis, *A Revised Summary of Senate Bills* 61&62 *as Passed by the senate*, April 2017, available at https://www.legislature.mi.gov/documents/2013 - 2014/billanalysis/house/pdf/2013-HLA-0061-B18FDEE0.PDF.

并将原计划的保费投入这一基金，相互保险公司的成员能够对相关事项进行表决，但并不能获得利润分配。① 不仅在北达科他州及密歇根州，其他许多州也出台了类似的法律，允许原蓝十字和蓝盾计划转变为非营利的相互保险组织。

除由蓝十字和蓝盾计划转制而形成的非营利相互保险公司外，在美国能够提供保险产品，本身由会员所有的相互保险组织——兄弟互助会，也在不同的州法上定位为非营利组织。并且，若兄弟互助会满足美国国内税收法典第 IRC 501（c）（8）条或第 IRC 501（c）（10）条规定，可以向美国税务部门申请豁免所得税的征缴。除兄弟互助会外，美国保赔协会也为非营利的相互保险组织。

因此，美国大部分相互保险组织都与股份制保险公司法律定位相同，可以将利润分配至保单持有人，而不是如非营利组织一样禁止对财产进行分配。但是，相互保险组织本身类型繁多，历史悠久，部分由蓝十字和蓝盾计划转制的相互保险公司，以及至今活跃在美国社会生活当中的兄弟互助会与保赔协会，延续了相互保险组织早期私人自助组织的特点，不以营利为目标，定位为非营利组织。

三　日本法下的法律定位

在日本的历史上，"非营利组织"为舶来词。这一概念由美国发展，并扩散到世界。"非营利组织"一词在 20 世纪 90 年代才传入日本，在1995 年的阪神大地震后开始获得全国性的注意。1998 年，日本制定了《特定非营利活动促进法》，非营利组织这一概念才开始正式进入日本的法律范畴。② 然而，《特定非营利活动促进法》下的特定非营利活动法人只是日本对应外部语境下"非营利组织"的一部分。在部分日本学者看来，西方学者对非营利组织定义的核心围绕着是否进行"盈余分配"而展开，但这一标准却不适用日本的情况。③ 例如，部分学者在形容日本的

---

① Blue cross Blue Shield of Michigan, *Overview on Blue Cross Blue Shield of Michigan's Transition to a Mutual Insurance Company*, April 2017, available athttp：//www.seiu517m.org/files/2013/07/BCBSMasmutual.pdf.

② Ogawa, Akihiro, *Failure of Civil Society?*, SUNY Press, 2009, pp. 2-3.

③ 林淑馨：《日本规范非营利组织的法制改革之研究》，《东吴政治学报》2004 年第 19 期。

这一类组织时，引用了"民间组织"（civil society）一词。[①] 以下将围绕日本法介绍该国语境下相互保险组织的法律定位。

（一）非营利组织的组织划分与法律形式

在非营利组织这一概念引入日本之前，日本社会中类似的组织体包括传统的互助扶持组织，以及宗教上的佛教组织等。在明治时期的《民法典》中，法人组织区分为营利法人和公益法人，根据该法第34条的规定，所谓公益法人是指"有关祭司、宗教、慈善、学术、技艺及其他公益的社团或财团且不以营利为目的者，经主管官署许可，可以成为法人"，公益法人可以注册为社团法人或者财团法人。在《民法典》第34条的基础上，日本有诸多特别法，规定了包括社会福利团体法人、医疗服务法人、私立学校法人、宗教法人在内的特别法人，此外，日本法下还有介于公益法人的共益组织——中间法人。[②] 在1998年的《特定非营利活动促进法》出台后，日本的非营利组织又增加了特定非营利活动法人。因此，当非营利组织这一概念在法律上引入日本后，日本语境下的非营利法人分为了四类，分别是公益法人、特别法人（宗教法人、私立学校法人等）、中间法人及特定非营利活动法人。

从上述组织类别划分上，可以看出日本的非营利组织与美国法下的非营利组织差别较大。在部分政府文件的描述中，日本式的非营利组织分为了最广义以及狭义的非营利法人，最广义的非营利法人包括上述所说的公益法人、特别法下的宗教法人、私立学校法人、特定非营利活动法人及协同组合等（见图4-2），[③] 但其中的协同组合并不满足美国语境下非营利组织的定义。

从协同组合的组织划分上，可以看到日本在非营利组织的划分标准上，非常特别的是区分了公益和共益组织。公益组织对应了美国法下的非

---

①　Naoto Yamauchi, Hiroko Shimizu, S., Wojciech Sokolowski, Lester M. Salamon, "Part 3: Chapter 12 Japan", *Global Civil Society: Dimensions of the Nonprofit Sector*, edited by Lester M. Salamon, Helmut K. Anheier, Regina List, Stefan Toepler, S. Wojciech Sokolowski, The Johns Hopkins Center for Civil Society Studies, 1999, pp. 243-260.

②　民政部"日本NPO法律制度研修代表团"、文国锋：《日本民间非营利组织：法律框架、制度改革和发展趋势——"日本NPO法律制度研修"考察报告》，《学会》2006年第10期。

③　林淑馨：《日本地方政府的非营利组织政策：以三重县与神奈川县为例》，《公共行政学报》2006年第21期。

最广义

（一般美国所使用之范围）

广义（国民生活白书中的范围）

最狭义

| 特定非营利活动法人（NPO法人） | 公民活动专体 | 学校法人 | 宗教法人 | 医疗法人 | 町内会·自治会 | 经济专体 | 协同组合等 |

公益　　　　　　　　公益

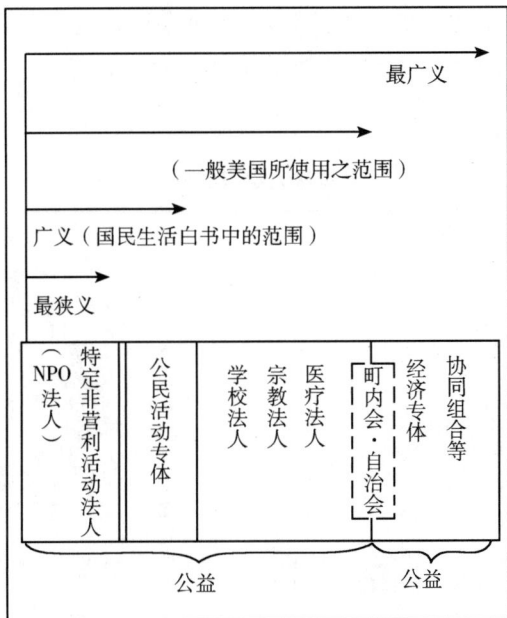

图4-2　日本非营利组织的概念

营利组织，不以营利为目的，同时限制利润分配。而共益组织，以协同组合（也译为合作社）为代表，并不限制向成员分配利润，但其主要目的是服务成员的利益。以共益为代表的组织体，存在于私益和公益之间，如日本的政治与文化一般，是一个非常暧昧的存在。

2006年，因原法人制度在非营利组织注册上设置了许多程序性要求，受到社会广泛的批评。日本随后出台了包括《一般社团法人和一般财团法人法》在内的三部法律，对原有的非营利法人制度进行改革。上述法律在2008年实施后，日本非营利法人体系发生了翻天覆地的变化，其中最重要的是出现了公益财团法人、公益社团法人之外的一般社团法人和一般财团法人。2006年修法后，日本法律体系内的《中间法人法》也予以废止。①

（二）相互保险组织的法律定位

在2006年日本非营利组织法律修改前，相互保险会社在日本定位为

---

① 王世强：《日本非营利组织的法律框架及公益认定》，《学会》2012年第10期。

中间法人组织。所谓中间法人组织是指，按照特别法律规定为依据，以实现特定多数人利益为目的，按照特殊目的进行设立，性质上既非公益法人，也非营利法人的组织体。在非营利组织体系改革前，日本法人组织类型划分如下（见表4-3）：①

表4-3　　　　　　　　　　　**日本法人组织的分类**

非营利		营利
	公法人	公共企业等
公益	（地方）独立行政法人 国立・公立大学法人 特殊法人 认可法人 特别法设立的民间法人 学校法人（私立学校法） 社会福利法人 医疗法人 宗教法人 （特定）公益法人（财团法人和社团法人） 特定非营利活动法人（通称 NPO 法人）	国有企业体，包括日本国有铁道（现在分民营化，JR），日本电信电话（民营化，NTT），日本专卖公社（民营化，JT），邮政（民营化），国有林业事业（特别会计处理），国有印刷局（独立行政法人），造币局（独立行政法人） 地方政府的"地方公社"，"地方公营企业" 株式会社形式的独占企业
非公益（或共益）	中间性的团体（部分非营利） 中间法人（中间法人法） 协同组合（各种协同组合法） 共济组合（健康保险等的共济组合法） 工会（劳动组合法）	营利企业 株式会社等（商法） 有限会社（有限会社法）

中间法人组织在日本属于最广义范围内的非营利组织，同时属于非公益的共益组织。在 2006 年修法之后，中间法人组织被废止，根据相关法律的规定，应转为一般社团法人。如今，按照日本法的规定，一般社团法人属于一般非营利法人。② 需要注意的是，根据笔者与京都大学保险法助理教授山下哲也的交流，相互保险会社会向保单持有人进行分配，但仍然视为非营利组织，其原因在于日本视这一分配方式为保费的减免，而不是如股份制保险公司的分配，这也是理解相互保险会社在日本语境下视为非营利组织的关键。

日本在理论体系上，很早认识到了包括相互保险在内组织的特殊性，即具有不完全公益，也不完全私益的一面。早期，日本在法律上创立了中

---

① 毛桂荣：《日本公共服务法人及其改革：对中国的启示》，《法学研究》2011 年第 91 号。

② 王世强：《日本非营利组织的法律框架及公益认定》，《学会》2012 年第 10 期。

间法人的概念来形容包括相互保险在内组织的法律定位，而中间法人正是表明了这一组织体在营利与非营利的中间形态。虽然，共益概念的模糊，导致法律层面中间法人概念的废止，但日本依然对相互保险社的分配解释为保费的减免，以将其与一般性的私人组织相区隔，划入本国语境下的共益组织范畴。可以说，这样的一个法律处理深刻地表明了相互保险组织目的兼具营利性与非营利性的特点。

四　欧洲法下的法律定位

在欧洲，德国、英国和法国是最具代表性的三个国家。比较有趣的是，虽同处欧洲，但三国法律上却有着并不相同的相互保险组织。在英国，既有相互保险公司，也有互助社，德国则只有互助社与小型互助协会，没有相互保险公司，法国虽与英国一般有相互保险公司，也有互助社，但同一名称下的组织定位与适用领域却截然不同。以下将分国别研究相互保险组织在法律上的定位，以及这一定位背后所反映的组织特征。

（一）德国

有学者认为德国《民法典》首先将法人在性质上分为公法人和私法人，私法人又分为财团法人和社团法人。[①] 此外，德国是民商分立的国家，在私法领域，除有德国《民法典》外，还有德国《商法典》。两者调节社会关系的区别是，商人从事的行为为商行为，由此产生的商事关系由商法调整；非商人实施的民事法律行为则直接由民法调整。[②] 在德国《商法典》下，商人是指经营营业的人，包括公司、合作社等组织。《商法典》下的"商人"并不必然有法人资格，如无限公司，适用《民法典》关于合伙的规定，虽然这一组织"权利能力的范围与社团法人、股份有限公司以及有限责任公司的权利能力范围毫无差别"，但依然不具有法人资格。此外，德国法律体系较为复杂的是法条上并未清晰地确定一个组织或团体是否为法人的标准，这导致了德国法院在某种程度上承担了这一角色。[③] 德国复杂的法律规定及实践无疑影响了德国相互保险组织

---

① 蔡立东：《法人分类模式的立法选择》，《法律科学》（西北政法大学学报）2012 年第 1 期。

② 《德国商法典》，杜景林、卢谌译，中国政法大学出版社 2000 年第 1 版，第 1 页。

③ ［德］托马斯·莱赛尔：《德国民法中的法人制度》，张双根译，《中外法学》2001 年第 1 期。

的组织定位，这其中有两个问题尚待明确：（1）德国两类相互保险组织是否具有法人资格；（2）若具有法人资格，在德国法上又划分为何种法人？

在德国语境下，非营利组织①并不是一个法律术语，这一概念主要描述介于国家和市场之间的部分，这部分组织包括了"以为其成员或第三方提供支持或利益代表为目的的志愿公益组织及公助私营商业机构"②。在德国，有诸多通用的词汇描述这一类似域外中间形态的组织：如财团（Vereine and Verbände）、公益组织（gemeinnützige Organisationen）、社区经济组织（gemeinwirtschaftliche Unternehmen）等。③在法律形式上，德国可以从事非营利的组织，主要包括有限责任公司、基金会、社团、公营事业以及合作社等。④有学者认为，德国历史上曾存在过于强大的国家力量及其对私人社会的侵入，宗教势力与民间社会之间的摩擦等，这促使德国的"非营利组织"建立了以下原则：自我管理原则、辅助性原则以及服务公共经济的原则。⑤这三项原则共同构成了德国非营利组织的基本特征。

非营利组织并不是德国语境下的词汇，德国部分本土学者在描述这一类组织形态时，使用了本国语境下的概念，包括民间组织、自愿部门与第三部门等。在这些概念中，第三部门的概念获得了更多的关注。在传统上，德国重视区分某一组织是否为公法或者私法上的组织体，而非营利组织既不是公法上国家的代理组织，也不是私法上存续的市场组织，这一定位最终使得其引入了第三部门这一带有复合型组织特征的概念。反映在实

---

① 在德国，有本国特定的概念以形容"非营利组织"，为便于描述，本书用中文的"非营利组织"进行代指。但需明确的是，这并不是德国语境下的对应概念。

② 张网成、黄浩明：《德国非营利组织：现状、特点与发展趋势》，《德国研究》2012 年第 2 期。

③ Helmut K. Anheier, Wolfgang Seibel, "Defining the Nonprofit Sector: Germany", *Working Papers of the Johns Hopkins Comparative Nonprofit Sector Project*, No. 6, The Johns Hopkins Institute for Policy Studies, 1993, pp. 1-2.

④ 柯格钟：《非营利组织课税制度之德国法研究》，《成大法学》2009 年第 18 期。

⑤ Helmut K. Anheier, Wolfgang Seibel, "Defining the Nonprofit Sector: Germany", *Working Papers of the Johns Hopkins Comparative Nonprofit Sector Project*, No. 6, The Johns Hopkins Institute for Policy Studies, 1993, pp. 1-2.

践中，则是德国的非营利组织也主要用于提供社会服务和卫生保健服务。①

　　德国在非营利组织概念上的复杂性，反映在相互保险组织的定位上。有德国学者从第三部门概念出发，认为德国相互保险公司，从自助组织发展起来，在19世纪融合了民间社团和工人运动的色彩，其本身受到国家的严格监管，但这一类组织并不是国家所有（state-owned），而是公共企业，由成员所有并进行自我管理，从这一角度出发，这一类组织可以视为德国语境下的第三部门组织。② 但是，部分学者有着并不一致的观点，他们认为会员所有组织中的合作社与互助社，从本身的定义及法律角度来看，并不是为公众利益服务，而是为会员利益服务，这使得他们将组织本身定位为德国市场经济的一部分，其结果是不能视为非营利组织。③ 另外，有学者，如法尼将德国相互保险组织区分为大型互助社与小型互助协会，其依据是前者在德国法律上认定为商人，适用德国《商法典》的规定，后者定位为社团法人，适用《民法典》的内容。④ 换而言之，小型互助协会并非为营利色彩较浓的商人组织，而大型互助社则是市场色彩较浓的商事组织，两者有着并不相同的定位。

　　德国由于本身没有非营利组织的法律概念，因此，相互保险组织并不能以美国法下的概念进行直接划分和嵌套。在理论研究上，出现了不同的观点，部分研究将其定位为第三部门组织，这一概念体现了组织内涵中国家干预与市民自治同时兼具的特点，也部分地反映了组织目的上区别于一般性私人组织的特点。当然，如果从一个通行的非营利组织法律概念去定

---

　　① Alyssa A. Dirusso, "American Nonprofit Law in Comparative Perspective", *Washington University Global Studies Law Review*, Vol. 10, Issue 1, January 2011, pp. 46-47.

　　② Bode, Adalbert Evers, "From Institutional Fixation to Entrepreneurial Mobility? The German Third Sector and Its Contemporary Challenges", *The Third Sector in Europe*, edited by Adalbert Evers, Jean-Louislaville, Published by Edward Elgar Publishing Limited, 2004, pp. 103-104.

　　③ A. Zimmer, Janne Gärtner, Eckhard Priller, Peter Rawert, Christoph Sachße, Rupert Graf Strachwitz, Rainer Walz, "The Legacy of Subsidiarity: The Nonprofit Sector in Germany", *Future of Civil Society*, edited by Annette Zimmer, Eckhard Priller, Springer Fachmedien Wiesbaden, 2004, pp. 681-682.

　　④ ［德］法尼：《保险企业管理学》（第3版），张庆洪、陆新等译，经济科学出版社2002年版，第129—142页。

位德国的互助社，也会出现法尼的判断，即大型互助社营利性色彩较浓，小型互助社则不然。

（二）英国

与德国相同，非营利组织对英国而言也是外来词汇，包括第三部门、志愿组织、民间组织、不以营利为目的组织，都不同程度地可以形容英国语境下的非营利组织。在历史上，英国与非营利组织相对应的主要组织类型为慈善组织，这也是英国最为重要的非营利组织。在 2006 年英国修改《慈善法》之前，英国首相曾于 2002 年设立审查小组对英国类似非营利组织部门的定位与立法进行征求意见，[①]并由此形成了在英国历史上具有深远意义的《私人行动与公共利益》报告。

在该份报告中，审查小组区分了包括慈善组织、志愿服务部门、第三部门、非营利、不以营利为目的、社会经济、社会企业等多组容易混淆的概念，其中，审查小组认为不以营利为目的（Not-for-Profit）是形容英国这一组织类型最恰当的词汇。[②]在部分研究中，不以营利为目的的组织可以定义为那些致力于将其资产仅用于它们选定的目标，并且不分配它们的资产（包括但不限于现在的或者累计的利润）给它们的所有者，受制于"不分配约束"，也即"资产锁定"（asset lock）的组织。[③]从这一定义出发，不以营利为目的的组织在英国语境下，既覆盖了传统上的慈善组织，也与公共部门和商业部门有重合，其本身如德国法下的第三部门一样，带有复合型的特征。

在 2006 年《慈善法》的修改后，英国不以营利为目的的组织发生了较大变化。但应注意的是，英国并没有特别地为不以营利为目的的部门设计法律形式，而是多种类的组织形式可以囊括于这一范畴之内，比如比较有代表性的有社区利益公司（The Community Interest Company）、工业和住

---

① ［英］玛格丽特·博尔顿：《2006 年英国慈善法案的立法过程以及相关问题》，民政部法制办公室译，载民政部法制办公室编《中国慈善立法国际研讨会论文集》，中国社会出版社 2007 年版，第 392—393 页。

② Strategy Unit Report, *Private Action*, *Public benefit*, April 2017, available at http://www.networkforeurope.eu/files/File/Reports/Private%20Action%20Public%20Benifit%20（September%202002）.pd.

③ A. Dunn, C. A. Riley, "Supporting the Not-for-Profit Sector: The Government's Review of Charitable and Social Enterprise", *The Modern Law Review*, Vol. 67, No. 4, 2004, p. 646.

房互助社、慈善法人组织，以及信托和非法人组织的慈善组织，包括部分高校、住房协会等也属于慈善组织。[1] 此外，有部分域外学者认为，英国的非营利组织类型从功能角度划分，可以分为四类，分别为服务型组织（包括学校、医院等），互助型组织（如包括友谊社在内的保险组织），中介型组织（如慈善基金会）及压力型组织（如儿童贫困行动）等。

英国[2]由于既有相互保险公司，也有互助社形式的相互保险组织，如友谊社、工业和住房互助社等，以及协会形式的保赔协会，所以在讨论两者关系时，必须将各组织形式进行一对一的讨论。对于相互保险公司而言，在传统上这一组织视为英国自愿组织（volunteer sector）的一部分，但在部分研究中，这一类组织发展到当代更接近于一般性的商事组织，按照结构—功能的视角，应排除在非营利组织之外；[3] 友谊社在英国，主要应用于帮助那些年老、丧偶或者生病的会员，基于这一广泛的互助目的，友谊社可以从事慈善活动、集团保险业务、再保险活动或者其他目的的活动，[4] 其中从事慈善目的的友谊社属于非营利组织，而对于从事相互保险业务的友谊社而言，部分友谊社允许向成员分配利润，从事与利润联系的保险业务，[5] 属于营利性组织；对于工业和住房互助社，英国在法律上已将这一组织划分为合作社和社区福利社，其中，能够从事保险业务的为合作社组织，在英国视为不以营利为目的的组织（Not-for-profit organisations）下的社会企业（social Enterprises）；[6] 而保赔协会从出现伊始，就以

① Rosario Laratta, Chris Mason, *Defining the Nonprofit Sectors in Japan and England & Wales: A Comparative Assessment of Common Versus Civil Law*, Euricse Working Papers No. 006/10, pp. 8-9.

② 由于在英国，英格兰、威尔士与苏格兰、北爱尔兰的法律规则并不相同，在相互保险组织与非营利组织之间关系的讨论上，本书将主要关注英格兰与威尔士的法律规定，为方便讨论，以下统一称为英国。

③ Lester M. Salamon, Helmut K. Anheier, *Defining the Nonprofit Sector: A Cross - national Analysis*, Manchester University Press, 1997, p. 42.

④ Simon Broek, Bert-jan Buiskool, Alexandra Vennekens, Rob Van der Horst, *Study on the current situation and prospects of mutuals in Europe*, April 2017, available at http://ec. europa. eu/Docs-Room/documents/10391/attachments/1/translations/en/renditions/native.

⑤ *Liverpol Victoria* 2016 *Annual Report*, April 2017, available at https://www. lv. com/assets/non-product/pdfs/about-us/report-accounts/annual-report-2016/lv-ar-2016-whole-report. pdf.

⑥ Resource Center, *Not - for - profit organisations*, April 2017, available at http://www. resourcecentre. org. uk/information/legal-structures-for-not-for-profit-organisations/#society.

成员的利益保障为核心，是非营利的相互保险组织，① 这一定位不仅在英国如此，大部分的保赔协会（或称为船东互保协会）也定位为非营利组织。

（三）法国

"社会经济"是法国理论上对应美国法下非营利组织的词汇，用以指代既不是传统的私人板块，也不是国有公共部门的组织。② 在历史上，法国公民运动的兴起，工人运动的蓬勃发展，使得包括结社自由、言论自由，抵抗国家和资本主义的努力始终不曾衰减。在法国，"社会经济"一词并不如其他国家一般，将营利和非营利相区别，这一词汇既包含了法国传统上的社会主义运动的精神内核，也结合了"利益相关会员""经济活动"的内涵，从而与一般性的"私有产权主导"相区隔。③

1901 年，法国通过了《协会组织法》，这是法国历史上第一部正式的、规范非营利社团的法律。④《协会组织法》决定了在法国，非营利组织可以有三类，分别是合作社、相互组织以及社团，其中相互组织指的是由具有共同关切和风险的个体组成的组织。⑤ 如今，这三类组织构成了法国社会经济的最重要组成部分，在这一划分下也对应了各类具体的组织类型（见表 4-4）⑥。

---

① *UK P&I Club*, April 2017, available at https：//www.ukpandi.com/knowledge-publications/industry-issues/International-group-of-pi-clubs/history.

② European Communities Report, *The Cooperative, Mutual and Non-profit Sector and Its Organizations in the European Community*, April 2017, available at http：//aei.pitt.edu/41813/1/A5956.pdf.

③ Philippe Chanial, Jean-Louis Laville, "French civil society experiences：attempts to bridge the gap between political and economic dimensions", *The Third Sector in Europe*, edited by Adalbert Evers、Jean-Louislaville, Published by Edward Elgar Publishing Limited, 2004, pp. 83-90.

④ 胡仙芝：《自治、法治、经济杠杆：社会组织管理框架和思路》，《国家行政学院学报》2008 年第 4 期。

⑤ Alyssa A. Dirusso, "American Nonprofit Law in Comparative Perspective", *Washington University Global Studies Law Review*, Vol. 10, Issue 1, January 2011, pp. 43-44.

⑥ Edith Archambault, "Defining the Nonprofit Sector：France", *Working Papers of the Johns HopkinsComparative Nonprofit Sector Project*, No. 7, edited by L. M. Salamon and H. K. Anheier, The Johns Hopkins Institute for Policy Studies, 1993, p. 5.

表 4-4　　　　　　　　　　　**法国社会经济的范围**

合作社	生产者合作社	工人合作社 企业家合作社 农业合作社
	消费者合作社	零售合作社 住房合作社
合作银行	信用合作社等	
互助组织（mutuals）	互惠社	
	农业互助社	
	相互保险公司	
协会	未申报的协会	
	申报的协会	一般协会 公用事业协会
	基金会	
边缘组织		

　　如前所述，法国的相互保险组织主要有两类：一类为《相互法典》下的互助社，这部分互助社定位为"私法下以非营利为目的的法律实体"，是法国社会保险的补充部分，[1] 既是法国社会经济的一部分，也符合域外非营利组织的定义；另一类为按照法国《保险法典》下设立的相互保险公司，这一类组织的划分在理论上存在争议，虽然这部分相互保险公司并不向会员发放资本报酬，而是以减免保费的形式进行分配，但部分相互保险公司会从事营利性的保险经纪服务，有学者认为含有这一类业务的相互保险公司应纳入营利组织的范畴，而并不提供这一类服务的相互保险公司，可以归入法国语境下的社会经济范畴。[2] 因此，法国的相互保险组织整体上可以划入本国语境下的社会经济范畴，但部分相互保险公司因其从事的业务类型，在理论上是否能够划入社会经济存在争议。

　　法国在欧洲国家中非常有特色的是，将合作社、社团以及相互保险定

---

① Simon Broek, Bert-jan Buiskool, Alexandra Vennekens, Rob Van der Horst, *Study on the current situation and prospects of mutuals in Europe*, April 2017, available at http://ec.europa.eu/DocsRoom/documents/10391/attachments/1/translations/en/renditions/native.

② Edith Archambault, "Defining the Nonprofit Sector: France", *Working Papers of the Johns Hopkins Comparative Nonprofit Sector Project*, No.7, edited by L. M. Salamon and H. K. Anheier, The Johns Hopkins Institute for Policy Studies, 1993, pp. 7-8.

位为社会经济的一部分，虽然部分相互保险公司从事的业务，使得将其归入社会经济范畴存在争议，但整体上相互保险组织在法国主要划分为社会经济的一部分。社会经济形容了这一组织体不同于国家公共组织与私人经济的特点，描述了这一组织体的经济与社会功能。这一类组织体虽然从事的是经济活动，但其从事的经济活动带有社会价值，具有特殊的地位与功能，区别于其他追逐利润的私有企业。

第三节　验证结果的法律分析

相互保险组织在各国语境下法律定位的检验结果，可以总结如下：各国在法律层面并没有统一的关于非营利组织的概念与定义，但是在法律层面或者理论层面，有本国语境下与非营利组织相对应的或者相似的概念。其中，与相互保险组织相关的，包括了日本的共益组织概念，德国的第三部门组织，法国的社会经济概念，英国的不以营利为目的概念，以及源于美国法下的非营利组织概念。但是各国法律下的相互保险组织，在是否完全属于前述概念存在差异。

在日本，相互保险组织定位为共益组织，属于日本广泛意义上的非营利组织；在法国，除少部分组织从事的业务在理论上带有争议外，整体上相互保险组织属于社会经济的范畴；在英国，从事保险业务，可以分配利润的相互保险组织并不属于非营利组织，其他的合作社形式或者带有慈善性质的相互保险属于不以盈利为目的的组织；在德国，相互保险组织的定位存在争议，有观点认为属于第三部门组织，也有从结构功能角度将其划分为营利性组织，还有观点认为应按照规模的大小进行划分；在美国，相互保险公司明确地划分为营利性组织，而从事特殊保险种类的保赔协会，或者带有慈善色彩的兄弟互助会及由特定组织转制而来的保险企业则划入了非营利组织。

各国法律定位上的差异，表明了相互保险组织在组织目的上的特殊性。其中，第三部门、社会经济的概念反映了相互保险组织在国家与私人板块的中间性质，而共益概念也有这一特征。另外，相互保险从事的是商事保险交易，在监管的推动下，它必须积累盈余以满足偿付能力的要求。因此，在部分国家，特别是非营利组织概念的发源地美国，非常明确地将主流的相互保险公司定位为营利性组织。

上述法律定位的差异表明，相互保险组织游走在一般性的商事组织及非营利组织之间。从事保险业务的特殊性，以及保险监管的介入，让这一组织具有现代商事组织的特征，但保费的减免与返还，内部从历史上延续下来的市民社会特征，又让其与追逐利润的商事组织有所区别。

各国本身的历史也影响了相互保险组织的法律定位。具体来看，不论是欧洲大陆主要的保险市场或者日本，由于其历史比较悠久，组织存在从自助互助发育到现代保险的历史过程。这一历史过程与其他组织体一起，组成了本国的中间组织以区别于历史上一直存在的国家组织，以及纯粹追求利润的组织体。

另外，美国与欧洲、日本不同，这是一个历史传统较少，历史包袱较轻的国家。作为现代非营利组织法律概念的发源地，美国也存在从事保险的非营利组织体，如兄弟互助会，是典型的带有慈善色彩的相互保险组织。但是，美国在组织的法律划分上，并没有类似欧洲或者日本的一个非常明确的中间层概念。美国法下的组织界限较为清晰，组织要么属于非营利组织，要么属于营利性组织。归根结底，美国并没有经历类似欧洲、日本的市民社会与国家相互拉锯的阶段，因此并没有自发地形成在国家与私人组织体之间的类似第三部门或者社会经济的概念。所以，在美国，大部分的相互保险组织定位为营利性组织，只有少数具有独特历史渊源，或者从事特殊保险业务的相互保险组织，才定位为非营利组织。

从非常严格的法律层面，又该如何界定相互保险组织的法律定位？这一问题涉及是遵循欧洲大陆国家第三部门、社会经济的组织划分，或是日本的公益、共益与私益的划分，还是如美国一样建立法律规则与概念非常明晰的非营利组织/营利组织标准。本书认为，在对相互保险组织的法律定位上，结合我国的法律语境，可以运用已具有通行意义的，也比较有代表性的非营利组织或者营利组织的概念去划分相互保险组织的法律定位。而判断的基本规则，正如在联合国经济和社会事务部统计司与约翰·霍普金斯大学共同出版的《国民账户体系非营利机构手册》指出互助会包括相互保险公司，若"在商业领域经营，且一般向其成员分配利润，将它们视作法人公司部门内的金融机构而不是非营利机构；除非成为政府社会保障机制的一部分；或者除非它们不分配利润，在这种情况下则可视作非营利机构"①。

第四节　中国相互保险组织的法律定位

在《试行办法》之前，我国已经存在包括船东互保协会在内的相互保险组织。不过，在我国现有的监管框架内，监管部门认定互保协会经营的并不是商业保险，因此豁免了《保险法》的监管。从互保协会的组织特征来看，这一类组织在我国法律体系内的组织定位是较为清晰的。但是，《试行办法》所推行的相互保险社的法律定位尚不明晰。已开业的相互保险社，包括信美人寿相互保险社、众惠相互保险社等，在组织名称上虽定位为"相互保险社"，在工商登记中经济性质为：其他（相互保险社），尚未从法律上明确其法律定位。

相互保险社之所以在定位上尚不明确，一方面与其特殊性有关，相互保险社本身具有组织目的二元性，既有营利性的组织色彩，也有不追求营利为主要目的的组织特征，这使得对相互保险社分析时，容易受到这一组织不追求营利为主要目的特征的影响。并且，相互保险的组织类型众多，如果不加区分的话，域外一些具有慈善性质但非主流的相互保险组织，也会对我国相互保险社的法律定位造成干扰；另一方面，我国对非营利组织的讨论并不系统，并没有深入各个国家内部的组织划分体系与理论分析中对其进行法律定位。因此，对于相互保险社组织定位的研究需将不同的因素考虑在内，例如农村相互保险社基于规模与政策扶持的考量，是否需要与一般相互保险组织，专业性、区域性相互保险组织相区别，要结合实践情况综合考察。

一　相互保险本质特征对我国法律定位的启示

在欧洲或者日本，相互保险组织是从市民社会组织逐步演变过来，在几无断裂的组织发展过程中，欧洲有意识地区分公共组织、私有组织以及社会层面的组织，日本则区分了公益、共益与私益组织。其中，社会层面的组织有时被称为社会经济，或第三部门，或共益组织。欧洲或者日本这

---

① 联合国经济和社会事务部统计司：《国民账户体系非营利机构手册》，2003年，第16页。

一组织划分的方式，表明这些国家清楚地意识到了三类组织体的不同，也表明社会作为与国家、私人中间的一级，在历史发展的过程中以其鲜明的特征投射于组织体的构建之中。公共组织服务于公共利益，公共利益代表着整体公民利益相关的事业，典型的公共利益组织包括医疗或者教育机构，它们并没有特定的服务群体，而是为整个公共利益进行服务；私有组织则服务于资本所有权人的利益，组织的目的非常明确，就是为了赚取利润；但是第三部门、社会经济或者共益组织，从事的虽然是经济活动，但这一经济活动的目的不是资本的增值，它们从事的活动有着特定的社会价值和社会功能，只是这一社会效益并没有扩展到社会整体成员，所以是介于国家与私人的中间形态。

美国是较为年轻的国家，缺乏从国家与私人之间孕育市民社会组织的历史演变过程，立法更多的是功能主义的导向，即确认这一组织能干什么，不能干什么，从这一角度出发对组织进行划分。相互保险公司主要从事的保险业务，而保险业务需要创造利润以保持稳健发展。所以，美国绝大部分相互保险公司都是营利性组织，部分从欧洲早期移民带来的兄弟互助会因带有浓厚的慈善色彩，定位为非营利组织。

另外，除了历史角度、国别角度，对相互保险的法律定位与发展演变进行考察时，还需考虑行业与业务的特殊性。欧洲本身用了许多中间形态的概念来形容相互保险组织，但在英国、德国的相关理论研究中，许多组织体已开始从相关理论中脱离中间形态。

在第三章中，本书分析了保险监管随着国家职能的扩张，引入保险行业，这一监管的存在，改变了相互保险组织的本质特征，促使其在组织运作上追求一定的盈余，以维持偿付能力的要求。这一改变附着于保险业务，并最终不可逆地改变了相互保险组织相互性的内涵。这一本质特征内涵的变化，促使英国不再将所有的相互保险组织定位为不以营利为目的的组织，而是将许多从事保险业务的组织体与其他互助组织相区别，定位为营利性组织。与英国相同，部分德国学者也将组织内涵改变更为明显的大型相互保险组织，定位为营利性组织。

在这一情况下，我国应根据本国相互保险组织的发展阶段与法律现状对相互保险组织进行定位。《试行办法》下的相互保险社无疑引入的是国外主流的、成熟的相互保险公司及互助社。这些相互保险组织在保险监管的改造下，其本质特征的内涵与最初的相互保险组织已经发生了变化，不再是 19 世纪没有监管介入下不追求营利，经常入不敷出的友谊社、互助社。并且，我国非常特殊的是我们并没有一个社会持续性发展的过程，这使得我们在组织划分体系上，没有出现类似欧洲的社会经济、第三部门，或者日本的共益组织的概念。从《民法总则》来看，我们更多地适用了美国法下的非营利组织法及其理论，这或许是制度移植方面的"拿来主义"，但其结果无疑是我们在法律上会更多地从功能角度去考虑组织的法律作用。

二 保赔协会的法律定位

在《试行办法》出台之前，我国已存在一定数量的相互保险组织，这其中的代表有中国渔业互保协会、中国船东互保协会及中国邮轮船东互保协会。与相互保险社相比，这部分组织在现有的法律体系下有着较为明确的法律定位。

虽然事实上都是提供"保险"，我国协会形式的互保协会与保监会监管下的商业保险机构分属两个体系。此前，在保监会回复湖北省高级人民法院的函中，监管部门明确提到中国保监会"负责对全国商业保险进行监督管理"，而"船东互保协会从事的活动不属于《中华人民共和国保险法》第二条规定的商业保险行为"，所以包括船东互保协会在内的非商业保险组织并不在保监会的管辖范围内。[1] 在登记方面，包括中国渔业互保协会、中国船东互保协会及中国邮轮船东互保协会都在民政部登记为社会团体。在主管机关上，中国渔业互保协会章程显示其由农业部主管，[2] 后两者在官方网站上则显示由业务主管单位交通运输部和登记机关民政部监督管理。[3] 由此可见，互保协会根据其业务的性质，分别隶属于不同的业务主管部门监管，统一登记为社会团体，由民政部门进行登记。

从组织定位上看，包括中国船东互保协会在内的互保协会都登记为社会团体，是我国法律体系下的非营利法人。根据《社会团体登记管理条

---

① 中国保监会：《关于船东互保协会问题的复函》（http：//www. circ. gov. cn/web/site0/tab5226/info19184. htm）。

② 中国渔业互保协会：《中国渔业互保协会章程》（http：//www. cfmi. org. cn/index. php? m＝content&c＝index&a＝lists&catid＝12）。

③ 中国船东互保协会：《中国船东互保协会概况》（http：//www. cpiweb. org/cpiwebmanager/pages/about. jsp？ type＝XHGK&menuCode＝XHGK&SYSMODULE_ ID＝1426）。

例》的规定："本条例所称社会团体，是指中国公民自愿组成，为实现会员共同意愿，按照其章程开展活动的非营利性社会组织。"① 另外，根据《民法总则》第 87 条的规定，非营利法人包括事业单位、社会团体、基金会、社会服务机构等。从上述规定可以看到，互保协会属于我国法律体系中的非营利性社会组织，在《民法总则》下则定位为非营利法人。

实际上，我国互保协会作为非营利法人的组织定位与国际上诸多保赔协会的组织定位保持了一致。在美国，船东互保协会按照非营利的互惠原则为其成员提供互助保险，成员既是保险人也是投保人；根据国际保赔协会的介绍，其下属的 13 家保赔协会成员，都是"独立的，为船东提供非营利相互保险保障的组织"②。因此，保赔协会作为一种成员之间互助救济的模式，本身大多定位为非营利法人组织。

三 相互保险社在现有《民法总则》下的法人定位

根据我国 2017 年通过的《民法总则》，我国在民法体系内将法人体系主要分为四类，分别是营利法人、非营利法人、特别法人和非法人组织。其中，营利法人是指以取得利润并分配给股东等出资人为目的成立的法人，非营利法人是指为公益目的或者其他非营利目的成立，不向出资人、设立人或者会员分配所取得利润的法人，特别法人包括机关法人、农村集体经济组织法人、基层群众性自治组织法人等。仅从上面几类法人的定义来看，相互保险无疑具有法人资格，③ 不属于《民法总则》下的非法人组织。以下将结合我国《民法总则》的规定，对我国相互保险社的法人定位进行法律上的进一步归类。

首先，我国相互保险社难以归类到《民法总则》定义下的"营利法人"。我国《民法总则》明确规定，营利法人"以取得利润并分配给股东等出资人为目的"，而这与相互保险组织的所有权结构、设立目的与运作

---

① 《社会团体登记管理条例》第 2 条："本条例所称社会团体，是指中国公民自愿组成，为实现会员共同意愿，按照其章程开展活动的非营利性社会组织。国家机关以外的组织可以作为单位会员加入社会团体。"

② About the Group, October 2017, available at https://www.igpandi.org/about.

③ 从工商登记和《试行办法》来看，相互保险社为具有法人资格的其他经济组织，可以对外签订合同，以及独立承担法律责任。这决定了相互保险社并不适用于《民法总则》下非法人组织的定位。

规则并不相符。根据《试行办法》的规定，我国设立一般相互保险组织或者专业性、区域性相互保险组织、涉农类相互保险组织，在开业前应以实缴形式设立初始运营资金，但这一初始运营资金的持有人并不是相互保险的出资人。换而言之，相互保险组织在严格的法律意义上并没有出资人的概念。

需要进一步明确的是，相互保险组织的初始运营资金并不是股本，它在性质上类似于股本的作用，但本质上起着债务融资的作用。① 在相互保险组织内部，初始运营资金主要作用在于提供相互保险社设立初期的运营费用，当相互保险社步入正轨后，可以在满足相关条件后，逐步返还。基于这样的性质，初始运营资金的提供者可以获得利息，但这样的利息并未定位为"出资人的利润分配"，而是债务融资的利息收益。故而，相互保险组织并没有《民法总则》关于营利法人定义中的出资人概念，而组织的目的也不仅仅为了"取得利润分配给出资人"，这一组织的所有权人是非常特殊的保单持有人，这样的保单某些情况下又是组织的债务，所以相互保险组织难以归入现有《民法总则》定义下的营利法人概念之内。

其次，我国相互保险社并不属于《民法总则》下的非营利法人。根据《民法总则》的规定，非营利法人为"为公益目的或者其他非营利目的成立，不向出资人、设立人或者会员分配所取得利润的法人"。此外，我国在《民法总则》第 90 条中进一步规定，若某一组织"具备法人条件，基于会员共同意愿，为公益目的或者会员共同利益等非营利目的设立的社会团体"，也可以登记为非营利组织，但是不论前款法律规定，还是后款关于会员共同利益的规定，都要受限于非营利组织"不向出资人、设立人或者会员分配所取得利润"。而根据《试行办法》的规定，相互保险社是"为会员提供保险服务的组织"，这一组织定位决定了相互保险社是封闭的、基于内部会员互助的组织，并非定位为"公益目的"，只能归类为"会员共同利益"。

此外，《试行办法》规定，相互保险组织会员享有"按照章程规定和会员（代表）大会决议分享盈余的权利"。唯一相区别的是，《民法总则》关于分配用了"利润"一词，而《试行办法》中则使用了"盈余"一词。

---

① 梁涛主编：《相互保险组织运作及风险管理研究》，中国金融出版社 2017 年版，第 224 页。

在域外，盈余对应的词汇为"surplus"，利润的对应词汇为"profit"。在定义上，"profit"一词是指一个企业扣除成本后的剩余，一般在营利性企业中使用，"surplus"一词是指满足组织目的后所超过的或者剩余的部分，一般在非营利企业中使用。虽然《试行办法》中运用了在域外非营利组织中的"盈余"概念，但《试行办法》却规定了相互保险社可以向组织会员进行分配，这与我国《民法总则》下非营利组织"不向出资人、设立人或者会员分配所取得利润"的定义不符。综上，考虑到《试行办法》下相互保险组织可以分配盈余的规则，相互保险社并不属于《民法总则》下的非营利法人。

最后，相互保险社不属于《民法总则》的特别法人。《民法总则》并没有明确"特别法人"的定义，而是以列举的方式指出包括"机关法人、农村集体经济组织法人、城镇农村的合作经济组织法人、基层群众性自治组织法人"为特别法人。但显然，已经运营开业的三家相互保险社都不属于上述几类特别法人。

从上述分析可以看到，相互保险社具有的组织目的营利性与非营利性，并不能纳入我国现有的《民法总则》所定义的法人类别中去。一方面，相互保险社可以分配盈余的规则，使其不符合非营利法人的要求；另一方面，缺乏出资人以及组织目的的特殊性，又使得这一组织不符合《民法总则》关于营利法人的定义。不过，本书认为总体上相互保险社应纳入营利法人的范畴。在《民法总则》下，之所以出现上述法人划分类别的困境，与《民主总则》对营利法人的定义不当有关。因此，我国应在后续的相关立法中，完善营利法人概念的定义，以在法律上容纳类似相互保险的组织。

四　相互保险社与保赔协会在法人定位上的差异

保赔协会与相互保险社都属于典型的相互保险组织，前者在我国明确定位为非营利的社会团体，后者则尚未在《民法总则》下找到对应的法人类型，但一般定位为营利性组织，两者的定位并不相同。

相互保险社与船东互保协会或者渔业互保协会在法人定位上根本性的差别，主要在于是否能够向会员进行盈余分配。以《中国渔业互保协会章程》为例，其第43条规定："本会经费必须用于本章程规定的业务范围和事业的发展，不得在会员中分配"，在终止程序及终止后的财产处理中，该章程规定："本会终止后的剩余财产，在业务主管单位和社团登记管理机关的监督下，按照国家有关规定，用于发展与本会宗旨相关的事业。"① 与渔业互保协会"限制分配"的规定不同，我国《试行办法》规定了相互保险社会员有"按照章程规定和会员（代表）大会决议分享盈余的权利"，并且未规定相互保险社的财产在解散清算后应"用于发展与相互保险相关的事业"。仅从现有的规定来看，相互保险社的财产在清算后，可以分配至相互保险社的会员。

因此，我国相互保险社与船东互保协会、渔业互保协会虽然都属于相互保险组织，但在是否归属于"非营利法人"上存在着根本性的不同。船东互保协会以及渔业互保协会等保赔协会定位为非营利的社会团体，不得向成员分配财产，在协会终止后财产也需按照特定目的进行使用，符合我国《民法总则》关于非营利法人的规定。相比之下，相互保险社则允许向成员分配，这与我国非营利法人本身的规定不符。

五　相互保险社的法律定位

从法律移植的角度来看，我国引入的法人类别的划分体系与美国法下的划分组织体系最为相关。非营利组织本身是源于美国法下的概念，并在美国的推动下，在部分国家形成了组织法下的相关理论与组织类型的划分依据。这方面的代表是日本，日本从美国进行了法律移植，引入了《特定非营利活动促进法》，建立了非营利组织法人的组织概念。我国并没有像欧洲一样的组织演进历史，因此包括第三部门、社会经济的概念，并未引入我国的法律体系。因此，与日本相似，我国在《民法总则》下直接移植了美国法下非营利组织的相关法律概念。

但是在前述分析中，可以看到在《民法总则》下，从事商业保险的相互保险社面临着无对应法人，或者对应法人类型难以完全匹配的情况，这与我国本身营利法人概念的定义不合理有关。考虑到现阶段的国情，我国还未涉及将相互保险组织应用于社会保险、宗教教义和去组织化的运作，以规模出发进行区别化的组织定位，是可行的一个划分方式。

---

①　中国渔业互保协会：《中国渔业互保协会章程》（http：//www.cfmi.org.cn/index.php？m=content&c=index&a=lists&catid=12）。

目前，《试行办法》列明我国引入的相互保险社，既有一般相互保险组织，也有专业性、区域性相互保险组织，还有以农民或农村为主要服务对象的涉农类相互保险组织。这三类组织之间的主要差异如下（见表4-5）：

表4-5　　　　　　　　　　　中国相互保险社的类别

名称	发起人数量	初始运营资金	营业范围
一般相互保险组织	大于等于500人	大于等于1亿元	全国
专业性、区域性相互保险组织	大于等于100人	大于等于1000万元	特定行业或地市级以下
涉农类相互保险组织	适当降低设立标准	大于等于100万元	特定行业

在第三章中，本书分析了大小型相互保险组织由于其规模的差异，导致在组织特征上发生了差异。大型相互保险组织由于投保规模众多，组织内部已经难以建立亲密、互信的氛围，并且大型相互保险组织定位的是与股份制保险企业相竞争的组织形式，从非会员的放开，到资本所有权人的引入，大型相互保险组织成员与组织的关系正如法尼所言更多地体现为一种商事保险契约关系，其相互性内涵已发生了根本性的变化；小型相互保险组织则不同，由于规模较小，相互性的特征保留得更好。

考虑到相互保险组织本质特征在保险监管下发生了变化，更多的定位为商事企业，将其主要定位为营利性组织符合这一组织发展的现状以及运行的特征。因此，大型相互保险组织应定位为营利性法人。

此外，对于包括农村相互保险互助社在内的小型互助社，由于这一类组织人数较少，且在我国主要服务于农村地区，可将其明确定位为非营利法人/非营利组织。首先，非营利组织的定位可以方便欠发达或者需要照顾的人群设立社会自助机制，从而促进社会公平的实现；其次，小型相互保险组织按照非营利组织进行定位，能够在税务及设立登记上进行照顾，国家则可以在法律层面对这一组织涉及的人群进行政策扶助；最后，小型相互保险组织本身更为脆弱，对其设立标准和组织定位的不同，反映了实践中的真实运作需求。

综上，本书认为，当下中国的相互保险社可以进行以下法律定位：规模较大的一般性相互保险组织以经营商事保险为主，成员与组织的关系更

多体现保险契约关系，可以定位为营利性组织；对于区域性、专门性的相
互保险组织，可以针对其规模和经营特色分别纳入营利组织或者非营利组
织；对于涉农类相互保险组织，因为其规模较小，且政策上需要一定的扶
持，可以明确将其列为非营利组织。

第五章

相互性内涵变化下与互助
合作类组织的比较

从历史上看，相互保险组织的前身是包括友谊社、互助社在内的私力自助组织，这一类早期的相互保险组织与其他互助合作组织并无本质特征的差异，两类组织都反映了人们的互惠行为与理念，也包括没有股份、成员的团结、民主管理、独立与有限的利润分配等组织特点。在相互性与保险监管的互动过程中，相互性开始发生变化，相互保险组织本身发生了蜕变。保险监管的介入，改造了相互保险组织相互性的内涵，赋予了其法律层面的意义，并在这一过程中使得相互保险组织与其他互助合作类组织有了本质特征的差异。

第一节 相互保险组织与互助合作类
组织的法律区别

私力互助与保险之间有许多相通之处，在保险监管介入后，现代保险才逐步脱离原始互助。实际上，我国存在许多与相互保险组织相同或者类似的合作互助组织。这些组织以会员制的形式进行运作，与相互保险组织在组织形式与功能架构上存在许多相同之处。例如，两者都为会员制组织，会员是整个组织的权力中心，组织围绕着服务会员进行运营；在具体业务上，通过设立一个共同的基金（fund），以会费或者捐赠作为资金来源，向存有特殊困难的（如罹患重大疾病和意外灾害）成员进行救助。

私立互助与保险之间的相似性，在理论与实践中产生了如何区分相互保险组织与其他互助合作组织法律差别的问题。一个简单的标准是，将纳入保险监管的互助组织划分为相互保险组织，将没有纳入监管但带有互助色彩的归为非相互保险组织。但是这一标准的设立存在许多没有解决的问题：例如，如果纳入监管的组织为《保险法》下的监管对象，那么监管的权利是不是只限于《保险法》下对应的对象？又比如，部分作为市民组织且能够提供互助救济的组织，若无意注册为保险组织体，国家是否有权利或者有义务对其干涉，干涉与不干涉之间的监管边界是什么？从历史上的考察可以看到，现代相互保险组织的前身即为诸多不同种类的互助组织，并且由这些互助组织慢慢演变为保险监管下的相互保险，那么对这一发展演变过程中的组织又该如何处理？上述问题的存在必然需要在理论上，对相互保险组织与其他互助合作类组织本质特征上的差异进行清晰的解释。

本书认为，相互保险的相互性与历史渊源，必然使得相互保险组织带有市民自治特征，互助与保险本身的相似性，进一步使得这一组织体与其他互助组织存在相似性。这一相似性并不能够从法律上进行消除，法律应当或者可以做的是建立监管标准，并对市民组织的发展抱有宽容的态度。历史已经证明，组织的发展具有内在的演进逻辑，这一演进逻辑有其本身的价值所在。在具体的组织边界上，以下标准可以作为区分法律上的相互保险组织与一般互助合作组织的法律差别：

首先，相互保险组织提供的是具有法律强制性契约义务的风险保障。相互保险为成员提供的风险保障具有契约强制性，组织有着明确的法律承诺，并需要按照约定在风险事项发生时，向受益人支付保险赔付款。与之相对，互助合作组织提供的风险补偿具有不确定性，并且互助合作组织并不承诺参与人一定能够获得互助款项。其次，相互保险组织是具有法律意义的所有权人。保单持有人是相互保险组织的所有权人与顾客，同时以会员制进行组织运作，保单持有人具有较为明确的具有法律意义的所有权权利。与之相对，部分互助合作组织虽然也带有会员制的特征，会员缴纳会费，但是并没有法律意义上的所有权权利，其所有权更多地带有普通缴费会员的特征。再次，基于历史传统与组织监管范围的原因，我国的相互保险组织并不涉及慈善组织，因此没有类似兄弟互助会具有慈善性质的相互保险组织。最后，部分合作组织与相互保险组织具有重合性，对这一类组织，保险监管部门可以允许其在条件合适的情况下，申请注册成为《保险法》下的商事组织。

相互保险组织与其他互助合作组织之间出现法律差别的根本原因在于，在保险监管的介入下，相互保险组织的相互性内涵发生了变化。这一变化的主要内容为：一方面相互保险组织的互助转为了具有强制性的法律义务；另一方面相互保险组织蜕变为现代商事保险组织，经营了营利性色彩较浓的保险契约，已经脱离了带有无私与慈善色彩的互助行为。这一由保险监管推动下的本质特征变化，使得相互保险组织与从事没有法律强制义务、具有非营利色彩的互助合作组织，有了本质特征的差别。

第二节 法律区分标准的实践检验

爱心互助基金会、职工互助互济储金会、慈善性质的互助会、职工保险互助会等互助合作组织与相互保险组织有许多相似之处，但也有本质特征的差异。这些差异，决定了法律层面是否应对这一类组织体进行监管，也决定了相互保险组织的组织边界。本节将对上述组织与相互保险之间的区别进行分析，以检验前述所讨论的相互保险组织的法律标准。

一 不具有强制性风险补偿承诺的互助组织

在部分高等院校、企事业单位中，设立了称为"爱心互助基金会"的内部组织，这些组织通常实行会员制。学校的员工或者学生通过缴纳一定的会费，就能成为基金会的会员，有权在发生特定事项，如疾病或者遭受重大变故时，获得爱心互助基金会规定的金钱上的补助。这类爱心互助基金会在运作上奉行"人人为我、我为人人"，与早期友谊社有许多相似之处，以下从实践中的两个案例来比较相互保险组织与爱心互助基金会的差异。

以华北水利水电爱心互助基金为例，① 该基金设于华北水利水电大学学生资助管理中心下，实行学生自愿参与、自助管理。基金为会员制，主要运营目的为"救助因患重大疾病或遭遇重大家庭变故而自身无力应付的

---

① 华北水利水电大学爱心互助基金：《华北水利水电大学爱心互助基金章程》（http://www5.ncwu.edu.cn/xsc/contents/2794/1107.html）。

华水学生"。基金资金的主要来源为捐赠，学生会员每人捐赠 1 元，1 年 12 元，可一次性捐赠，若中间中断则会员资格中断；学校教职工、校友、社会爱心人士都可以向基金会捐助，同时基金会可以在需要的时候组织临时性的募捐。基金会资金的主要用途包括对会员遇到重大疾病、需要住院治疗、且负担的费用超出商业保险与家庭能力范围之外时，由爱心互助基金按照比例进行资助。例如，"经各项报销之后，花费数额为 4 万元以上 5 万元以内的，基金资助额度为 2500—3000 元；经各项报销之后，花费数额为 5 万元以上的，基金资助额度为 3000—4000 元"。其中，在救助的决策上，基金章程明确规定"符合基金重大疾病救助范围，具体资助额度由秘书处提案，理事会讨论决议"。

在组织治理上，基金会内设理事会，理事会是最高议事和决策机构，理事由各学院按照参会人员比例选举产生，理事会下设秘书处和监察部，作为执行机构和监督机构。不过，华北水利水电爱心互助基金作为高校内设立的互助安排，与学校内各学生组织一样，并未在有权机关登记，是一个民间的团体。

在企业中也存在内设爱心互助基金的情况，以某企业成立的爱心互助基金为例，[1] 该基金为会员制，由工会统一管理，成员来自在职且缴纳会费的员工。基金会的资金来源分为两部分：一部分来自会员缴纳的会费，会费按照层级进行缴纳，如初级员工每年不少于人民币 200 元，中层管理人员不少于 500 元等；另一部分则来自公司行政拨款，每年 10 万元；其他则来自团体、个人捐助及基金投资收益。在组织治理上，该企业爱心互助基金的决策机构为管理委员会，由该公司的高管担任管委会管理人员，日常工作机构为专门的基金会办公室。在资金资助上，分为意外伤害资助、重大疾病资助、意外死亡和自然死亡资助，其他特殊困难资助（包括重大经济损失、上学经济困难等情况）。在具体的资金资助上，以重大疾病为例，基金按照比例进行资助，如自费医疗费用在 1 万元以上 6 万元以下的，资助金额不超过 60%，原则上单个个人资助费用不超过 3 万元。

---

① 国广环球传媒控股有限公司：《国广环球传媒控股有限公司爱心互助基金会章程》（https://wenku.baidu.com/view/c6d51edb112de2bd960590c69ec3d5bbfc0ada49.html? mark_ pay_ doc = 2&mark_ rec_ page = 1&mark_ rec_ position = 3&clear_ uda_ param = 1）。

通常，企业的爱心互助基金属于企业内设组织，并不是独立的法人组织，与企业的人力资源部、销售部相同，并未在外部的机关进行登记。基金会通常实行会员制，缴纳一定会费的成员称为基金会员，会费按照其在组织内部的收入划分，如区分了初级、中级、高级员工的缴费比例，但在同一收入内部并未区分不同个体的差异，成员并未进行风险测算；互助资金用于帮助处于疾病和特殊困难的成员，按照自费金额进行比例支付，但是互助资金是否支付或者支付多少，由基金会按照一定的机制进行审核，并没有事先的确定的支付承诺。虽然按照会员制的形式进行管理，但并未完全按照会员制组建权力机构。本质上，类似的爱心互助基金会并不是一个独立的组织，而是一个组织内部形成的一个职工互助资金池，通过章程合意的形式对约定的事项进行救助。

综上，爱心互助基金会与相互保险组织相比，并不是一个独立的具有法人资格的组织体，日常从事的业务也不是现代意义上的商业保险业务，它体现了人与人之间基于朴素美好的愿望——进行互帮互助的理念，但尚未发展出精算技术进行风险排除和风险测量。其中，最为根本的是，在法律安排上，成员与基金会之间未形成确定的具有法律强制性风险赔偿的义务。通常，在这一类组织中，是否赔付的权力归属于基金会，基金会在审核后可以赔付，也可以不赔付，金额也不确定。这与保险合同项下，特定风险事项发生时的确定赔偿义务有较大的区别。

二　不具有法律层面所有权人的互助组织

职工互助互济储金会是我国工人群体特有的互助组织，这一组织通常在民政部门注册，受同级工会的监督。职工互助互济储金会的资金由会员定期缴纳，在组织治理上实行民主管理、会员监督，资金用途分为一般类和专业类，其中一般类储金主要用于在职工遇到困难时对其进行资金借款，专业类储金则有多种形式，如丧葬互助会、住房互助会、养老互助会、家属医疗互助会等。[1]

以淄博市职工互助互济储金会为例，该储金会将资金分为互助储金和互济储金，其中前者用资金的增值部分对特困职工进行救助，后者则用增

---

[1]　史志：《我国职工群众的生活互助救济活动》，《工运纵横》2003年第23期。

值部分对遭受重大灾害和患重病的会员本人及子女实施救济。会员分为两类，分为职工会员和会员单位，会员单位需在职职工入会人数占职工总数50%以上。职工互助互济储金会的资金来源有两部分，一部分为会员缴纳的会费，另一部分为"财务拨付的垫底资金"。在治理机制上，职工互助互济储金会为理事会制度，凡是入会职工数超过60%单位的工会主席为理事候选人，常务理事从理事中选举产生。

职工互助互济储金会并不是会员制组织，其组织治理机构也反映了这一点，由理事会而不是会员代表大会或会员大会行使组织的治理权利。在组织章程中明确约定，参与单位的工会主席为理事候选人，理事组成理事会，理事会的权利包括修改和批准章程，审查工作报告及其他重大问题等。会员并没有法律意义的所有权，他们缴纳的会费不构成所有权的出资。会员的权利只包括申请救济金，对职工互助互济储金会的工作进行监督和建议。①

因此，相互保险组织与职工互助互济储金会有着较大的差异。如前分析，相互保险是一种保险制度与特定组织的法律结合，而职工互助互济储金主要是满足职工特定需求的互助安排。虽然职工互助互济储金会建立了成员互济的资金池，但这一法律安排并一方面不具有保险合同的强制性，职工互助互济储金会的成员在约定事项发生时，尚需申请并审批后才能得到救助，成员的互济权利是否能够获得处于不确定的状况；另一方面作为工会的下属组织，这一组织体并没有法律意义上的所有权人，会员缴纳的会费不构成所有权出资。

三　慈善性质的互助组织

从域外来看，相互保险组织与慈善组织有千丝万缕的关系，这一关系体现为部分相互保险组织所属的组织类别即可以从事慈善活动，这其中的典型代表为友谊社。在英国，法律上并没有友谊社的直接定义，其一般概念是指会员成立的一个用于会员福利或者在会员需要或者窘迫时进行互助的基金。友谊社有多种类型的组织，在税法下分为未注册的友谊社（Unregistered Friendly Societies）、注册的友谊社（Registered Friendly Societies）

① 淄博市职工互助互济储金会：《淄博市职工互助互济储金会章程》（http://www.wenku365.com/p-416554.html）。

以及有法人地位的友谊社（Incorporated Friendly Societies）。[1] 英国《1992年友谊社法》特别规定，该法下已注册的友谊社可以从事任何社会或者慈善的活动，也可以从事保险活动。此外，在实践中，许多友谊社将其名称直接命名为保险社（insurance society）、慈善社（benevolent society）、救济社（relief society）、福利社（benefit society）等。[2]

在爱尔兰，《1896年友谊社法》中列明了友谊社包含以下几类，第一类是由成员捐赠设立，组织目的是对成员包括其孩子在出生或死亡时进行救济；第二类可以从事保险业务，也称为保险社；第三类可以从事慈善或者宗教活动。[3] 在美国，类似英国与爱尔兰友谊社的组织是兄弟互助会，这一组织是互助组织的一种，其本身来源于宗教教义，组织的业务范围既有文化慈善活动，也有互助保险业务，是美国非营利组织中的代表性组织。

我国也有类似的慈善互助社，这类慈善互助社一般以"慈善"命名，组织的理念及性质也与慈善组织相似。以广东汕尾博助慈善社为例，该社由当地知名人士肖元先生创立，组织的宗旨为："传承发扬中华优秀的传统文化，呵护社会良知，帮助社会上最贫困最需要帮助的人群。汇集社会爱心人士加入到我们的博助社来，积沙成塔，集腋成裘，集点点星光成巨大暖流去温暖那些最需要帮助的人群。"在法律组织形式上，博助慈善社在当地民政部门注册为社会团体法人，其务范围为：辅助社会弱势群体，支持公益事业。在组织收入上，该组织的资金主要来自人们的捐赠。博助慈善社为会员制企业，最高权力机构为会员代表大会，会员代表大会选举产生理事会，理事会是社团的日常领导机构，同时慈善社设立社长、副社长等职。[4]

我国在2016年通过了《慈善法》，根据该法的规定，慈善组织是指

---

[1]　UK Government, *Friendly Societies*: *Meaning of Friendly Society*, December 2017, available at https://www.gov.uk/hmrc-internal-manuals/company-taxation-manual/ctm40310.

[2]　Simon Broek, Bert-jan Buiskool, Alexandra Vennekens, Rob Van der Horst, *Study on the current situation and prospects of mutuals in Europe*, April 2017, available at http://ec.europa.eu/DocsRoom/documents/10391/attachments/1/translations/en/renditions/native.

[3]　Ibid.

[4]　博助慈善社：《博助慈善社简介》（http://www.swbzcss.com/portal.php? mod = list&catid = 2）。

"依法成立、符合本法规定，以面向社会开展慈善活动为宗旨的非营利性组织"，可以采用的组织形式包括基金会、社会团体和社会服务机构等。① 慈善组织可以从事包括扶贫、济困、促进文教卫体科学及救助自然灾害等慈善活动。② 我国的慈善组织活动并不包括保险业务，这或多或少因为在我国，保险企业多为商事组织，以营利为目的，这与慈善组织坚持非营利、以公益为目的导向并不相符。由于我国在相互保险组织上属于后发国家，并未如英国的友谊社一般，从互助活动中发展出慈善组织，这使得我国在保险企业与慈善组织之间有着清晰的界限，与域外部分国家中两者的相互交融有着本质的不同。

四　可注册为相互保险组织的互助合作组织

职工互助保障计划从 20 世纪 90 年代在我国开始广泛出现，其主要运作原理是通过汇集企业职工的资金，形成互助保障的资金池，以对职工基本医疗保险进行补充保障。职工互助保障计划的代表是中国职工保险互助会，其由中华全国总工会创建，在民政部注册登记的全国性非营利社会团体，职工互助会全体会员"实行自愿参加、自筹资金、自我管理、自我服务、自我保障"③。根据《中国职工保险互助会章程》，职工保险互助会的业务范围包括"开展与职工生、老、病、死、伤、残或发生意外伤害等与职工生活有关的职工互助保障计划及其他相应互助保障计划的社会互助互济活动"，实行团体会员与个人会员制。在实践中，职工保险互助会虽在名称中含有"保险"，且英文名称为"Chinese Workers Mutual Insurance

---

① 《慈善法》第 8 条："本法所称慈善组织，是指依法成立、符合本法规定，以面向社会开展慈善活动为宗旨的非营利性组织。慈善组织可以采取基金会、社会团体、社会服务机构等组织形式"。

② 《慈善法》第 3 条："本法所称慈善活动，是指自然人、法人和其他组织以捐赠财产或者提供服务等方式，自愿开展的下列公益活动：（一）扶贫、济困；（二）扶老、救孤、恤病、助残、优抚；（三）救助自然灾害、事故灾难和公共卫生事件等突发事件造成的损害；（四）促进教育、科学、文化、卫生、体育等事业的发展；（五）防治污染和其他公害，保护和改善生态环境；（六）符合本法规定的其他公益活动。"

③ 中国职工保险互助会：《中国职工保险互助会单位简介》（http：//www.cwmia.com/html/guanyuhuzhuhui/danweijianjie/20120113133.html）。

Association"，但不在保险监管部门的监管范围内，两者的组织边界一直不清晰。[①]

在具体运作机制上，以中国职工保险互助会重庆办事处（以下简称"重庆保险互助会"）为例，其参保条件为：（1）16—60周岁在职职工；（2）参保单位中，职工人数不得少于全体职工的80%；（3）参保单位人数少于100人的，全体应参加；（4）正式退休或非本单位职工不得参加。其中，在职职工的范围包括正式职工、合同制职工、合同期超过一年的临时职工。重庆保险互助会实行团体会员制，以公对公的形式缴纳，每一团体下会员可以购买重大疾病保障、住院津贴保障、住院医疗及意外综合保障。并且，重庆保险互助会规定，在满足一定的条件下，会员可向其申请互助金、救助金和慰问金。[②]在互助产品上，重庆保险互助会提供的重大疾病保障的会费标准为30元/份/年（每人最多四份）。当会员在保障期内发生约定的30项重大疾病中的一种或多种疾病时，会员可以一次性申领10000元的互助金，最高可以申请40000元的互助金，在续保情况下则能够一次性获得12000元的互助金，最高互助金则为48000元。

在治理机制上，中国职工保险互助会最高权力机构为会员代表大会，每一位会员有一票表决权。会员代表大会选举产生管理委员会委员、理事会和监事委员会委员，理事会为职工保险互助会的常设机构，主要负责管理和监督管理委员会的日常经营行为。管理委员会是日常管理和执行机构，负责制定各项管理制度，日常业务的开展与执行等。监事会对管委会的工作和人员行使监督职能。职工保险互助会因规模较大，会员代表大会每五年召开一次，理事会类似于股份制公司的董事会，管委会类似于公司的管理层，而监事委员会类似于监事会的角色。[③]

相互保险组织与职工保险互助会存在着一些差异。其中，最为根本的差别在于，中国职工保险互助会在运作上与业务上，带有相当多的行政管控色彩，会员的所有权权利受到限制。

---

① 部分报道将其直接定位为"相互保险组织"，详见《"变味儿"的互助保险经营模式引争议》（http://finance.people.com.cn/insurance/n/2015/0610/c59941-27129050.html）。

② 中国职工保险互助会重庆办事处：《2016年职工互助保障基本知识要点培训》（http://www.cqwmia.com/News/Content/565）。

③ 中国职工保险互助会：《中国职工保险互助会章程》（http://www.docin.com/p-1119503402.html）。

职工保险互助会的行政管控色彩与政府提供资金支持有着密切的联系。以上海市职工互助保障会为例，为了确保退休职工住院补充医疗互助保障计划的可持续实施，上海市政府及市总工会每年给予互助会固定补贴4000万元（其中总工会500万元），但还是出现了多次资金缺口。实际上，近几年来，上海市职工互助保障会累计获得的补贴补偿已接近3亿元。① 与相互保险不同，职工保险互助会按大类制定互助保证金费率，如按年龄段进行投保，并未细致地区分每一位入会成员的个人情况。这一运行机制的原理是通过建立互助资金池，积累一定的入会成员规模进行风险对赌，确保缴费规模大于风险赔付金的支付。不过，职工保险互助会极有可能遇到逆向选择问题，所以常常出现资金缺口。

除了在精算经营、行政介入上的差异之外，两类组织也有着很多的相似性：首先，两者都为会员制企业，在组织治理上以会员为中心，并建立了以服务会员为目的的组织治理机关；其次，两者在组织理念上，都秉承了人与人之间互助保障、同舟共济、风险共担的机制，并以此作为组织延续和发展的基础；最后，两者不以营利为主要目的，区别于股份制保险企业。

本书认为，中国职工保险互助会基本具备相互保险的组织特征，只是在互助产品的开发上，不具有商事保险风险评估的精算技术，也没有像一般性的商事保险组织建立风险准备金。不过，若这一组织在未来能够将组织最终的控制权赋予会员，接受保险监管的介入，并应用保险精算技术，这一组织体则可以在满足条件的情况下申请注册成为相互保险社。

第三节　类相互保险组织的法律安排

相互保险属于相互及合作组织的一种，其突出特征在于为成员提供商业保险服务，且注册为法律实体，以公司形式、协会形式或者互助社形式服务于组织的会员。在实践中，存在与相互保险组织类似的法律安排，这些法律安排或者表现为非法律实体的保险服务，或者表现为非商业保险的

① 吴善阳：《沪总工会推行医疗互助保障计划 260 余万人获益》（http://news.sina.com.cn/c/2006-03-30/13168570050s.shtml）。

互助保障，具备相互保险"相互性"特征，容易与相互保险组织混淆，但在运作上与相互保险组织存在许多差异之处。

一　非法律实体的保险安排——交互保险

交互保险（reciprocal）是由代理人聚合在一起，相互合作为自己和他人提供保险以共同对抗风险的集合，参与交互保险的称为订购人。[①] 交互保险主要出现在美国，与相互保险组织有许多相似之处，但在相关理论研究中，通常作为与相互保险组织并不相同的法律安排。

在交互保险的运作上，订购人之间一般通过代理人相互交换保险合同，从而为订购人群体提供风险保障，订购人同时兼具保险人和被保险人的身份色彩。[②] 以一个形象的例子介绍交互保险的运作机制——订购人 A、B、C 成立交互保险，其中，A 和 B 单独分别承担 C 的保障责任，B 与 C 单独分别承担 A 的保障责任，A 和 C 单独分别承担 B 的保障责任，每一认购人同其他认购人通过单独的合同承担保障责任，也只承担属于他的承保责任，认购人并不会对其他订购人承担共同的责任，而是表现为单独或者若干的承保责任。[③] 在这一机制下，认购合同成为主要约定各方责任的依据。换言之，在某种程度上，交互保险依赖认购合同进行运营。

在美国，交互保险既不是合伙企业，也不是股份制企业，[④] 并不需要认购人出资，也不被视为一个法律上的实体。交互保险的赔付责任是每个认购人签订的合同，而不是如股份制保险或者相互制保险由组织实体签发，这一独特性使得理论上认为交互保险类似于保险交易。交互保险的账户系统部分反映了这一法律安排的特殊之处。在交互保险内部，每一认购人通常会设立独立的账户，并按照要求存入相当于 2—5 年的保费作为储备金，每一单独账户下的储备金与当下保费之和即为交互保险的资金

①　Arbuthnot v. State Auto. Ins. Ass'n, 264 F. 2d 260（10th Cir. 1959）；United States Shipping Board Emergency Fleet Corporation v. Sherman&Ellis, 208 Ala. 83, 93 So. 834（1922）.

②　金雪儿：《纽约州相互保险公司及类似组织形态》，《法律与新金融》2015 年第 8 期。

③　David Mayers, Clifford W. Smith, "On the Choice of Organizational Form: Theory and Evidence from the Insurance Industry", *Handbook of Insurance*, edited by Georges Dionne, Springer press, 2013, pp. 673-674.

④　Turner v. Henshaw, 86 Ind. App. 565, 155 N. E. 222（1927）.

（funds），在储备金要求之外，交互保险可以按要求征收费用。① 交互保险保单签发及认购人责任承担的特殊之处，使得其并不需要具备法律上的公司实体，而更多地依赖于认购合同的合同条款。

在治理机制上，交互保险日常运作的治理机关主要为认购人年度大会、咨询委员会和代理人，分别承担类似公司中股东会、董事会及经营层的职责。② 代理人在交互保险的日常经营中起到关键作用，主要负责交互保险的管理工作，具体工作职责可以约定于认购合同，也可以单独约定于管理合同之中。③ 实践中，代理人既可以是公司，也可以是其他形式的组织实体，并且代理人可以管理多家交互保险的业务。因此，在某种程度上，代理人连接了各个单独的认购人，使各方形成了有效的保险合同关系。

交互保险与相互保险组织在许多方面有相似之处，如保单持有人既是保险人也是被保险人，考虑到这样的共性，在部分研究中交互保险纳入相互保险组织类别之中。④ 不过，相比相互保险组织，交互保险有其特殊之处，如保险的责任承担是每一认购人的合同，而不是由组织实体签发，其本身并不是法律上的实体；在治理机制上，交互保险更多地依赖于认购人的合同，而不是稳定的组织结构。总而言之，交互保险更像是契约连接的责任网，而不是一个实体组织，与相互保险组织有许多相似之处，但在具体的运作机制上却有着诸多的不同。

二　非保险的自主相互基金

以互助形式提供保障的法律安排不仅出现在我国，也在域外广泛地存在，这些互助法律安排作为现代商业保险的补充，有着更为宽松与灵活的

---

① David Mayers, Clifford W. Smith Jr. , "Ownership Structure and Control: The Mutualization of Stock Life Insurance Companies", *Journal of Financial Economics*, Vol. 16, Issue 1, May 1986, p. 358.

② 金雪儿：《纽约州相互保险公司及类似组织形态》，《法律与新金融》2015 年第 8 期。

③ Michael A. Haskel, "The Legal Relationship among a Reciprocal Insurer's Subscribers, Advisory Committee and Attorney-in-Fact", *City University of New York Law Review*, Vol. 6, Issue 1, Summer 2003, pp. 45-46.

④ Swiss Re, "Mutual Insurance in the 21st Century: Back to the Future?", *Swiss Re Sigma*, No. 4, 2016, p. 4.

运作方式。由于不是法律意义上的保险，这一类互助组织通常游离于传统保险业的监管之外。

自主相互基金（discretionary mutual funds）主要在英国、澳大利亚等国家存在，是英联邦国家中以相互模式提供互助保障的法律安排。自主相互基金通常以公司的形式运营。与普通相互保险公司不同，自主相互基金提供的保障并不事先确定，而是由董事会进行自主裁量。换言之，在风险事项发生时并不保证会员一定能够获得赔付，而是需要董事会进行具体认定。① 因此，在相关研究中，普遍认为自主相互基金提供的是类似保险的产品，但并不是保险。

董事会是自主相互基金运营的核心管理机构，并且有权决定以下事项：（1）是否接受外部第三人会员资格的申请；（2）互助保障的范围，并根据每一会员的风险水平，单独核定费率；②（3）决定风险事项发生时，会员是否能够获得赔付。由于董事会有权决定是否对成员进行赔付，这一赔付责任的不确定，使得自主相互基金在英国法律上成功地豁免于认定为保险组织。③

自主相互基金的出现与商业保险不能覆盖特定人群及作为保险组织繁重的监管负担有关。一般而言，自主相互基金适用的人群非常有特色，如英国的军人互助会，针对的是军队群体，其提供的保险对象为英国皇家海军、陆军和皇家空军的现役及预备役成员，成立于1992年的大学相互协会则将其互助保障视角集中于高校，④ 还有部分专门针对报刊零售商及牙医的自主相互基金。

由于在法律上成功豁免认定为保险，与传统的保险提供商相比，自主相互基金在监管上更为宽松：自主相互并不受制于保险监管部门的监管，

① Simon Broek, Bert-jan Buiskool, Alexandra Vennekens, Rob Van der Horst, *Study on the current situation and prospects of mutuals in Europe*, April 2017, available at http://ec. europa. eu/DocsRoom/documents/10391/attachments/1/translations/en/renditions/native.

② Gönülal, Serap, O., *Takaful and Mutual Insurance*, World Bank Publications, 2012, p. 69.

③ Simon Broek, Bert-jan Buiskool, Alexandra Vennekens, Rob Van der Horst, *Study on the current situation and prospects of mutuals in Europe*, April 2017, available at http://ec. europa. eu/DocsRoom/documents/10391/attachments/1/translations/en/renditions/native.

④ Lynn T. Drennan, Allan McConnell, Alastair Stark, *Risk and Crisis Management in the Public Sector*, Routledge, 2015, p. 114.

无须如保险机构一般维持一定的资本结构；在税收负担上，自主相互基金通常有税收优惠，可以降低运营成本；由于规模较小，部分自主相互基金保持了灵活性，如构建复合型的结构安排，既为成员提供非保险的自主相互基金的保障安排，同时能够提供再保险的叠加风险分担措施。① 总而言之，自主相互基金的投保人同时为组织的所有权人，彼此之间以互助的模式实现互助保障，一般适用于特定的风险人群，具有类似相互保险组织的特点。

第四节　相互保险组织与合作社的关系

自相互保险组织于 2015 年正式引入中国后，这一组织体与合作社的法律关系在目前的理论研究中就是一个令人困惑的问题。在现有的文献中，就相互保险组织是否属于合作社的一类有着并不相同的答案，也未有明确的结论。

合作社是 19 世纪中期西欧合作社运动中产生的一种经济组织形态，其出现时间晚于相互组织。根据国际合作社联盟的定义，合作社是指由人们自愿联合、通过共同拥有和民主控制所形成的满足他们经济、社会和文化需求的企业组织，合作社有以下原则：自愿和开放的会员资格；成员的民主控制；成员经济参与；自愿和独立：教育，培训和信息的共享；合作社之间的合作；对社区的关注。② 在欧盟的报告中，合作社的原则包括：活动主要为了成员的利益；成员必须同时为合作社的顾客、员工、供应商或者类似的活动；成员之间平等相处，奉行一人一票的原则；资本产生的贷款利息必须受到限制；利润需要留存，或者按照交易额的比例进行分配；对成员资格不进行人为的限制；在清算时，资产必须转移到其他合作

---

① Association of financial mutuals, *The Future of Mutual Insurance*, October 2017, available at http://www. financialmutuals. org/files/files/PK. pdf.

② International Co - operative Alliance, *Guidance Notes to the Co - operative Principles*, October 2017, available at https：//www. ica. coop/sites/default/files/publication-files/ica-guidance-notes-en-310629900. pdf.

社或者有类似目的的组织等。①

在法律上，大部分国家都有专门的合作社法，并匹配了一套对应的组织规则。例如，根据德国《工商业与经济合作社法》的规定，合作社是指由不定量成员组成，目的是促进成员在贸易和工业中相关活动的组织；② 在法国，根据 1947 年的立法，合作社定位为公司，在与一般合作社法不矛盾的情况下，在组织规则和管理上沿袭了公司法相关的规定，其主要运营目的是通过成员之间的共同努力，为成员的利益降低产品和服务的售价，提升成员经济和社会活动的满意度，也为他们提供相关的培训；③ 美国合作社的相关法律主要有《卡帕—沃尔斯坦德法案》《合作社销售法案》《联邦农业信贷法》等，并没有统一的合作社基本法。美国合作社的主要类型有金融合作社、消费合作社、企业合作社以及农民合作社，其组织形式为公司，即合作社是公司制的一种，在成立时应按照公司进行注册。④ 与一般性的公司不同，美国合作社在对社员的分配上秉承惠顾返还的惯例，即合作社会将财务年度末的盈利返还给顾客，但分配的基础是顾客在该年度与合作社做了多少业务，而不是按照社员占公司股本的多少进行分配。在美国，合作社注册为公司，也按照公司组成了治理结构，其组织治理核心包括社员、用户、董事会和经理，分别对应不同的职能。⑤ 在具体的组织法层面，美国合作社深受英国罗奇代尔公平先锋社的影响，但比较特殊的是美国合作社是州立法的形式，各州都有本州关于合作社的州法。合作社视为由成员组织起来为成员利益服务而非为利润目的的组织，

---

① Centre Internationale de Recherches et de l'Information sur l'Économie Sociale et Coopérative, *Manual for Drawing up the Satellite Accounts·of Companies in the Social Economy：Co-operatives and Mutual Societies*, October 2017, available at http：//ec. europa. eu/enterprise/entrepreneurship/coop/projects-studies/projects-introduction. htm.

② Hans-H. Münkner, "Chapter 17 Germnany", *International Handbook of Cooperative Law*, edited by Dante Cracogna, Antonio Fici, Hagen Henrÿ, Springer-Verlag Berlin Heidelberg, 2013, p. 417.

③ David Hiez, "Chapter 17 France", *International Handbook of Cooperative Law*, edited by Dante Cracogna, Antonio Fici, Hagen Henrÿ, Springer-Verlag Berlin Heidelberg, 2013, pp. 395-297.

④ ［美］唐纳德·A. 弗雷德里克：《美国合作社概括》（连载一），韩长江译，《中国供销合作经济》2013 年第 8 期。

⑤ ［美］唐纳德·A. 弗雷德里克：《美国合作社概括》（连载二），韩长江译，《中国供销合作经济》2013 年第 9 期。

与其他组织相比，合作社最大的特征包括成员控制，有限的利润分配，以及在分配方式上通常按照成员的贡献进行利益分配而不是他们持有的资本。① 与其他国家相比，日本的合作社组织颇具本国特色，日本在多个领域设立了特别法，如在农业方面有《日本农业协同组合法》《日本水产业协同组合法》等，还有专门针对中小企业的合作社法等。英国是合作社运动的发源地，空想社会主义者的代表欧文也被视为合作社之父，但英国至今并没有在法律上对合作社与其他组织形式进行严格区分。实践中，英国有许多的消费者合作社、住房合作社、渔业合作社，这些合作社组织大都选择注册为工业和住房互助社，少部分选择注册为有限担保公司，但根据相关的研究，英国只有工业和住房互助社满足国际合作组织关于合作社的定义。

与法律层面两类组织分别单独立法不同，从理论上比较相互保险组织与合作社，可以看到两者在组织目的、运作方式、历史发展与组织理念上有着许多相似性。两者在法律层面的差异主要是，相互保险组织并没有资本出资，而合作社有股份出资。不过，相互保险组织的保费可以视为保单持有人的出资，而从另一个角度看，合作社的股份出资也可以视为一种会费。如果穿透组织的外在形式看其内在机理，合作社与相互保险组织并无本质特征的差异，或者说，相互保险组织可以视为合作社在保险领域的运用。

一　合作社与相互保险组织关系的理论分析

在汉斯曼看来，合作社的主要作用是解决农业领域的价格谈判问题。农户通过组成合作社，可以形成一个组织化的团体，对外进行谈判或者出售农产品，从而提高市场谈判的能力。农业市场有许多的特殊性，农产品是一个充分竞争的市场，很难形成垄断，单个的农户在市场上势单力薄，激烈的市场竞争使得农户必须团结起来，以形成卖方市场。另外，农产品本身有一定的时限，这导致农户在市场上，面临着一定期限内必须完成价格谈判的压力。因此，形成农业合作社，很重要的是解决成员对外价格谈

---

① Barbara Czachorska‐Jones, Jay Gary Finkelstein, Bahareh Samsami, "Chapter 36 United States", *International Handbook of Cooperative Law*, edited by Dante Cracogna, Antonio Fici, Hagen Henry, Springer‐Verlag Berlin Heidelberg, 2013, pp. 760‐763.

判力较弱的问题。合作社通过联合不同的农民，汇集农产品，统一进行销售，能更好地促进农业收益的增加。不过，这一合作社的成立，必须要求成员的农产品具有同质性。如果合作社的成员不具备同质性，将产生很多现实经营层面的问题，例如合作社应该按照什么样的标准，对合作社成员的贡献进行计算，又该按照什么样的标准，对合作社的经营利润进行分配等。① 从汉斯曼对合作社的分析来看，这一组织体主要出现在农业领域，以解决农业领域特定的市场交易成本问题。

虽然主要适用于农业领域，但从很多角度来看，合作社与相互保险组织都有相似性。在内部治理上，两者都普遍地按照一人一票原则赋予成员投票权。此外，两类组织也会根据组织的实际情况，按照顾客惠顾的金额或者数量给予成员投票权与分红。在组织的价值观上，合作社的组织原则，也与相互保险组织的运作理念有共通之处。并且，从历史发展的角度上看，两类组织都诞生于市民社会兴起的阶段，是典型的市民社会组织。

从严格的法律层面上看，两类组织最大的不同在于合作社有"股份出资"的概念，合作社的社员或者通过贡献一定的农作物，或者通过劳作或者资本进行出资，并且在组织内部形成有资本出资的股份。与合作社不同，相互保险并没有股份出资，但是在内部会设立一个资金池（fund），成员之间并没有一个资本出资的过程，也没有"股份份额"的概念。此外，早期的相互保险组织并不向非会员出售保单，换而言之，相互保险组织只与会员进行保险交易。与相互保险组织不同，合作社并不限制对成员之外的第三人出售合作社产品。不过，随着相互保险组织对非会员业务的放开，合作社与相互保险在非会员出售问题上的区别已经失去了法律意义。因此，从最严格的法律层面而言，相互保险组织与合作社最大的不同主要集中在合作社有股份出资，而相互保险组织没有股份出资的差异。

如果穿透具体的法律规定，从组织的本质来观察两类组织，可以发现相互保险组织与合作社在理论上可以视为同一类组织：首先，保单持有人的保费可以视为一种"保费出资"，这种特殊的出资方式，与合作社的"资本出资"并无差别。其次，合作社与相互保险组织早期都面临着如何

---

① ［美］亨利·汉斯曼：《企业所有权论》，于静译，中国政法大学出版社 2001 年版，第 176—214 页。

将成员固定在组织，以减少会员流失的问题，合作社的出资，可以视为一种"会费"，当成员缴纳会费后，成为组织的一员。并且，在缴纳"会费"后，许多合作社在章程中会规定按照成员的惠顾，而不是按照出资进行分配。从这个角度来看，合作社的股份可以视为一种"一次性的入会费用"，与相互保险组织收取保险费用（同时也可以称为会费）的运作逻辑一致。最后，相互保险组织经营的是非常特殊的保险业务，保费的收取与支出之间有时间差，这与合作社进行原材料的采购或者类似服务的购买并不相同。从这一角度出发，可以将相互保险组织理解为一类不需要初始出资的合作社。

正是两者之间具有广泛的联系和相似性，在许多国家的组织划分中，两者作为同一类型的组织体进行讨论。在英国，合作社与友谊社都视为社会企业的一部分，在英国政府推出的"大社会政策"下作为重要的组织体进行推广。并且，部分的研究已经将合作社与相互保险合称为 CME（Co-operative and Mutual Enterprise），并且认为在当下将 CME 作为一个新的概念以描述这些相似的组织体，是对新形势下组织之间相似性的一个反映。[1] 这一相似性，推动了部分国家的研究报告中，将两者作为共同的组织类型进行调查和统计。[2] 在美国部分的判决与保险大百科书中，也认为相互保险组织实际上就是一个合作社组织，按照合作社的原则和理念经营，成员之间共担风险。[3]

综上所述，从理论上分析相互保险组织与合作社，两者在运作方式、运作理念与组织形式上有非常多的相似点。随着保险监管的介入及竞争的加剧，相互保险组织可以向非会员出售保单，这使得相互保险组织与合作社的区别已经不大。如果超越简单的法律概念与法律规定，实际上两者组织形式的差距在当代已经非常小，某种程度上完全可以将相互保险组织视为在保险领域运用的合作社。

---

① Stephen Yeo, *Co-operative and Mutual Enterprises in Braitain: Ideas from A Usable Past for A Modern Future*, October 2017, available at http://eprints.lse.ac.uk/29393/1/CCS_ Report_ 4. pdf.

② Tim Mazzarol, Elena Mamouni Limnios, Geoff Soutar, Johannes Kresling, *Australia's Leading Co-Operative and Mutual Enterprises in* 2015, October 2017, available at http://bccm.coop/wp/wp-content/uploads/2015/11/CEMI-DP1502-Mazzarol-Limnios-Soutar-Kresling-2015-0416.pdf.

③ Keehn v. Hodge Drive-It-Yourself, 53 N. E. 2d 69.

二　各国法律规定下的合作社与互助社

在第二章中，本书考察了各国法律下相互保险组织的法定组织形态，从上述相互保险的类型可以看到，相互保险组织是相互保险制度与特定组织的结合，特定组织既可以是公司，也可以是互助社，还可以是协会形式的保赔协会，或者股份制公司中的内设安排。在诸多组织类型中，互助社是在组织形式上，最有可能与合作社产生联系的组织形式（英国法下的工业和住房合作社则直接定位为英国法下的合作社），以下将从合作社与互助社出发探讨相互保险组织与合作社的关系。

在合作社与相互组织代表组织互助社的关系上，欧盟曾经专门做过一个报告，以研究各国法下合作社与互助社是否各有不同的组织法规定，该报告指出在大部分国家合作社与互助社都有各自专门的法律。[①] 这主要是因为合作社主要适用于农业领域，而互助社在欧洲多为保险组织。两类主体从事的业务类型并不相同。因此，互助社与合作社通常规定在不同的组织法中，以应用于不同的使用对象。

从严格的法律层面来看，互助社与合作社的主要区别是合作社涉及资本出资的情形，合作社每位成员出资完成后都有股份，而互助社成立后由成员共同建立一个共同、不可分割的基金，并没有股份出资的概念。[②] 并且两者主要适用的领域并不相同，这是多数国家分别立法的原因。

与前述国家不同，英国和日本在组织法律划分上，并不认为合作社与相互保险组织截然不同。实际上，两国的部分相互保险组织与合作社组织有交集。例如，在英国，工业和住房互助社是本国法下的合作社组织，在历史上脱胎于友谊社，至今依然有部分工业和住房互助社经营着互助保险业务；在日本，协同组合作为非营利组织，可以向成员出售保险产品，在合作社下形成了互助保险的关系，这一成员同时为保险人和被保险人的法

---

①　European Economic and Social Committee, *The Social Economy in the European Union*, October 2017, available at http：//www. eesc. europa. eu/resources/docs/qe-31-12-784-en-c. pdf.

②　Centre Internationale de Recherches et de l'Information sur l'Économie Sociale et Coopérative, *Manual for Drawing up the Satellite Accounts of Companies in the Social Economy*：*Co-operatives and Mutual Societies*, October 2017, available at http：//ec. europa. eu/enterprise/entrepreneurship/coop/projects-studies/projects-introduction. htm.

律安排，在部分学者看来属于日本语境下的互助组织。①

即使在部分国家的立法中，相互保险组织与合作社组织泾渭分明，适用不同的法律规定，但在其司法判例中却承认了两者的相似性。在美国法学百科全书《法律判例汇编大全》引用的法官判决书认为，相互保险公司可以视为合作社企业，其特点是成员的合作关系，所有权人都是投保人，并因此目的而聚集在一起，每个人都需要按比例分担事务管理，同时是保险人和被保险人，并都参与利润和亏损的分配。② 这一合作社的定位，是从成员所有的所有权结构，以及组织目的上进行的划分。

因此，在法律层面，部分国家将合作社与相互保险组织定位为两类不同的组织体，其理由在于前者具有股份出资的概念，而后者并没有。但是这一观点，在另一些国家的法律体系中，并不成立。如在英国和日本，相互保险组织与合作社有重合。并且，在司法判例中，也有观点认为相互保险从其组织目的上看，可以视为一个合作社企业，这是从两者运营的本质特征出发所作的判断。

三　合作社与相互组织的结合——以日本法律下的农业合作社为例

在域外，有许多由消费者合作社或是类似合作社形式设立的由成员所有，并用于满足成员保险需求的合作社，这一类组织通常称为"二级合作社"（secondary co-ops）。③ 这些合作社下设立的相互保险组织服务于合作社成员，通常为他们提供包括保险、银行等金融服务，有时也被称为金融互助社（financial mutual）。这一形式下的代表为日本协同组合下的制度共济组织。

日本有两类法律体系下的组织能够提供保险产品：第一类法律体系为日本《保险业法》下的相关组织，包括股份制保险公司（会社）、相互保

---

① Hideo Ishizuka, *Critical situation of Mutual organization in Japan*, May 2017, available at http://www.inhcc.org/english/data/20091130-Critical-situation.pdf.

② C. J. S. Insurance § 171, V. Insurance Organizations, C. Mutual Companies. Also, see Ohio—Keehn v. Hodge Drive-It-Yourself, 53 N. E. 2d 69 (Ohio Ct. App. 1st Dist. Hamilton County 1943).

③ Johnston Birchall, *People-Centred Buiness: Co-opratives, Mutuals amd the Idea of Membership*, Palgrave Macmillan, 2011, p. 81

险公司（会社）以及小额及短期保险商；①另一个法律体系称为 Kyosai 组织，也称为「制度共济」，这一组织属于日本合作社的下属组织（见表 5-1）。以日本农业协同组合（或简称农协）为例，为农协提供保险服务的下属分支机构为全国共济农业协同组合联合会，这一组织在日本同样可以经营保险业务。比较特别的是，全国共济农业协同组合联合会从事的保险业务并不在《保险业法》下受到监管，此外，也不受日本金融服务局的监管。

表 5-1　　　　　　　　　　　**日本合作社的组织类型**

保险公司	（1）股份制保险公司；（2）相互制保险公司；（3）小额及短期保险商			
	分类	组织类型	监管法律	监管部门
制度共济	非特别法下的合作社保险	全国共济农业协同组合联合会	农业合作社法	农林水产省
		全国共济渔业协同组合联合会	渔业合作社法	农林水产省
		日本消费者协同联合会等	消费者的生活合作社法	厚生劳动省
		全国小企业火险协同组合联合会	中小型合作社法	经济产业省
				FSA
				国土交通省
	特别法下的合作社保险	农业灾害赔偿协会等（Agricultural Disaster Indemnity Associations）	农业灾害赔偿法渔业灾害赔偿法	农林水产省

资料来源：日本合作保险协会：《日本合作社组织类型》，表格略有修改（http://www.jcia.or.jp/english/aci2/index.）。

　　根据日本法律的规定，「制度共济」为非营利组织，它们可以从事包括寿险、火险、车险、意外险及年金业务在内的全领域保险业务。②以下将以日本农业协同组合下的全国共济农业协同组合联合会为例，介绍日本合作社组织下的保险组织。

　　在成员构成上，日本农协包括会员和准会员。虽然法律并未有强制要

---

　　①《日本保险业法》，陈国奇译，载王保树编《商事法论集》总第 14 卷，法律出版社 2008 年版，第 255—258 页。

　　② Japan Cooperative Insurance Association Incorporated, *Cooperative Insurance In Japan Fact Book 2016*, October 2017, available at https://www.jcia.or.jp/publication/pdf/factbook2016.pdf.

求，但所有的日本农民都参加了日本的农协组织。① 除了农民以外，在实践中，日本农协同样吸收非农民的会员，这一会员群体在日本体系下称为准会员，与一般会员相区别。在关于会员的条件上，日本农协规定，只要任一符合条件的人士认可农协的章程，并支付相关的费用即可成为农协的会员。② 对于准会员而言，通常要求的条件是居住在该农协组织对应区域的民众。不过，由于并不从事农业相关的业务，他们的身份只能为准会员。准会员与会员之间最大的区别在于，会员对组织的事务有投票权，实行一人一票制，而后者并没有投票权。

在法律规则上，日本《农业协同组合法》并未给农协一个非常明确的定义，但根据该法的规定，日本农协可以从事以下业务：指导成员农业管理和技术的提升；会员的存款业务；提供成员养老福利机构；提高会员的经济地位；农业的互惠帮助等。③ 在组织的法律定位上，日本农协是法人组织，与股份制公司有着较大的差异（见表5-2）。④ 从法律允许日本农协从事的业务来看，日本农协并不仅仅是一个从事农业生产的合作组织，它还深入到了成员的日常经济、文化生活之中，也积极地参与了日本的政治事务。

表 5-2 　　　　　　　　　**日本农协与股份制公司的比较**

	农业协同组合（简称农协）	股份有限公司
法人资格之法律依据	农业协同组合法	公司法
法人之性质	符合特定资格要件的组合成员之自发性保险组织； 一会员一票； 可自由加入和退出； 盈余分配以利用多寡分红为基本，出资分红限制在一定比例内，此即非营利之意义	股东出资设立组织； 一股一票为基本； 退出以股权转让为基本； 盈余分配依照出资比例分红

---

① Yoshihisa Godo, *The Japanese Agricultural Cooperative System*：*An Outline*，April 2017, available athttp：//ap. fftc. agnet. org/ap_ db. php？ id＝248&print＝1.

② Japan Cooperative Insurance Association Incorporated, *Cooperative Insurance In Japan Fact Book* 2016, October 2017, available at https：//www. jcia. or. jp/publication/pdf/factbook2016. pdf.

③ Agriculture Cooperaive Law of Japan, the 10th article.

④ 张国益：《日本农协组织与法制的改革》（http：//www. coa. gov. tw/index. php？ error_ id＝ J004）。

续表

	农业协同组合（简称农协）	股份有限公司
法人事业之利用者	为社员利用	不限
法人税率	19%	23.9%

为匹配农协的组织定位，日本农协有着覆盖全国范围的组织体系。从全国范围内来看，日本农业协同组合是一个金字塔形的管理机构。在农协下面有诸多的基础农业合作社，根据该组织 2015 年的年报，截至 2015 年年底日本农业协同组合有 658 个基层合作社。为了向这些分布广泛、数目众多的基层合作社提供服务支持，日本农协按区域分为三层组织，第一层为基层农业合作社，包括农村、镇和市一级的合作社组织，这一层的农业合作社直接面对广大会员和准会员群体；第二层为县级农协（相当于中国的省一级），称为县级农协中央联合会，是联结中央管理机构和地方合作社的中间组织，负责管理本地区的下一级农业合作社；第三层为全国农协协同组合中央会（以下简称"JA 全中"），负责全国农协组织的统一管理和服务支持。[①] 这三层组织上的管理与被管理关系，构成了日本农协自上而下的纵向管理机制。

在日本农协中央层面，JA 全中负责全国农协和联合会的指导、监察等工作，在全国层面还成立了负责指导不同板块业务的联合会，这些联合会负责全国农业合作社的经济事务、信用事务、保险事务等。[②] 全国共济农业协同组合联合会属于日本法下特别的组织形式，负责保险业务的指导工作，属于 JA 全中的附属机构。

具体而言，全国共济农业协同组合联合会是独立的法人机构，为农协的下属分支机构，定位为合作保险组织（Cooperative Insurance Organization）。庞大的覆盖人群及从基层到中央的组织结构，使得全国共济农业协同组合联合会能够非常方便地推广保险业务。与其他保险组织相比，农协保险资产的规模十分庞大，仅在 2012 年，农协保险业的总资产达到 47.6 万亿日元，与

---

① 日本农业协同组合：《组织架构图》（http：//www. ja-kyosai. or. jp/about/organization/gaiyo_ chart. html）。

② 钟秋悦：《区域经贸协定浪潮下之日本农协（JA）改革》（http：//www. rest. org. tw/upload/2016021816383158. pdf）。

日本最大寿险组织——日本生命相互保险公司 51 万亿日元不相上下。[①]

在微观层面，基层农业共济合作社或者基层综合性农协负责保单的接受和支付，全国共济农业协同组合联合会负责再保险、资产管理、产品管理、培训服务、提供产品销售的信息和材料等。但应明确的是，在日本基层，既有单独专门从事共济保险业务的合作社，也有将业务放在基层综合性农协的做法，这一具体实践各地都有不同的方式。

在保费的缴纳上，农协则起到了"企业"的角色。以健康保险为例，日本采取强制国民健康保险的制度，职工在公司内参加缴费，农民则参加农协进行缴费。特别的是农业共济的保险由政府和会员分别承担。例如，在日本埼玉县农协，2003 年的保险费率为收入的 9.3%，农协承担 5.2%，农民会员承担 4.1%。[②] 各地区、各组织的保险经营都有不同程度的差异，也会随着保险类型的不同有所差别。农协可以提供的保险产品，既有前述提到的健康保险，还覆盖了人寿保险、农业保险、财产保险等，如日本河宇农业共济组合为基层保险合作社，提供了农业灾害保障保险，在保费的缴纳上是农民跟政府各承担一半保费。共济保险也没有将保险业务局限在会员上，日本农业共济组合还可以向非会员的外部第三人出售保单，这部分人购买保单后成为组织的准会员。仅从健康保险业务来看，在某些方面，日本的这一特殊共济保险组织类似于互惠社，为成员提供健康保险服务，是政府和私人企业的中间组织，提供社会保障保险的服务。

在名称上，全国共济农业协同组合联合会的英文译为 National Mutual Insurance Federantion of Agricultural Cooperatives，其中 Federation 在日语中译为联合会，而共济保险则译为 Mutual Insurance。作为会有持有型组织，部分论文在分析农业共济组合提供的保险产品时，将其提供的保险定位为 Mutualinsurance。[③] 虽然它属于日本语境下的合作社组织，但有日本的学者认为，日本并没有专门的术语定义相互组织（mutual organization），而农

---

① ［日］山下一仁：《反对 TPP 运动将农协引向衰退之路》（http：//www. nippon. com/cn/currents/d00082/）。

② 参见杨团、孙炳耀、毕天《综合农协：中国"三农"改革突破口》，载杨团、葛道顺主编《社会政策评论》（第二辑），社会科学文献出版社 2013 年版，第 113—135 页。

③ Dr. Daman Prakash, *Development of Agricultural Cooperatives-Relevance of Japanese Experiences to Developing Countries*, April 2017, available at www. uwcc. wisc. edu/info/intl/daman_ japan. pdf.

业合作下的相关活动符合相互组织的定义。① 与这一论断相互印证的是，日本全国共济农业协同组合联合会也加入了国际合作和互助保险联合会（International Cooperative and Mutual Insurance Federation）。

本书认为，日本语境下的共济保险与股份制保险有着鲜明的差别，但这一类共济保险与相互保险在本质上是一致的，或者可以说是合作社结构下的相互保险安排。虽然涉及出资和利润的分配，但共济保险非常明显的是会员持有型组织，组织运营的目的并不是资本的升值或者利润的分配，而是成员的风险保障。在治理机制上，会员代表大会和会员大会是最高权力机构，并且在表决机制上，也是实行一人一票制度。保险人出资形成资金池，并由这一资金池支付保费支出，利润分配被严格限制，并且只能为成员的利益服务，从这个意义上而言，保险人同时为被保险人。

虽然共济保险在农协组织内起到非常关键的作用，但应看到的是，日本农协本身非常复杂，掺杂了本国许多特殊的政治与经济特色。在农协内部，JA 全中每年以检查费的形式，从各地农协收取 80 亿日元的费用，并且农协同时控制了向会员出售的生产原料，某种程度上造成了生产资料相对市场较高的价格，这都导致了农协在促进市场自由竞争上的劣势。② 日本政府为迎接 TPP 下自由贸易的竞争，启动了对日本农协的改革。如今，日本政府已确定农协的改革方向是将 JA 全中改组为一般性的社团法人，废除其对地方农协的指导及监察权限，同时对其金融和经济板块进行股份制改造以提高经济效益，在基层则促进不同合作社之间互相竞争。③ 这一改革本身并不是因为共济保险组织的问题，而是组织庞大化、官僚化所导致的变革。

四　农村保险互助社与农业专业合作社的法律比较

为促进保险业务下沉，提高农民的可保性，解决信息不对称下农村保险难的困境，我国在部分试点地区推进建设了农村保险互助社。农村保险

---

① Hideo Ishizuka, *Critical Situation of Mutual Organization in Japan*, October 2017, available at http: //www. inhcc. org/english/data/20091130-Critical-situation. pdf.

② 钟秋悦:《区域经贸协定浪潮下之日本农协（JA）改革》（http: //www. rest. org. tw/upload/2016021816383158. pdf）。

③ 日经中文网:《日本农协要改了》（http: //zh. cn. nikkei. com/politicsaeconomy/economic-policy/12561-20150105. html）。

互助社是典型的相互保险组织,保单持有人即为互助社的所有权人,并且其突出特征在于,农村保险互助社的治理结构、保险产品及运营管理,都紧紧围绕着农民生活与农业生产进行。

在具体运营上,农村保险互助社有以下特点:首先,作为会员持有型组织,农村保险互助社构建了以会员为中心的治理结构。在农村保险互助社中,保单持有人购买保险后成为组织成员,可以参加成员大会或者成员代表大会,行使组织治理的最高权力;其次,在盈余分配的行使上,农村保险互助社体现出服务会员利益的特征,全部经营收益都用于投保人身上;最后,农村保险互助社的主要参保对象为当地农民,涉及的险种包括意外伤害险、家庭财产险及补充医疗险等,① 但与商业保险不同,在保险事故赔偿金额大于偿付能力时,实行比例赔付等"回拨机制"②。

从我国农村保险互助社的试点情况来看,由于农村参保人数总数较小,不易于依赖大数法则实现组织的稳健经营。当保险事项大面积发生时,农村保险互助社抗风险能力薄弱的缺陷极易暴露。因此,农村保险互助社从村一级试点开始扩展到多个行政村的联合,这其中的代表为下辖8个行政村的龙山联社。③ 龙山联社的主要出资人为该镇8个村的经济合作社,该组织的成立表明农村保险互助社的试点范围由村一级扩大到镇一级。④

我国在2016年颁布了《农民专业合作社法》,在该法颁布后,农民专业合作社在我国获得了迅速的发展,现已成为农村和农业领域非常重要的经济组织。从总体上看,农民专业合作社与农村保险互助社有许多相似之处,但是我国的农民专业合作社并不能从事保险业务,而农村保险互助社也只存在于保险领域。从组织定义上来看,农民专业合作社是指以农民为主体,服务全体成员共同利益,主要从事农业生产相关服务的专业合作

① 严梅兰、王杨扬、张陆梦、徐仲建:《农村保险互助社的发展问题研究——基于全国首家镇级农村保险互助社的调研》,《中国集体经济》2016年第31期。

② 林斌:《推动农村保险互助社健康发展的思考——浙江瑞安市马屿镇"三位一体"保险互助社的调研报告》,《保险职业学院学报》2016年第1期。

③ 严梅兰、王杨扬、张陆梦、徐仲建:《农村保险互助社的发展问题研究——基于全国首家镇级农村保险互助社的调研》,《中国集体经济》2016年第31期。

④ 慈溪政府网:《慈溪市工商分局,我市成立全国首家农村保险互助联社》(http://www.cixi.gov.cn/art/2013/7/23/art_14404_1016968.html)。

社。我国农民专业合作社并不能从事保险业务，但作为会员持有型组织，农村保险互助社与农业专业合作社在运营理念与组织运作上存在诸多相似之处：

首先，作为会员服务型组织，农村保险互助社与农民专业合作社都构建了以会员为中心的治理结构。在农村保险互助社，保单持有人购买保险后成为组织成员，可以参加成员大会或者成员代表大会，行使最高权力；在农民专业合作社，最高权力机构与相互保险组织相同，都为成员大会或者成员代表大会，决定有关合作社运营与发展最重要的事项。此外，在成员权力的行使机制上，两类组织都通常实行一人一票的表决制度，而不是资本多数决。

其次，在盈余分配的行使上，两类组织都体现出服务"会员"利益的特征。农村保险互助社的全部经营收益都用于投保人身上，除保留偿付能力监管所要求的部分外，其余收益将分配给投保人；农民专业合作社为每个成员设立了成员账户，在账户上记载成员的出资额、公积金份额及该成员与本社的交易量（额），① 在分配时基于上述账户数额进行分配。

最后，不论是农村保险互助社，还是农民专业合作社都定位为互助合作型组织。农村保险互助社的互助体现在成员之间以保单出资，在组织内部形成保险资金池，当出现保险合同约定的保险事项时，由保险资金池提取资金救助受困成员；农民专业合作社则是集众人之力，互帮互助，共同发展一项事业，成员或者出力，或者出物资，以专业合作社为载体，共同致力于农业事务的合作。

这些共同点说明，两者在组织目的与组织理念上是非常接近的两类组织体，与股份制公司有着鲜明的差别。当然，在共性之外，我国农村保险互助社与农民专业合作社在法律层面也有着许多差异：第一，按照《农民专业合作社法》与《试行办法》的规定，农民专业合作社限定在农业领域，并且其业务类型并不包含保险，而农村保险互助社只适用于保险业

---

① 《农民专业合作社法》第 37 条："在弥补亏损、提取公积金后的当年盈余，为农民专业合作社的可分配盈余。可分配盈余按照下列规定返还或者分配给成员，具体分配办法按照章程规定或者经成员大会决议确定：（一）按成员与本社的交易量（额）比例返还，返还总额不得低于可分配盈余的百分之六十；（二）按前项规定返还后的剩余部分，以成员账户中记载的出资额和公积金份额，以及本社接受国家财政直接补助和他人捐赠形成的财产平均量化到成员的份额，按比例分配给本社成员。"

务，并未作为一种组织类型，适用于其他业务；第二，农村保险互助社成为会员的前提是必须持有保单，这与农民专业合作社的"农民至少应当占成员总数的百分之八十"的要求有区别；第三，农民专业合作社定位为营利性组织，也是参与市场经济竞争的商事组织，但农村保险互助社本身的情况非常复杂，类似的小型相互保险组织在许多国家定位为非营利组织，在我国未来的定位也有可能不同规模的组织有所差别，与农民专业合作社是有一定区别。

第五节　相互保险组织与网络互助的关系

在苏黎世的报告中，科技进步给保险业带来的主要变化体现在：首先，在承保方面，保险公司可以利用新的数据挖掘技术，缩短风险评估时间，实现承保的自动化；其次，大数据的应用，能够提高保险公司的核保精度，减少承保时间，为客户提供更好的承保服务；最后，在分销方面，互联网在线平台的建立，使得保险公司能够更直接地与潜在客户建立联系，从而降低分销费用与机会成本，这极大地拓展了保险公司的销售能力。[1] 科技进步不仅在保险运营的各个环节提高了效率，保险组织本身也受到了技术进步的影响。如今附着于互联网上的网络互助，蕴含着推动相互保险组织革命的种子，正如当年的友谊社、互助社一样，在国家的介入以及精算技术的推动下，演变为现代相互保险组织。

一　交易成本、组织与互联网

罗纳德·哈里·科斯在《论企业的性质》一文中，曾提出一个非常经典的问题，"假如生产是由价格机制调节的，生产就能在根本不存在任何组织的情况下进行，面对这一事实，我们要问；组织为什么存在？"从这一问题出发，科斯认为"利用价格机制是有成本的"，这一成本包括契约的制定，相对价格的发现，并且需要某个权威来支配资源的分配。在此基础上，科斯提出了"交易成本"的概念。按照他的观点，当交易规模

---

① Swiss Re, "Life Insurance in the Disital age: Fundamental Transformation ahead", *Swiss Re Sigma*, No. 6, 2015, p. 1.

越大时，需要协调的成本将越来越大，其结果是组织本身比一个个自由市场的契约更为经济。①

按照科斯的理论，当规模越大时，组织的良好运作需要更多的协调工作。例如，当只涉及两个人协调推进工作时，能够迅速地对时间、地点、具体的计划一对一地进行沟通，并做出相关决定；当两个人变成三个人，变成一群人，或者变成一个较大的组织时，为促进管理的上传下达以及组织的顺畅运转，需要一系列的制度以及不同层级的人员进行落实。这其中不仅需要管理人员，还需要对管理人员进行监督的人员，不仅需要纸面的汇报文件，还需要各种形式的会议。当然形成组织时，这一组织所需要运作的交易成本将小于自由市场通过一个个契约所达成的交易，否则这一组织将不复存在。

互联网的发展，颠覆了交易成本与组织之间的关系。在某种程度上，互联网改变了现代人群组织的方式，使得人们在互联网之上可以更为有效地降低交易成本。在克莱·舍基的描述中，互联网形成了"无组织的组织"。以维基百科为例，在每一词条下，人们根据自己的专长对一个概念或者一个事件进行描述，其他注册用户可以修改前者的描述，最终保留下来的是得到大部人认可的文字。当这一概念有新的发展时，后来者又能根据新的情况添加他们的理解，并汇集形成对这一理解的事实材料。通过人们的自发行动，维基百科建立了世界规模最为庞大，同时能够实时更新的网络百科全书。从任何角度进行评价，维基百科的规模、准确性及时效性都超越了任一纸质类的百科全书。更令人惊叹的是，维基百科是人们自发组织完成的，并没有一个实体对人们的行为进行指挥或者协调。通过互联网，大家自发完成了线下任何出版社、作者或者编辑都难以做到的事情。与维基百科相似，Linux 源于芬兰程序员的一个简单倡议，随着后续程序员的自发免费更新，成长为广泛使用的操作系统，在特定领域打败了由微软等大型企业所构建的操作系统。② 克莱·舍基将互联网的上述现象总结为：通过一个简单的承诺，一个合适的工具，和用户接受的协议，就能创

---

① ［美］罗纳德·哈里·科斯：《企业、市场与法律》，盛洪、陈郁等译，上海三联书店1990 年第 1 版，第 1—23 页。

② ［美］克莱·舍基：《人人时代：无组织的组织力量》，胡泳、沈满琳译，浙江人民出版社 2015 年版，第 88—90 页。

造"无组织的组织力量"。

保险行业是否能实现无组织的组织力量？在中国，微信已经证明了，当一个合适的工具存在时，人们可以简单、快捷地按照兴趣、职业、性别、地理等不同的要素，迅速组成一个群组，通过群组的成员，扩散并吸引更多的成员；与域外相同，当一个简单的承诺——如对腐败事件的揭发，或对某一事件真相的探索的承诺出现时，分布于全国各地，有着不同专业知识的群体，可以迅速地聚集起来，通过不同的职业技能，共同推动某一目的的实现；当这样的群体，有着明确的承诺，共同推动一个符合大家期望的协议，这样的无组织的组织力量必然会出现。

在许多方面，互联网所形成的无组织的组织力量，能够多方面地降低市场交易成本：首先，互联网能够吸引到有着相同需求的群体，这一用户发现的方式，借助互联网渠道，能够以"病毒感染式"的方式传播，个体只需通过简单的复制粘贴就能将信息有效的传播到目标群体；其次，当同样兴趣的人聚集在一起时，其产生的群体黏性，强于简单的契约关系下的连接；再次，互联网能够降低物理设施的成本，同时通过成员自愿免费的服务，推动网络社区及时进行变革，以满足群体成员的要求；最后，互联网更多的是扁平化的结构，这意味着人人都可以成为虚拟社区的主人，这将给每一个加入的人，带来更多的参与感。

二 互联网下保险行业的发展

互联网、区块链、大数据等新技术推动了传统保险行业的变革，不论从分销角度，还是用户服务方面，这些技术都能更高效地服务保险行业。在互联网的带动下，保险组织主要面临的问题是如何运用好技术以改进现有的经营模式，贴近保险客户，降低经营成本。平安保险（集团）股份公司董事长马明哲曾预测互联网给金融机构带来的变化，"互联网金融的发展给金融机构带来的变化将是小型化、社区化、智能化、多元化……10年内50%—60%的信用卡和现金将会消失；20年后，中小金融机构的前台和后台将没有了"[1]。上述预测正在逐步变成现实。

互联网对于保险而言，无疑最为核心的功能在于能够迅速地定位并召集同样需求的人，突破物理限制，在新的数据分析能力支撑下，提高保险

---

[1] 陈恳：《迷失的盛宴：中国保险史1978—2014》，浙江大学出版社2014年版，第279页。

的精准度，减少不必要的中间环节，以简化投保和投后服务的流程。互联网在推动新商业模式的同时，也对传统的相互保险组织带来了冲击，在域外出现的 P2P 保险，有很多互助保险 \ 保障的影子，其中德国的 Friend-surance、Lemonade 以及我国的 e 互助是这一线上互助模式的代表。通过仔细考察这三类线上平台，可以发现其提供的并不是相互保险，而更多地体现为传统保险商业模式的创新，或者是一种网络互助的安排。

（一）Lemonde：保险的 2.0 模式

Lemonde 是注册在美国的互联网保险平台，从其成立伊始，因较为独特的商业模式，就获得了风险投资 1300 万美元的投资。[①] Lemonde 的平台涉及三个运营主体，分别是柠檬水保险公司，柠檬水保险代理有限责任公司以及柠檬水公司。其中，最主要的运营机构是柠檬水保险公司，它在纽约州注册为一家股份制财险公司，为整个网站提供保险产品。同时，网站上进行技术运营的为柠檬水保险公司，而提供保险经纪代理服务的为柠檬水保险代理有限责任公司。

Lemonde 为承租人和房东提供财产保险，具体保险机制如下：首先，Lemonde 对投保人的信用记录进行调查，从而确定每个投保人单独的投保费率；其次，Lemonde 对投保人的保费按照不同用途进行分配。其中，保费的第一个 20% 作为固定费用，用以支付保险商的支出，第二个 20% 用以缴付外部再保险的费用，Lemonde 将保费的第三个 20% 在组织内部建立内部再保险的风险分担机制。在前述 60% 费用外，Lemonde 并不需要投保人支付额外费用，保费剩余的 40% 将返还给投保人；最后，Lemonde 对有同样投保需求的人进行分组，组内的成员为共同的互助成员，Lemonde 从组内汇集保费，并在组内出现盈余时，将保费盈余分配至本组内的成员。

与传统保险组织相比，Lemonde 是建构在互联网上的保险，并且在诸多方面有所创新：首先，Lemonde 的保费极为透明，投保人能够清楚地知道保费的支出情况。传统上，保险是信息不对称较为严重的行业，投保人往往并不清楚保费的具体支出情况，Lemonde 将费用按比例确定的做法，对此前保险行业的收费习惯形成了冲击。其次，Lemonde 在保费有盈余时，将该部分资金返还给投保人，这与相互制保险企业的做法有相似之处。不过，传统的相互保险企业并不会明确返还的比例，并且企业本身有

---

① 王飞：《保险新玩法：互助+P2P》，《英大金融》2016 年第 2 期。

自主决定权,而 Lemonde 返还资金的规则较为清晰和明确。最后,Lemonde 将投保人分组,这有助于创造保险社群的概念,促进投保人之间形成稳固的保险保障关系。

(二) Friendsurance:陌生人的互助保障

Friendsurance 是在德国创立的新的互助保障模式,其创新之处是用户能够在该平台购买相应的保险产品,并通过网络社交平台邀请朋友、家人组成 4—16 人的小组,若没有对应的家人或者朋友,则可以通过互助平台自动配对的方式,建立互助保险关系。对于前者形成的互助小组,由于彼此之间有着较长时间的接触,能够互相监督,在传统的友谊与亲情之外,通过 Friendsurance 促进了这一关系群体彼此在风险防范上更多的合作;对于线上自动匹配的成员,小组化的划分,迫使每一成员必须了解其他成员,并通过各种方式建立互信关系,互相监督,从而降低保险事故发生的概率。

在这一模式下,Friendsurance 实现了以下目标:一方面利用社交网络快速地实现了人员聚集;另一方面互助小组的形成实现了风险控制的管理下放。与我国网络互助广撒网的模式相比,无疑 Friendsurance 突破了简单的线上人群聚集,将线上与线下有机地进行了结合,并促使用户建立基于信任的互助关系。

Friendsurance 的另一大优势是通过线上互助与线下保险结合的方式,有效降低了保费。在 Friendsurance 平台上,用户保费分为两部分,一部分(如 60%)作为传统保险产品的保费,另一部分(如 40%)则进入一个回报资金池,如果到年底,互助小组中未发生赔付事项,则各成员能够获得回报资金池中保费的返还,最高可以达到 40%,如果发生索赔事项,则每个成员获得的返还奖励将相应降低;在互助小组有成员出险且索赔额度较小时,Friendsurance 从回报资金池中直接予以赔付,当索赔额超过回报资金池的覆盖范围时,则由保险公司对超出的部分予以赔付。①

在这一运作模式下,Friendsurance 平台形成了小额赔付进行互助分摊,大额赔付由保险公司承担的模式。通过不同层次的保障措施,Friend-

---

① 《国外互联网保险如何创新——Friendsurance》 (http://finance.sina.com.cn/roll/2016-04-05/doc-ifxqxqmf4052053.shtml)。

surance 使得投保人可以自始至终享受完全承保，同时也不用多支付保费。Friendsurance 线上互助与线下保险叠加保障的模式，与船东互保协会互相联保的模式有相通之处。这些在原有保险（或者互助）基础上叠加风险分摊或者再保险的方式，本质上都是用于预防潜在保险责任的扩大，保障组织的稳健经营。

总结来看，德国 Friendsuance 模式利用了三大特点：一是利用熟人关系降低风控成本；二是通过互联网降低信息交互成本；三是在产品模式上实现了保险产品与互助计划的结合。这三大特点成为 Friendsuance 模式优势，使得其相对于传统保险降低了高达 50% 的成本费用，很好地应对了小额赔付这种长尾市场，不仅降低了传统保险公司的管理成本，也提高了消费者的用户体验。

（三）e 互助：契约式的互助保障

在《试行办法》出台后，国内相当多的企业在互联网上构建了类似相互保险的法律安排。然而，这些互联网相互保险计划并不是《试行办法》中规定的相互保险组织，也与域外成熟的相互保险组织相距甚远。截至 2017 年 9 月 26 日，这些网络上的互助计划发展非常快，如规模较大的"e 互助"，已有 194 万人参加，累计充值金额 1.29 亿元。以下以"e 互助"中的抗癌无忧计划为例，其商业模式如下（见表 5-3）：①

表 5-3　　　　　　e 互助抗癌互助计划（中青年版）主要内容

抗癌互助计划（中青年版）	
加入条件	①18—50 周岁； ②身体健康，未患过癌症及本计划约定的除外疾病史； ③认同并承诺遵守《e 互助平台公约公告》《健康告知》以及 e 互助计划规则
保障内容	①加入该计划的成员，在满 361 天后，可获得以下保障：年龄 18—30 周岁，最高互助金额 30 万元；年龄 31—40 周岁，最高互助金额 25 万元；年龄 41—50 周岁，最高互助金额 20 万元；以上 3 个年龄段的任何会员不幸罹患低度恶性肿瘤，最高互助金额 5 万元。 ②在加入计划的 181—270 天，诊断罹患癌症，按照该年龄段最高互助金的 50% 发起互助；271—360 天的，则按照最高互助金额的 75% 发起互助；满一年的，则按照 100% 互助金额发起互助

① e 互助网站：《抗癌互助计划（中青年版）》（http://www.ehuzhu.com/planweb/index.do）。

续表

资金管理	①互助事件发生后，互助平台计算分摊额，从每位成员账户上扣除对应金额，每人对每一互助事件的均摊额不超过3元； ②平台不向会员收取任何中间费用； ③平台资金委托银行进行全程托管； ④会员账户上履约金额小于1元时，将自动丧失本计划的互助资格
运行监管	首先，确定互助事件的真实性；其次，外聘专家审定是否满足互助条件；最后，接受全体会员的监督
退出机制	①随时可退出； ②抗癌无忧计划：一次未能履行互助义务，自动丧失互助资格

　　以 e 互助为代表的网络互助并不是中国法律意义上的"保险"：首先，e 互助的运营主体并未获得《保险法》下的保险公司资格，平台的运营商是服务机构。其次，会员加入平台，签订的是不具有拘束力的互助协议，不是类似投保人与保险机构的保险合同。因此，互助保障人并没有购买"保险产品"，而是"同意"在互助事件发生时进行分摊。并且，根据其运行机制，保障人可以选择分摊，或者不分摊（丧失会员资格），并没有强制性的义务，这与"保险"先缴纳保费后享受权利的保险机制并不相同。最后，互助平台并没有涉及现代保险行业所运用的精算技术，每个人的互助保障金额根据简单的年龄进行划分，并不涉及现代保险针对每一保险人的风险费率核算。

　　从某种程度而言，e 互助更像早期的友谊社。网络互助与早期的相互保险组织——友谊社有许多相似之处。友谊社大规模地出现于 17、18 世纪的英国，在当时的英国，借助工业革命的力量，大量的农民涌入城市成为产业工人。当时的国家尚未建立起完善的社会保障系统，人们在罹患疾病、失业或者残疾时，除了求助于教会组织，难以获得及时的救济。为了改变这一困局，英国出现了由人们自发形成的以互助为核心的友谊社。友谊社的核心理念是强调社员之间的互惠互助、同舟共济，并为那些处于疾病或者急需帮助的社员提供资金支持，其出现伊始就带有早期行会及共济会组织的互助色彩。对于参社社员，友谊社并不区分其年龄、性别、爱好、工作环境等，在资金筹集上，通过按周或者按月收取的公积金来进行帮助。这样的运作方式，使得早期的互助社遇到了大量的欺诈现象，因此，友谊社常常需要在社员生病时派去医生或者药剂师以确定是否存在欺骗，如果并不是真的生病，该成员将从友谊社中除名。更为脆弱的是，友谊社不仅面临着社员欺诈的现象，在友谊社内部也同样面临着管理层监守自盗的现象。

由于友谊社对参社人员没有科学的风险测量技术，对入会会员也没有有效的甄别机制，使得早期友谊社很难长久地继续维持下去，当时的友谊社碰到了多重困境：首先，友谊社征收的费用很难使得收支保持平衡；其次，对社员费用的征收并没有区分年龄进行征收，年轻的社员不满意总是为年长的社员提供费用，这也导致了原有友谊社的解散；最后，有限的社员数量也增加了友谊社倒闭的危险。友谊社经常性的失败也引起了公众的关注，从1825年开始英国陆续出台法规开始要求互助社进行登记，随后通过相关法案，从法律层面开始对友谊社进行全面监督。除了立法对友谊社进行监管，数学统计的应用，使得精算技术开始趋于成熟并逐步引入保险行业之中，保险组织不再以无差别的费率向不同的群体提供统一保险，而是根据人们不同的性别、年龄、地区等特征提供差别化的保险产品，这最终帮助包括友谊社在内的互助组织进化成现代保险组织。

e互助与早期友谊社面临的风险是相似的，容易遇到逆向选择的风险，也容易受到会员与运营平台道德风险的考验。基于对网络互助本身经营能力的担忧，以及与保险之间的相似性所可能导致的"误解"，2016年12月，保险监管部门下发《关于开展以网络互助计划形式非法从事保险业务专项整治工作的通知》，要求网络互助不得"打着'保险创新'、'互联网+保险'等名义进行虚假、误导宣传"，明确要求"划清互助计划与保险产品界限，防范消费误导"，正是监管部门对网络互助计划的定性处理。

三　网络互助的优势与劣势

网络互助的运作机制类似于可评估相互保险，即在风险事项发生后，由参与互助计划的人平摊所有费用，实现了所有费用皆用于互助的目的。但与可评估相互保险不同的是，网络互助是一种自助行为，没有法律的强制性义务，这意味着互助参与人可以选择支付互助金或者不支付，也意味着受助人可能得到互助金，也有可能得不到互助金。但互联网的好处在于，每一个互助计划下参与人数十分庞大，互助金对每一个人的负担相当轻微，在某种程度上，这样的互助已经接近于慈善捐款。

如果将网络互助定位为原始版的可评估相互保险，可以发现在资本结构上，网络互助没有所有权人，去除了所有的资本属性。网络互助没有资产负债表，它的收入同时为费用支出，更多地体现为现金流量表的特征，变成了一个没有强制性要求、目的只为覆盖风险保障需求的非组织体。

更为可怕的是互联网的规模效应。互联网摊薄了每个人的付出成本，让每个人每年的互助资金支出远低于同等保障金额下的保险支出，同时在一定的期间内获得了与商业保险相同的保障水平。并且，互联网的聚集效应，使得参与人员遍布全国各地，不太可能如传统组织一般，固定在某一个或某几个地方，这使得共同的所有权成为一个并不现实的选项（实际上也没有共同共有的财产），换而言之，互联网已经实现了无组织的组织行为。

互联网的规模可以使得网络互助的行为返回到保险最本初的起点——人们用互助来抵挡风险，所有的资金都只为互助这一目的所使用，没有利润分配，不作投资所用，没有任何与互助无关的事项，去除所有因资本结构所产生的交易成本。大规模的互助人群，使得原本需要的固定资本、原本需要的契约式法律义务、原本需要的风险评估在某些程度上变得不那么重要（这也是网络互助不建立传统组织下资本结构的原因）。因为，巨量的参与人群，已经将类似的互助支出，相比传统的保险而言，变得十分廉价。这也是网络互助对传统保险最为致命的冲击。

不过网络互助也存在一些问题：精算技术的缺乏，使得每一个参与人，承担的互助金义务与他本身的风险并不对等。例如，在现代保险中，一个人的职业、年龄、地理位置、疾病史都将影响他的保费，他的保费与他未来的权利是匹配的。但在网络互助中，虽然有的按照年龄进行了分组，但这样的风险审核及风险定价是非常粗糙的，这导致网络互助很难做到风险、权利与责任的相适应。其结果是，不同风险状况的人有着相同的互助金额。从长期看，不确定这样的互助支出安排是否可以稳定经营下去。此外，网络互助也面临着运营平台监管的问题。当然，技术的发展也许能解决网络互助中的问题，如大数据及精算技术的运用，未来可能能够通过网络评估每一个参与互助计划成员的风险程度，从而确定不同的互助金额。

四 网络互助、组织演变与虚拟市民社会

在保险监管介入前，现代相互保险组织的前身是远离监管的友谊社、

互助社等市民组织，这些组织在工业大革命的背景下成为人们社交和互助需求的主要场所。在国家职能扩张后，这些组织纳入了保险监管，脱离了市民社会组织不受监管的状态，转变为现代保险法下的相互保险组织。这些受监管的组织，开始在法律层面不同于早先的互助合作组织，但追根溯源，它与互助合作类组织的源头是相同的。换而言之，现代相互保险组织本身经历了组织演变与保险监管互相促进的过程。

网络互助出现的背后，是互联网对社会运作方式产生革命性影响的时代。信息技术革命取代了工业革命，席卷了人类社会。人们不再依赖传统的带有物理特征的社交与沟通方式，取而代之的是，从现实的结社转为互联网的社团，从电话、电报转为微信。这一革命性的社会社交与生活方式的转变，不仅改变了货币，改变了联络方式，改变了人们生产与生活的工具，也在改变着传统的金融机构。

互联网银行、互联网法院、互联网政府陆续出现于人们的视野之中。如果这些都已经变为现实，那么一个合理的问题将会产生：网络互助为什么不能进化为信息技术革命下的保险虚拟组织？如果历史是一面镜子，这面镜子已经告诉我们，组织可以从当初的互助社团随着时代的转变，成为现代法律意义上的保险组织，那么这一组织的进化，为什么不能从线下随着技术的运用，走到线上？网络互助的模式，难道不正是现代相互保险组织的前身？

网络互助可以在线上重塑市民社会。通过互联网，陌生的群体因互助的需求，凝聚在一起。互助带有的非营利、平等之特征，与19世纪市民社会特征相同，而网络带有的扁平化、身份的虚拟以及自治模式，也与市民社会最重要的精神内涵契合。在互联网上推动网络互助的成型以及虚拟社区的建立，无疑在某种程度上能够帮助相互保险组织克服此前因规模扩大导致的市民社会特性的褪色。

互联网能够创造虚拟社区的概念，而虚拟社区的建立能够促进相互保险组织成员的归属感，促进相互保险组织的成员在规模扩大后，不丧失对"会员制企业"身份的认同，在网络中重塑市民社会组织。相互保险组织的一个基本特征是会员制企业，这一特征贯穿了这一企业的发展历程。在会员制企业内，成员与组织之间的关系并不简单地局限于商品或者服务的买卖，在很多情况下，具有身份意义上的关联，也即法尼所说的一种社团成员的关系。随着时代的发展，相互制企业会员由于组织规模的壮大，这一原本稀缺性的身份逐步让位于金钱与商品的交换，这使得相互制保险企业部分丧失了其最基本的属性之一，也部分地失去了 19 世纪市民社会组织中拥有的超越商事关系的社会属性。

相互保险本身在如何保持会员制特色、市民社会组织的属性与组织规模扩大之间存在矛盾，前两者要求相互保险保持一定程度的封闭性（如保单只限制出售于内部会员），从而能够让会员之间有建基于会员身份的信任关系，后者则要求相互保险组织对会员身份进行开放。若相互保险组织能够在互联网成功建立"身份属性"，打造"虚拟的社区"（community），这无疑将促使规模扩大化的相互保险组织回归其组织特色。

相互保险组织规模扩大与有效的会员治理之间存在矛盾，而互联网的发展有助于促进会员更多地参与组织治理。在日本寿险行业，仅存的几家相互制寿险企业市场份额占据了半壁江山，规模十分庞大。由于会员数量众多，且分布在全国各个不同的地区，这导致组织的治理权利从会员转移到了公司董事会和管理层手中，相互保险会员制的特点有所褪色。毫无疑问，当相互保险组织规模扩大后，如何有效调动成员参与组织治理的积极性成为迫在眉睫的问题。由于会员人数众多，且分布广泛，结果出现了会员大规模的搭便车问题，成员之间并不如小型互助协会一般积极地行使自身权利，出现了非常严重的代理成本问题。当相互保险组织能够灵活地使用互联网之后，成员可以方便地通过互联网获取组织信息披露的内容，也可以通过互联网行使成员权利，这对于大型相互保险组织而言，无疑获得了一个非常有效的促进其回归相互保险组织本质特征的工具。

互联网能够促进会员之间的联系与沟通，增进相互之间的互信与友谊。当类似分组的功能启用后，相互保险组织的互联网化能够实现人员的化大为小，能够非常直接地推动成员之间的相互了解与合作。这样的保险保障方式与股份制简单的商品出售关系并不相同。相互保险本身在其组织基因中，强调平等、信任与共担分享，这一价值的共享，要求成员之间彼此有持续地相互了解、接触及创造信任的过程。当互联网能够完成连接陌生人后，就为相互保险的成员之间搭建了桥梁，在互联网上构建了虚拟的社区，这将增加成员之间互相接触的机会，并有助于相互保险组织保持和发扬会员制与市民社会的组织特色。

五　互联网相互保险发展与可能的法律困境

如何保持相互保险的本质特征，同时在互联网上进行流程和商业模式的创新，本身存在很大的挑战。若相互保险组织纯粹在互联网上运作，将出现"去组织化"的相互保险组织。这样的相互保险组织可能没有办公地点，可能不需要以面对面接触的方式出售保险产品，甚至可能并不需要常备的工作人员。管理可以外包，内部监管可以由成员以网络兼职的形式完成。这样的去组织化、去物理化，将使得监管失去管理抓手，从而引发理论和实践中的法律挑战：

首先，若相互保险互联网化，将面临"去组织化"，这将对整个保险法律的监管带来挑战。目前，我国《保险法》和《试行办法》都规定了保险组织应有"符合要求的营业场所和与经营业务有关的其他设施"。若相互保险组织完全实现线上办理业务，是否满足监管条件，将面临监管上的难题。可以说，一方面，互联网的快速发展，并不需要占用/使用较大的办公面积，甚至可以将技术团队进行外包；另一方面，当办公设施虚拟化，在发生欺诈或恶意骗保时，将产生难以及时追踪的难题，这将使得监管部门在事后补救时面临较大的困难。

其次，若相互保险互联网化，组织治理从线下走到线上，这将冲击保险监管对组织治理的常态化要求。无疑，互联网降低了物理限制对成员参与造成的障碍，互联网也促进了信息的流通，组织的成员能够更方便地获得信息，有利于"利益主体之间信息不对称弱化"[①]；然而，内部组织治理的自发形成，内部成员对民主治理的兴趣和参与度将极大地提高，这一自治权利的需求与保险法强制要求的任职资格要求可能引发潜在的冲突。

最后，若相互保险互联网化，其业务对象将突破地理限制，覆盖全国，对其监管将面临系统性和协调性的难题。在现有的《试行办法》中，规定"相互保险组织可以申请设立分支机构。根据业务发展需要，相互保险组织也可以通过提供初始运营资金和再保险支持等方式，申请设立经营同类业务的相互保险子组织，并实施统一管理"。对分支机构的限制，不仅有有效监管的考量，也有业务能力与风险承受能力相匹配的考量。当以互联网的方式运作相互保险，可能导致的结果是成员遍布全国，涉及的业务也遍布全国，分地区监管的模式将面临障碍。

原始互助所导致的频繁性失败，最终使得国家监管越过了市民社会与国家之间的界限，推动这一私力互助行为转变为现代保险。对于互联网而

---

① 马博：《移动互联网时代下公司治理变革及风险》，《商》2015年第43期。

言，它的虚拟性与便利性同时反映在互助行为之中。因此，若网络互助要转变为现代意义上的相互保险，那么一个可行的方向是对其施加相比一般的保险机构更严格的监管。①

相互保险组织的源头是人们互帮互助的良善理念，这一理念在不断地发展过程中形成了"人人为我、我为人人"的保险机制。可以说保险本身即为人类一种互助的法律安排。在当代，相互保险组织成为以会员制为特点，以保单出资为基础的现代保险企业。但同时不可否认的是，相互保险组织本身即为典型的互助合作类组织，这一保险组织与其他互助组织有许多相通之处。例如，这些组织体都代表了市民社会群体通过自发的联系，凝聚志同道合的个体形成互助机制，以实现自助与互助的目的。

市场经济的运作本身带有一定问题，在部分阶段，必须由国家介入其中以进行市场规制，保险市场也不例外。在保险监管介入到保险行业后，此前排斥国家干预的相互保险组织开始必须按照监管的要求积累盈余，建立相互制衡、有法律意义的所有权，以保障会员的合法权益。另外，按照现代保险监管的要求，相互保险组织作为保险企业，必须向保险产品的消费者提供内容明确、确定性较强、有稳定预期的标准化保险契约。这些监管要求，最终使得相互保险组织与一般的互助合作类组织有了根本性的法律变化。

互联网改变了银行业，改变了证券行业，也改变了保险行业。以网络互助为代表的线上互助机制，通过互联网的线上渠道降低了交易成本，减少了除互助之外的组织成本。并且，网络互助通过互联网的渠道，能够非常迅速地聚集有意参与互助的人群，在线上完成一系列互助的相关事项，实现了无组织的组织力量。这一带有原始保险特征的互助机制，与相互保险组织的前身颇有相似之处。如果网络互助未来能够在线上建立行之有效的治理机制，应用现代化的保险精算技术，那么这一运作方式也许可以形成线上的相互保险组织，而这一种可能性，对于整个保险行业也形成了颠覆。互联网的去物理化、扁平化、去中心化，对于基于物理场所进行的保险监管而言，意味着未来有许多有待解决的法律挑战。

---

① 刘燕：《互联网时代的中国相互保险：老树新枝可经风?》（http：//www.fromgeek.com/finance/91131.html）。

第六章

相互保险组织在中国的法律应用与分析

在域外，相互保险组织是典型的市民社会组织，是人们基于自力、自助、互助结合形成的组织体，这一组织的成熟有赖于市民社会的发育与培养，而其自身也是人类几千年文明发展的代表。从对国家的依赖到对国家角色的重新思考，从神权到人权，作为在国家与私人之间构建的社会中间层，相互保险组织作为市民社会组织成为人们自治的代表，也代表了人们在治理层面对当代文明的总结。

中国在相互保险组织上属于后移植国家，组织并没有一个自然而然的发育过程，对相互性内涵的发展变化也没有深刻和直接的了解。这样一个法律移植方式，使我国在现行相互保险组织的规则和制度上，尚有许多可以改进的地方。例如，我国《试行办法》按照组织规模，将相互保险社区分为一般相互保险组织，专业性、区域性相互保险组织，以及以农民或农村专业组织为主要服务对象的涉农相互保险组织，三类组织对应了不同的经营范围、发起会员人数及初始运营资金等。虽然《试行办法》在组织规模上对相互保险组织进行了区分，但是三类组织共同适用了《试行办法》下同一套的监管规定，似乎默认了组织规模的不同并不会影响组织的法律定位，也不会在此基础上适用不同的监管规则。实际上，如果深入组织内部仔细考察，可以发现规模不同的相互保险组织本身在相互性内涵上有着许多根本性的差异，其法律定位和配套制度也有所不同。另外，对于中国而言，相互保险最为核心的保单持有人利益的分配问题、组织形式的选择问题，并没有一个固定的最优选项，最关键的是在中国的法律背景下，选择最能体现相互性内涵的组织形式，并在利益分配上兼顾组织的稳定及以会员为中心的理念。

相互保险组织的实施本质上带有地域性色彩。研究相互保险的关键是理解"地域性"带来的组织差异,这一差异体现在不同国家和地区有着不同的相互保险的组织形式及法律安排。例如,在美国,相互保险组织除了从事寿险业务外,也广泛分布在财险、意外险之中,不同的州发展出了包括相互保险公司、自保公司、风险自留团体、兄弟会等在内的多类型组织体,[1] 适用的组织运作规则也截然不同;在日本,除船东互保协会外,日本《保险业法》下的相互保险组织只有相互保险会社(公司),业务只限于寿险;[2] 德国则发展出了与美国、日本都不同的互助社、小型互助协会,而同为欧洲国家的英国、法国,则出现了包括友谊社、工业和住房互助社在内的互助组织。因此,相互保险组织作为地域性色彩较浓的组织,各类不同的相互保险组织有共通之处——如共同体现了"相互性"的基本特征,但也存在不同程度的差异,这决定了相互保险组织的研究必须结合本国的国情及制度环境进行讨论。

第一节 传统中国与市民社会

在历史学家看来,"中国历史的优点和特点是缓进而非突变"[3]。因此,任何重大的制度变革都需要时间的沉淀以及相配套的文化、社会与经济的支持,这也意味着我们的发展一定会符合历史客观发展规律。对于中国而言,改革开放以来的经济建设成就毋庸置疑,但是社会层面的建设却始终落后于国家整体的发展。而社会发展的落后,使得我们的民情以及我们对法治的供给,受到多方面的制约。正如托克维尔所言,"法律只要不以民情为基础,就总要处于不稳定的状态"[4]。对于相互保险组织而言,

---

[1] Bruce D. Smith and Michael Stutzer, "A Theory of Mutual Formation and Moral Hazard with Evidence from the History of the Insurance Industry", *The Review of Financial Studies*, Vol. 8, No. 2, 1995, p. 546. 关于相互保险组织在美国的组织类型,可以参看美国各州的《保险法典》以及联邦层面的单行立法,如《风险自留法案》。

[2] Fumitoshi Sugino, "Mutual Company in Japan, Its Uniqueness and Future Development", *Commercial Review of Senshu University*, Vol. 92, 2011, pp. 45–46.

[3] 钱穆:《中国社会经济史讲稿》,钱穆讲授,叶龙记录整理,北京联合出版公司2016年版,第64页。

[4] [法]阿列克西·德·托克维尔:《论美国的民主》,董国良译,商务印书馆2017年版,第346页。

其是典型的市民社会组织，是西方市民社会的产物。因此，如果我们要将这一组织成功在中国落地，则必须深入了解传统中国与社会的特点。

与西方在近现代所走的路相比，在国家与个人之间，中国始终缺乏一个发达的社会中间层，以调和个人利益与国家意志之间的矛盾，也缺乏这样一个中间层去凝聚民间意志，在中间场域实现政府与个体之间的对话。在中国传统文化的语境下，调和国家与个人之间的是伦理，而其中的重点则是儒家的学说。儒家强调人的克己复礼，通过人们约束自己的欲望，找到自身在社会关系中的位置，以实现仁，而礼则是其中重要的规则体系。通过身份定位每个人在特定社会关系中的位置，儒家实现了稳定的社会秩序。

在传统中国社会，人才的流动主要依靠考试制度，其中的代表是科举制度。科举可以改变人的身份，由民变为官，实现社会的流动，但科举考核的重心还是放在对儒家学说的理解之上。[①] 只是，这一社会流动机制，使得中国的知识分子始终将最主要的注意力聚集于对儒家及其经典文本的学习，而忽视了培养超越儒家学说的科学精神。或者说，科学精神所需要的思想解放与自由，在科举的导向上视为异端。士农工商的社会身份等级，也让对技术有兴趣的人才难以成为社会的主流。

这样的治理秩序存在问题，其根源在于绝大部分人难以达到儒家要求的圣人标准，从而容易陷入言行不一的困境，最终弥漫其中的反而是中庸思想，而其代表则是官僚体制。[②] 而知识分子（也是传统中国社会中的统治阶级）在其中，也深受其害。一方面，如果严格遵照儒家学说，将水至清则无鱼；另一方面，这样的社会流动系统，使得知识分子脱离了一般民众，他们通过解释儒家学说掌握了社会的话语权，也在这一学说下被禁锢，这正是万历十五年所产生的困局。[③] 无论是法律，还是政治，或是经济，都需要符合儒家伦理，这最终使得中国始终没有形成稳定的社会阶层

---

① 钱穆对中国科举制度的流变与影响作了许多历史事实的梳理，相较于血统或门阀，科举制度无疑有极大的历史进步意义，但是制度发展到后面却有了很多弊端，最终使得其在某种程度上阻碍了中国的进步。参见钱穆《中国历代政治得失》，九州出版社 2012 年版，第 125—129 页。

② 实际上，中国的官僚阶层们往往呈现出这样一个思想状态："最好的官员就是最少惹事的官员——也就是那些能规避麻烦，将消极应付视为美德的人"，详见［美］孔飞力《叫魂：1768年中国妖术大恐慌》，陈兼、刘昶译，上海三联书店 2014 年版，第 243 页。

③ 参见黄仁宇《万历十五年》，中华书局 2007 年版，第 124—152 页。

（或者说没有形成现代意义上的社会），文明持续千年而近于停滞，表现在底层是一盘散沙，而上层则与人民脱节。

在被称为"盛世"的康乾时期，同时代的西方国家已经开启了工业革命，并不断地重塑社会中间阶层，这不仅体现在学者们对国家、市民、市民社会的研究、解释与论述上，也体现为城市化进程中中产阶级的形成。① 如果没有科学技术的进步，就不会有工业化的生产，而科学技术的进步又来源于社会思想的解放。经由权力的博弈，与人的自我个性的张扬，最后能够出现达尔文对物种起源的思考，出现宗教下的派别分裂，出现由规则、法律及权力制衡代替封建王权的制度设计。

与同时代的西方国家相比，"即使在1840年之后，中国也并未进入资本主义，而是进入了一个变态的社会。这个时间表记录了历史的差距。没有社会形态的质变，历史只能在漫长的岁月中盘旋"②。中国文化、经济与制度停滞，结果是落后便要挨打。反帝反封建以及新文化运动，其核心是打破封建体制对社会的禁锢，打破权力的高度集中，倡导科学并把无限扩大的伦理层面的要求放回道德层面，扬弃传统文化中不适应现代社会的内容。③ 其目的，是让最广大的人民（而不仅仅是传统社会下掌握儒家解释权的官僚，也不仅仅是代表一部分利益的地主阶层）当家做主，释放社会的活力，吸收世界文明的成果。此后，为了追赶中国与发达国家的差距，中国共产党扎根基层，动员了代表中国最大多数的人民，将马克思主义所代表的科学文化结合中国的实际进行应用，从农村到城市实现了广泛

---

　　① 在中产阶级的作用上，2000年前的亚里士多德以及19世纪的托克维尔都论证了，如果需要一个稳定的社会与政治，必须依赖这一阶级。在《政治学》中，亚里士多德认为"惟有以中产阶级为基础才能组成最好的政体。中产阶级（小康之家）比任何其他阶级都较为稳定"（参见［古希腊］亚里士多德《政治学》，吴寿彭译，商务印书馆1965年第1版，第209页）。托克维尔在考察美国时，重点分析了当地的法制，分析了继承法的应用，使得人们的财富发生流转，实现了他所说的"普遍的富裕"，以及"平等"，而这有助于社会的稳定以及国家的持续平稳发展（参见［法］阿列克西·德·托克维尔《论美国的民主》，董国良译，商务印书馆2017年版，第354—355页）。

　　② 陈旭麓：《近代中国社会的新陈代谢》，生活·读书·新知三联书店2017年版，第3页。

　　③ 不论是白话文运动，还是当时五四运动的高潮，其根源都是人们在思考中国出路时，发现传统文化及其制度与现代文明的不适应之处。或许，这一不适应并不是传统文化的问题，只是传统文化适用的场域发生了问题。所以尼采观察现象时，会说"根本就没有道德现象这回事，只有对现象的道德解释"。

的组织，为中国现代化的发展铺平了道路。只是，社会的发展始终没有跟上中国改革的步伐。

市民社会在传统中国之所以没有成功地建立起来，原因如下：一是中国经济发展的相对落后，近代的持续不稳定，令中国始终没有建立起成熟、稳定的市民阶层，而稳定压倒一切的要义也正是针对近代中国混乱时期所面临的改革停滞；二是中国并没有建立超越家庭的公共文化传统。中华人民共和国成立后，国家为了能以尽快的时间追赶发达国家的脚步，采用的是行政助推制度改革的发展路径，这虽然有助于我们尽早实现现代化。但是这一路径及其方法，却使得行政权膨胀并减损了市民社会构建的步伐，并且这一力量之强延续至今，深深地影响了市民社会的有效生成。另外，我们传统文化对家庭与个人的关注，使得"我们的格局不是一捆一捆扎清楚的柴，而是好像把一块石头丢在水面上所发生的一圈圈推出去的波纹"①。熟人社会本质是家庭社会，而市民社会需要的人们的公共意识，尚待时间的锤炼。

历史证明，中国的希望在中国共产党的领导，也在我们勤劳的人民，②而我们所需要的，正是在等待的基础上，逐渐补上现代发展中所拖欠的社会建构。全面建设小康社会的实现，意味着中国历史未曾有过的——一个强大的、稳定的市民中间阶层的出现，也意味着人们生活的富裕，这终将为中国带来一个坚强的中产阶级。在这一过程中，中产阶级有助于市民社会的持续发展与建构，人们将逐步培育出公民意识，逐步学会如何正确行使权利，履行义务。

对于相互保险组织而言，市民社会的逐步成熟，能促使人们培养出法治意识。例如，人们会学到在组织内部订立完章程后，应按照章程的要求，言行一致地服从组织规则。当每一个中国公民在相互保险组织内学会良好的服从，并理解规则的遵守有助于自身利益的获取，有助于稳定、可预期秩序的达成时，这样的意识、习惯终将形成牢不可破的民情。而这样的民情，又会有助于国家法制的形成与良好运作。契约精神、平等意识、权利意识，这些市场经济发展需要的要素，将溢出组织并建立起健康的社会秩序，促进市民社会的进一步发展。市民社会的真正建立，也意味着国

---

① 费孝通：《乡土中国》，北京出版社 2005 年版，第 32 页。
② 参见刘俏《经济成长的基础》，《董事会》2011 年第 11 期。

家与个人、国家与社会确立了彼此之间的关系，意味着多元权利基础得以重构，国家与市民社会之间也能够在理性规则的基础上进行互动。[①] 由此，相互保险组织本身嵌入一个运作良好的法律制度下，人们相信自己的权利可以在法律内部得到保护，他们的利益诉求能够在法律层面得到解决，有可靠的权力制衡机制，在发生矛盾时，不仅在组织内部有解决的路径，司法也能守住最后的底线。最终，法治也在市民社会的建构中得以实现，[②] 市民社会成为国家与人民互动的桥梁，社会也终将贯彻以法律为根本的逻辑。

第二节　中国社会的互惠特点与制度环境

从世界范围来看，相互保险组织已经是一类非常成熟的组织体，鲜活地存在于保险行业，也有着一整套成熟的法律制度安排。作为早熟的文明体，中国古代也出现了具有互助色彩的安排，这其中具有代表性的是兴盛于隋唐时期的"义仓"。在公元 585 年的隋朝，长孙平向隋文帝建议，社会可以建立一个非强制性，由百姓自主管理和统筹的"社"。"社"的主要活动是让每位参加"社"的百姓在粮食收获之时，拿出一部分粮食储存起来，在灾害发生时或者收成不佳时进行救济，这一称为"义仓"的"社"随后发展成为"官仓"，由政府强制统筹，带有社会共济性质。[③] 此外，在宋明时期，我国还出现了具有原始保险色彩的"社仓"，用于救助老弱病残的"广惠仓"，以及分担运输风险的"船帮组织"。[④] 虽然我国在历史上出现了上述带有互助特色的组织安排，但可惜的是始终没有繁衍出正式的具有现代意义的相互保险组织。通过追根溯源可以发现，传统中国的互惠有自身特点，并在某种程度上阻碍了相互保险组织在我国的形成。

[①] 马长山：《市民社会与政治国家：法治的基础和界限》，《法学研究》2001 年第 3 期。

[②] 马长山：《国家、市民社会与法治》，商务印书馆 2002 年版，第 202—213 页。

[③] 郭林、张亚飞：《隋唐义仓制度变迁评析》，《郑州大学学报》（哲学社会科学版）2014 年第 1 期。

[④] 《世界保险的起源/中国古代保险雏形》（http：//blog. sina. com. cn/s/blog_ 52252220-0101hpj3. html）。

一　传统中国的互惠特点

在《乡土中国》一书中，费孝通认为中国基层社会具有"乡土本色"，农民依靠土地聚村而居，这样可以有利于彼此之间互相合作，共修水利，同时进行自保。[①] 当时的人们并不具备强大的生产工具，科学技术也不发达，能够依赖的只能是邻里村民。在这一条件下，中国人际关系的特色"好像把一块石头丢在水面上所发生的一圈圈推出去的波纹"，"被圈子的波纹所推及的就发生联系"，是由亲属关系为核心所形成的"差序格局"，显然与西方界限分明的"团体格局"截然不同。[②] 这样的人际关系特点，也反映为中西方在互惠关系上的不同。

在西方，相互保险组织最早雏形是古希腊、古罗马时期的丧葬互助会，这样的互助形式虽然并不稳定，也不能称为现代意义上的组织体，但这一互助会却使成员与他人形成了不一样的团体，并由此团体形成了互助关系。此后，这样的互助关系又融入了共济会的宗教色彩。在当时的西欧，共济会组织为彰显自身的特别之处，形成各自有区别但非常有特色的入会门槛，并且在其中加入了神秘因素，团体的色彩由此得以突出。此后，服务于不同商人群体的行会组织，以及工业革命时期分布于不同工人群体的友谊社，促进了现代相互保险组织的发展。这些历史上出现过的相互保险组织，都带有团体特色（早期类似的组织带有封闭性特征，比如首先要成为某一地区某一行业的商人，方能加入特定行会，或者是某一职业团体成员——如纺织工人或消防员，才能加入由特定职业成员构成的友谊社），人们首先应成为这一团体的成员或者会员，才能享受到由这一团体带来的权利。这也是为什么相互保险组织是会员所有制企业的原因所在，保单持有人与组织不仅有保险合同的关系，在传统的经济关系之外，也建立了超越保险合同的身份关系。

在某种程度上，处在国家和私人之间的社会组织，在古代中国一直未获得广泛的发展。更为常见的是，人们建立联系的渠道集中于血缘、婚姻及师生等，并由此扩散而开。在这一具有中国特色的人际关系网络内，人们能够做到互惠互助，甚至做到很多层面的"无私帮助"，例如最能反映

[①]　费孝通：《乡土中国》，北京出版社2005年版，第1—6页。

[②]　同上书，第29—33页。

中国这一人际"互惠"关系特点的是人们婚嫁丧娶中的"礼"的安排。当某个家庭准备迎娶另一家庭的成员时，双方家庭的亲友一般会受到邀请，并携带礼物贺喜，这样的"礼"的形式安排，一方面对外或者对内表明双方姻亲关系的建立，另一方面则是亲友们通过参加婚宴送礼，对新家庭的建立予以物质上的支持。并且，这样的人际关系是"礼尚往来"的，而非单向性的赠予，人们并不担心自己送出的礼会吃亏，在送礼之时也明白"回礼"在某个时间段将会发生。[①]然而，这一姻亲习俗中参加的人员，往往仅限于自己的亲朋好友，并不会扩散至陌生人，陌生人也不会在没有受到邀请的情况下，"失礼"而又"莽撞"地参加他人的婚礼。只是，这样形成的人际关系网络，与西方不同，始终没有形成组织化的团体。

当然，由己出发的"差序格局"，在小农经济下有力地保障了人们可以得到亲友们的接济，并且距离相近的邻里、村友也成为这一波纹形圈子可能覆盖的对象。这一社会关系，既可以在自己遇到人生大事，如结婚、生育时，得到圈子的帮助，也可以在农业生产时，共同出力（如农村农忙时节的插秧互助），是一个看上去松散，但无疑在中国传统社会下能够进行互惠安排的人际格局。只不过，中国传统社会的互惠格局，很难扩散到陌生人群体，陌生人也难以融入这样的差异格局。并且，中国式的传统人际圈子之间有着年龄、辈分、亲疏的差异，很难形成超越人际圈内利益外的共同理想或者共同目标。对于传统的中国社会而言，这样的圈子既有效，同时又非常脆弱与封闭，难以形成类似西方的有共同目标的团体格局。

二　"城镇化""工业化"与社会形态的变化

从1949年中华人民共和国成立到1978年改革开放前，中国更多依靠社会主义的理想改造"一盘散沙的旧中国"。党通过强大的国家力量，将政权的触角从城市延伸到了农村，打破了传统士权、绅权对乡土社会的强大话语权。在这一阶段，不仅有"大跃进"时期，工业和农业的行政化指令，也有包括人民公社在内的统一叙事。在人民公社时期，大部分农民

---

① 阎云翔：《礼物的流动：一个中国村庄中的互惠原则与社会网络》，李放春、刘瑜译，上海人民出版社2000年版，第123页。

都成为社员，在"跑步进入共产主义"的号召下，成为某一社团的成员，部分地打破了此前"差序格局"导致的"各人自扫门前雪，休管他人瓦上霜"，没有国家、没有集体的旧社会形态。不过，当时的人们，大多难以统一认识到何谓"共产主义"，虽聚集在一起，但是这样的聚集是经由国家强制力完成，并没有持续的、内生的凝聚力。

从"解放思想，实事求是，团结一致向前看"，到"社会主义的根本任务是解放生产力和发展生产力"，再到"先富带后富，共奔富裕路"，中国结束了统一叙事的时代，国家开始下放权力。在农村，人民公社开始解体，个人或家庭进行联产承包，土地开始分户到产；在城市，渐渐出现"投机倒把"的小商贩，人们开始获得不同程度的"自由"，这既体现在自由迁徙的逐渐放宽上，也体现在人们有越来越大的职业选择权。在南方的几个城市，外资开始涌入，封闭的中国开始迈入新的阶段。

如果说十月革命的一声炮响，为中国在政治上带来了马克思主义，那么始于 1978 年的改革开放带来的最深刻的变化是"城镇化"与"工业化"。根据中国国家统计局的数据，截至 2015 年，我国总人口 13.7462 亿人，其中城市人口为 7.0414 亿人，农村人口为 6.7048 亿人，城市人口占比达到 51.24%，[1] 这与 20 世纪初我国绝大多数人为农村人口的状况有着根本性的变化。与城镇化相随的是工业化，中国 2010 年工业产值超过美国，到 2015 年中国工业产值已是美日之和，中国已成为世界最大的工业国，是"世界工厂"。从很多角度来看，"城镇化"与"工业化"相辅相成，一方面工业的发展促进了产业工人群体的形成，让亿万农民脱离土地，成为城市工人，为城市带来了新的人口，促进了城市经济和社会的发展；另一方面新的城市的形成，也为工业化的快速发展奠定了包括基础设施、高等教育在内的物质和人力基础。

"城镇化"与"工业化"的发展，接力早期社会主义的改造，对中国传统文化，以及由乡土形成的人际关系传统进行了革命式的再造。其中，变化最大的无疑是传统乡土社会所产生的熟人社会以及背后人际关系中的差序格局。在城市，人们开始有更多的机会、更多的途径与传统乡土社会中较难碰到的陌生人打交道，由于地理或者自我发展的因素，基于以血缘

---

① 中国国家统计局：《国家数据》（http://data.stats.gov.cn/easyquery.htm? cn = C01&zb = A0301&sj = 2015）。

为中心的人际关系更多地让位于团体的人际关系。

在这一变革下，一个人在家庭之外彰显某个个体身份的，开始变为某一个单位，或者某一家公司的成员/职员。在他的成长过程中，同时也是某一所大学，或者某一个党派，甚或是某个民间团体或者宗教团体的成员。也因此，定义个体身份的不再是他姓什么，或者住在某一村，某一人的妻子，而是他在哪一个单位任职，他的职位是什么，加入了什么组织。人们开始有了结社、加入特定团体的需求，从他求职开始，他就开始与不同的团体发生联系。并且，在城市中，人们有着种种的渠道、机会以及需求与陌生人建立纷繁复杂的关系。传统的以血缘关系为中心的人际网络，开始崩塌，个人格局、团体格局开始渐渐形成。

从政治、经济、文化，到社会关系，过去一百年间中国经历了非常剧烈，同时覆盖面广泛，触及传统中国灵魂的革命，这样的革命既是发展的必然，也带来了转型期的痛苦，其表现特征是"新""旧"中国同时存在，同时作用，同时影响着当代中国人。例如，在中国广大的农村地区，有着越来越多的年轻人涌入城镇，他们从农民转变为工人，或者从事其他行业的工作，成为新市民阶层，告别了传统的乡土社会。他们习惯了运用互联网，使用智能手机，部分群体也以自身最剧烈的方式，与传统乡土进行切割。与此同时，在部分地区，围绕着血缘关系塑造人际关系的格局始终牢不可破，包括"孝""长幼有序"的价值观，顽强地抵抗城市建基于陌生人关系所产生的自由主义冲击。与此同时，在中国人的观念里，"男女平等"与"养儿防老"同时交织，中国社会开始涌现越来越多的女性领导人，但是就业市场上的性别歧视却同样明显。

这一阶段对于相互保险而言，既是个体自由意识觉醒、团体格局开始形成的时代，也是传统中国与现代中国相互反复、互相作用的时代。相互保险能够触碰到有结成团体意愿的中国民众，但对应该如何放弃此前传统中国以己为主的差序格局，成为一个"成员/会员"（member），成为一个会员组织的成员，对当代的许多中国人而言依然是一个复杂的挑战。

三 资本制、会员制与保险

1847 年，马克思、恩格斯受命起草《共产党宣言》，在其中马克思描绘了资产阶级的出现打破了传统的封建阶级分层，他这样写道："先前封建社会或行会的工业组织已不能满足随着新市场增大而起来的需求了。于是便有手工业工场取而代之，行会师傅被工业的中层等级挤倒了，各个行业间的分工也就从此消亡而由各个作坊内部的分工所替代。"① 资产阶级的出现，摧毁了此前封建社会土壤上所附属的各个阶层，生产关系由此为之一变，农民开始从乡村涌入城市成为产业工人。与此同时，资产阶级革命也改变了世界经济版图，世界的经济中心由东方逐渐转入西方，过剩的生产力推动了人们对新殖民地的开拓。这时，即使在当时革命的中心——欧洲，也发生了经济力量的转移，从早期的意大利、德国，到佛兰德斯、荷兰，再转移到之后的英格兰。有学者分析这一背后的原因，发现早期意大利行会基于对行业的保护，制定了许多保持高工资和内部保护的规则，这使得经济中心逐渐发生了转移。②

　　不论从何种角度而言，资产阶级代表的新式阶层都有着非常强大的力量。在马克斯·韦伯看来，这一阶层带有"新教伦理"，他们不仅"禁欲"，为经济的运行注入"职业义务"，也对传统欧洲"悠闲"但缺乏竞争的生活带来了革命性的冲击。③ 在马克思看来，与以往的社会不同，资本主义的核心内涵要求在于不断地使资本升值，获取利润，扩大生产，同时限制竞争。④ 这样一种对资本增值的动机和发展方向，从历史发展的角度看，既有积极的一面，也有消极的一面。

　　从积极的方面来看，在某种程度上，资本并没有边界。资本能够穿透封建社会下对人身份的限制。在工业大生产背景下，资本家需要更多的劳动力，追求"剩余价值"。大规模的劳动力需求，使得工厂主并不限定对方的身份，部分工人在工厂中也有机会晋升为职业经理人，社会上升的渠道得以拓展。

　　此外，资本可以打破陌生人的界限，促进人们的连接与合作，共同促进某一目标的完成。从西方近代发展史来看，当资本可以不断地发展与积

---

① ［德］卡尔·马克思、弗里德里希·恩格斯：《共产党宣言》，陈望道译，民主与建设出版社 2018 年版，第 41 页。

② James Fulcher, *Capitalism*: *A Very Short Introduction*, Oxford University Press, 2004, pp. 26-32.

③ ［德］马克斯·韦伯：《新教伦理与资本主义精神》，康乐、简惠美译，广西师范大学出版社 2010 年版，第 23—51 页。

④ 教育部社会科学研究与思想政治工作司组编：《马克思主义经典著作导读》，人民出版社 2001 年版，第 119 页。

累后，科学技术不断获得突破，人类对未知领域的探索越来越深。从新大陆的发现到蒸汽机的发明，从铁路的铺设到成功登陆月球，人类开始突破自身的局限，能够有力量尝试突破时间、空间对文明的限制。在这一过程中，资本通过各种组织，如通过公司，将分布于不同地区的村镇、城市、国家的陌生人汇聚在一起，形成强大的力量。这一力量或者能够开发出新的产品，或者建成某一基础设施，或者推动某一新服务的形成，以前所未有的速度改造各行各业。①

从消极的方面来看，资本的逐利性，如马克思所言"资本来到世间，从头到脚，每个毛孔都滴着血和肮脏的东西"。人们美好的情感，互帮互助的情谊，以及基于互信、平等的组织理念，在资本无孔不入的侵蚀下消磨殆尽。近代资本主义不仅推动了商品的外销，推动了帝国主义国家对第三世界国家的侵略，在工厂出现营养不良的童工，自然环境受到严重污染，以及此起彼伏的经济危机，也使得人与人之间在经济上不平等越发严重。

在保险行业，从历史上看，资本带来了许多正面的作用。在行业发展的早期，大规模的资本聚集使得股份制保险公司，可以支撑起可靠的支付义务保障，保险产品迅速得以超越原始保险，进化到以精算技术为代表的现代保险。并且，股份制的保险企业并不限定保单持有人的"身份"，从而能够将保险产品拓展到更广大的人群之中。与资本密集型的股份制保险公司不同，相互保险则更多地体现了会员制企业的特征。某一投保人，首先要成为会员或者成员，才能作为投保人参与到保险契约中去。在早期，这一投保人身份被严格限制，并未具有开放性特征。

换而言之，在保险行业，以股份制保险公司为代表的资本能够打破"封闭的小圈子"，突破团体的界限，以"自由"为名，打破一切限制资本进入的因素。"身份"在资本面前不再重要，任一投保人并不需要成为某一团体的成员，也可以购买保险。

源于股份制保险公司的竞争，深刻地影响了相互保险。部分相互保险公司开始脱离"封闭团体"的特征，迈向开放的保险组织体，在运营上开始去会员化，在业务上与股份制保险公司趋同。但是，也有部分相互保

---

① ［美］罗恩·彻诺：《摩根财团：美国一代银行王朝和现代金融业的崛起：1838—1990》，金立群译，江苏文艺出版社 2014 年版，第 90—104 页。

险公司严守自己的团体特色，将保险对象局限于某一地区或者某一特定职业群体，并未向非特定对象开放，走小而精的发展路径。

不过，始于2008年的金融危机，使得多家风格激进的股份制保险公司陷入破产和政府接管的境地，这其中包括世界最大的保险集团——美国国际集团（AIG），也在这一危机中遭到重创，最后被美国政府接管。资本主义本身具有的反复性以及逐利导致的螺旋式治理危机，与相互制保险企业在危机中的稳健风格，形成了鲜明的对比。正是相互制保险本身具有的稳定性，使得相互保险组织的市场份额在2008年之后，在世界范围内又开始了稳步的增长。

从相互保险占保险领域绝大部分的业务，到"非相互化浪潮"的兴起，再到相互保险组织的复兴，背后不仅有社会对"资本"的重新思考，其本身也充满了人类自身思考和定位的矛盾，反映了人类在封闭与开放之间进行平衡的不易。一方面，人类繁衍至今，自由而不是极权，开放而不是封闭，成为人类文明的共识；另一方面，人类独立的个体，难以有效推动社会的进步，抱团取暖，凝聚众人之力，成为推动文明快速发展的关键力量。由此，人类本身在个体与团体、开放与封闭之间徘徊，这样的矛盾，也部分地体现在了相互保险与股份制保险公司的起起落落之中。

四　法律的自上而下以及组织的自发性生长

从世界范围内来看，相互保险发展至今，处于一个非常矛盾的阶段。在旧时代，以服务团体成员为特征的相互保险，资本并不是其发展的关键。当以资本增值为驱动力量的股份制保险公司发展壮大后，相互保险再难从规模上与之竞争，同时，金融监管的增强也使得相互保险此前的优势不再突出。如今，部分相互保险将竞争优势集中于关注会员，保持稳健经营，而另一部分相互保险组织则开始转型，打破传统的会员制，对外广泛地吸收会员/非会员，并以此为基础累积长期经营的资本。

当相互制保险公司引入转型中的当代中国时，具备许多快速发展的优势：首先，中国是世界上人口最多的国家，在未来将有规模庞大的适龄人口步入老年，当相互制企业引入中国时，无疑能够与人口规模迅速、有效地连接起来，促使相互制保险企业能够很快地借助人口规模获取投保基数，从而有力支撑大数法则下的保险业务发展；其次，中国保险业持续快速发展，仅在 2016 年，我国产险保费收入 9266.17 亿元，增长 10.01%，寿险保费收入 21692.81 亿元，同比增长 36.78%，[①] 随着我国居民收入的不断提高，未来保险行业将继续保持快速增长，这无疑为相互制保险组织的发展提供了较好的基础环境；最后，"城镇化"与"工业化"打破了传统中国的人际关系，团体、单位、公司成为一种社会参与形态，人们开始附属于不同的组织，也有不同的身份，这有助于他们自发或者主动地加入某一组织，并可能回归相互保险传统上由某一专业群体或者某一行业小而精的发展路径。

然而，中国相互保险组织的发展无疑也会迎来多方面的挑战，这些挑战本身不仅存在于法律制度的取舍方面，存在于具体的制度引进层面，还在于组织的发展轨迹与相互保险组织理念的培育上。

在第二章中，我们通过穿越历史，可以看到这一组织非常带有草根特色。在其主要起源地，相互保险的早期雏形早于法律规则的形成，并且在漫长的过程中，融入了当地的宗教、文化等传统要素，这些源于普通百姓中的诸多元素，共同凝聚塑造了相互保险组织的基因。即使在与股份制保险企业激烈竞争的当下，依然有许多坚持传统特色的相互保险组织，广泛地存在于这些国家当中。在组织具有一定的普适性与韧性后，这一组织体才逐步迎来法律的认可以及监管法律的跟进。或许，从某种程度而言，是这一组织塑造了相关的法律，构成了这些法律具体条文的基础，而不是法律塑造了这一组织。

中国的发展路径截然相反，是法律自上而下地引入相互保险组织，随之由社会群体申请，进而形成中国语境下的相关组织。自下而上与自上而下的不同轨迹，可能给中国的移植带来以下问题：首先，创立者对相互保险组织的认识更多地集中于"保险组织"，而不是一个会员形式的具有相互性特征的企业，这导致相互保险本身带有的互惠互助、同舟共济的组织精髓难以植入到组织的灵魂中去。其次，会员的凝聚力孱弱，缺乏保险契约之外的会员认同。自下而上的形成路径与发展文化，宗教因素的汇集以及历史继承而来的传统，使得组织发源地的人们可能在某种程度上具有更强的对会员身份的认识，在深度与广度上，能积极地融入会员身份中去。

---

① 中国保监会（现中国银保监会）：《2016 年保险统计数据报告》（http://www.circ.gov.cn/web/site0/tab5257/info4060001.htm）。

而法律推动下的会员企业，组织成员也许在较短的时间内，难以形成自发的会员认同感，在认识上更多地集中于保险契约关系，而不是会员身份关系，这一现状可能对会员制的"本色运作"带来许多现实中的挑战。最后，缺乏连续性传承的组织发展轨迹，使得其在发展上可能缺乏演变的连贯，这就使得引进消化总在法律层面发生，而不是在组织层面发生。

相互保险组织本身是一个西方组织，带有属于本地的文化色彩与组织传统，这也是相互保险组织的一个基本特征。当然，这一组织并没有一成不变，其发源地也在不断地进行适应性的变化。

于中国而言，对于相互保险组织需要有清醒的认识：这并不是一个在本国文化传统上自发形成的组织，我国在制度土壤上有着并不一样的传统，也有着不同的组织生长环境。换言之，中国在引入相互保险组织后，应时刻对组织的法律发展，抱有一定的宽容，给予其更多的生长时间，在相关法律形成后，按法律制定的规则去训练和培育"会员"。这一过程必然带有反复和曲折。但最终，我们一定能迎来带有中国特色的相互保险法律制度。

第三节　相互保险组织在实践中产生的问题

截至 2016 年 6 月，中国银保监会已经批准了三家相互保险社的设立，在浙江等地也陆续试点了农村保险互助社，从现有相互保险社的运营情况来看，主要存在以下问题：

首先，初始运营资金的提供者，对其在相互保险组织中的法律定位认识并不清晰。相互保险社成立时，需要初始运营资金的提供者支付成立伊始的相关费用，并将资金持续地留存在组织内部直到返还完毕，这部分资金在组织起到的作用非常类似于股份公司创始人提供的资金。但是，相互保险组织并不存在资本所有权人的法律设置，初始运营资金的提供者既不是股东，也不是组织的所有权人。尤其是，在部分国家初始运营资金的设置上，法律鼓励初始运营资金以捐赠的形式进行出资，因为这部分资金的存在很多方面带有"不以营利为主要目的"的特征。但是，我国并没有类似的实践操作，这使得部分相互保险社的初始运营资金提供者认为自己是"股东"或者"组织的所有权人"，进而导致组织的许多日常运营受初始运营资金提供者的影响，相互保险组织本身的内部自治受到侵害。

其次，组织治理机制难以发挥"以会员为中心"的理念，会员的权利行使意识有限，难以起到决定性的作用。相互性是相互保险组织的本质特征，强调服务会员，强调会员的自治、共治与民主，并以一人一票制作为主要治理规则。但在现有的部分相互保险社，董事主要由初始运营资金的提供者派出，会员董事数量较少。当初始运营资金的提供者之间发生矛盾，就会出现组织日常经营受到严重影响，组织治理出现僵局，董事会难以有效运作的局面。从根本而言，体现为在现有中国的相互保险组织内部，会员力量孱弱，会员虽然名义上是组织的所有权人，但其实际权力掌握在董事会及初始运营资金提供者手上。

再次，由于初始运营资金提供者在现有组织中占有主要位置，这使得组织在经营上以营利为目的的导向非常突出。保险是一个较长周期经营的行业，初期的资金投入较大，并常伴有一定期限的亏损。目前，国内部分相互保险组织初始运营资金的提供人，对相互保险"不以营利为主要目的"的本质认识不清，也不全面，但是其对资金的收益和返还有着较高的要求，这使得实践中出现了相互保险组织难以满足初始运营资金提供者对于资金迅速返还并支付收益的要求。在这一局面下，部分初始运营资金的提供者对相互保险组织的运营施加了与相互保险本质并不相同的、以营利为主要追求的目标导向，使得相互保险组织很难保留从历史传承而来的"初心"。

最后，相互保险组织处于市民社会与保险监管的中间地带，监管部门、司法部门对于监管与市民自治的边界尚未建立明确的标准与可操作的技术方法。当相互保险组织在现实中遇到一系列矛盾、棘手而本身的机制难以发生作用的难题时，监管部门是否可以干预组织内部的运作，是否可以深入组织内部矫正组织治理僵局，或者如股东派生诉讼般由司法部门介入，在目前的理论和实践上尚未得到回应。

上述问题产生的背后，集中体现了我国对相互保险组织的本质特征——相互性，缺乏历史传承而来的理解，对这一组织本身具有的价值观和组织内涵没有深刻的认识，也对这一组织发展过程中的变迁缺乏历史性的感知。并且，对于相互性内涵变化带来的复合型特征，带有的营利性/非营利性特性，及以会员为中心的组织导向，没有在法律移植中，注入组织的灵魂中去。基于上述问题，本书认为从现有的《试行办法》出发，结合相互保险组织相互性内涵的变化，我国现有的相关监管规则主要可以从以下几个方面进行完善：首先，相互性在不同规模的组织之间存在差异，这一差异具体体现在大型相互保险组织越来越带有营利性特征，而小型相互保险组织则更多地保留了非营利特征。因此，应区别不同规模的相互保险组织，实施不同的治理规则和监管规则。其次，相互性与监管的互动中，使得其自治性受到了一定的约束，这一约束非常直观地反映在了保单持有人的利益分配的规则中，也反映为组织治理层面在监管与自治之间的微妙平衡。监管规则应更多地建立内部自治规则体系，鼓励会员参与到组织治理之中。最后，对于中国而言，选择何种组织形式，能够更好地传承和反映相互保险组织的本质特征，需根据组织、组织的发展历史与中国国情进行综合的考虑。

第四节　规模为什么重要

我国《试行办法》区分了不同规模的相互保险组织，但是适用了同一组织定位，也适用同一套组织运作规则，并在规则层面默认除设立条件有差异外，大小型相互保险组织都为营利性组织，组织可以分配盈余，相关的法律监管与制度安排并无区别。实际上，从保险行业的行业特征，以及相互保险组织本身面临的所有权成本来看，规模对相互保险组织有着决定性的影响。大型相互保险组织由于保单持有人规模庞大，追求的盈余规模也大，面临着基于自身所有权结构产生的庞大交易成本，这使得其已经很难维持早期会员制企业的特点。从某种程度上而言，大型相互保险组织保留了会员制的骨架，但其精髓却在规模的冲击下难以维持。与之相对，小型相互保险组织由于规模较小，许多的保险监管得以豁免，保留了较多的相互制传统。

一　相互保险组织追求规模的原因及影响

从历史上看，相互保险组织源于人们的聚会娱乐活动，并逐渐发展为带有原始保险特征的互帮互助行为。[①] 例如，在早期的古罗马，角斗士们

---

① ABB Landis, *Friendly Society and Fraternal Orders*, Published by the Author, 1900, pp. 3-5.

多有身体损伤，通过成立俱乐部、捐助资金进行互助的形式，以保留有尊严的生活，并能够在死后使得家属得到救助。在此后的发展过程中，早期的相互保险组织又受到基督教博爱、平等理念的影响，为其带来了友爱、互助、非营利色彩。① 早期的相互保险组织设立了一定的入会门槛，非为一定"身份"的成员并不能加入，可以说这一组织在早期是典型的封闭性会员制，规模不大而成员之间又相互熟识。在救助机制上，相互保险组织遵循按照人头即时征收费用的模式，即当某一风险事项发生时，则由社团统一无差别的征收，组织并不追求营利，也经常面临入不敷出的局面。②

可是，以原始互助为特征的组织模式面临了许多持续经营的困难，具体表现在：（1）按人头随时征收费用的模式难以防范道德风险与逆向选择风险。例如在 19 世纪，相互保险组织的代表友谊社就曾频繁地发生会员骗保事件，并且早期投保群体无差别的费用征收模式，使得年轻人相较年老的会员付出更多而获益较少，年轻人越来越不愿意加入友谊社。③（2）相互保险组织在发展的后期会员数量越来越多，难以保持原有成员之间的亲密关系，组织治理也出现了大规模的搭便车现象。

所幸，精算技术的发展与保险监管的介入，使得保险行业与相互保险组织都得以进化，前者由原始互助转化为现代保险，后者则由私力自助组织进化为现代保险企业。从精算的发展历史来看，概率论等统计数学的发展起到了重要的作用。借助对风险事件的考察，研究人员发现"保险集中了大量的同质风险"，而大数法则有助于"预测出该风险集合的损失总额，再在个体风险单位间进行分摊"，进而能够在风险定价上覆盖风险频率和损失程度。④ 风险发生的频率可以在概率论等数学方法下进行计算，并且通过一定数量的保险单位，能够实施风险的对冲，保险业由此进入了"科学化"的阶段。不过，精算技术的适用必须满足大数法则，即在样本

---

① 缪若冰:《相互保险公司的理念与特色》,《中国保险》2016 年第 3 期。

② Timothy W. Guinnane, Jochen Streb, "Moral Hazard in a Mutual Health Insurance System: German Knappschaften, 1867 - 1914", *The Journal of Economic History*, Vol. 71, No. 1, March 2011, pp. 73-74.

③ M. Fothergill Robinson, *The Spirit of Association*, John Murray, Albemarle, Street, W., pp. 138-146.

④ 张艳辉:《保险经营中的大数法则与规模经济性》,《财贸研究》2003 年第 3 期。

足够多的时候，越接近精算计算的结果。为了满足大数法则的要求，保险企业必然要求有更多的，满足投保要求的保险产品消费者。因为当规模越大时，保单的消费者越多，也越接近精算的计算结果。这就决定了，保险行业的每一个参与者都会追求一定的规模，以满足大数法则，提高经营水平，这其中相互保险组织也不例外。

在保险精算推动现代保险业形成的同时，以保险监管为代表的国家力量也进入到了保险领域。现代保险监管的核心为偿付能力监管，具体而言，偿付能力要求保险企业必须有一定的资本存量，而资本聚集的主要作用即是预防在风险事项集中发生时，企业能有足够的能力来抵御不好的年份。偿付能力监管的最本质反映即"有多少钱干多少事"，当保单规模越大时，需要更多的资本以防范经营中的风险。

保险监管的介入与精算技术的应用，使得保险行业与相互保险组织发生了质变。对于保险而言，精算技术促使保险企业在一定的规模下进行经营，同时保险监管必然要求其维持与规模相适应的资本。这一影响体现在相互保险组织上，则是在经营模式上，相互保险组织开始放弃即时征收费用的模式，更多地转为精算计算下的预缴保费形式。并且偿付能力的监管要求，也促使相互保险组织必须留存一定经营所得不予分配，并在此后以资本的形式凝固在组织内部。

二　规模差异及相互保险组织的法律分化

根据汉斯曼的理论，对于任一组织而言，决定组织形式的，背后存在两类成本：一是市场交易成本；二是所有权成本。在成本最低的所有权配置状态下，企业交易成本的总和应当实现最小化，也就是以下两种成本之和达到最小：（1）企业与非所有人的客户在市场上交易的成本；（2）作为企业所有人的那一类客户拥有企业的所有权成本。从这一理论出发，虽然相互保险组织也面临着道德风险与逆向选择风险为代表的市场交易成本，但是相比股份制保险公司，组织所有权人同时为保单人的组织结构无疑在降低市场交易成本方面更有优势。

但是，相互保险本身的所有权成本劣势却越发明显。相互制并不是如股份制一样以融资作为组织的最主要目的，保单持有人为组织所有权人的所有权结构，使得这一组织并不能像股份制保险公司一般通过发行股份进行融资。实际上，相互保险组织的融资渠道有限，规模越大时，其承受资本的压力也越大。但是，相互保险组织却依然承受了作为保险企业所要遵循的大数法则与偿付能力监管。另外，相互保险组织聚集了相较股份制保险公司而言非常庞大的所有权人数量。庞大的所有权人规模，使得相互保险组织本应有的会员制在许多方面难以发挥作用，组织的控制权实际存在于管理层手中，原有的建立这一组织所有权机制的初衷落空了。

为应对资本聚集的压力与高所有权成本带来的困境，不同规模的相互保险组织在应对方式上出现了分化，这最终使得大小型相互保险组织在法律定位与组织特点上出现了差异：

其一，大型相互保险组织以"去相互化"模式解决所有权成本。为减少自身的所有权成本，大型相互保险组织采取了多种法律措施，这些法律措施归结起来带有"去相互化"的特征。例如，为了解决融资能力的限制，大型相互保险组织开始引入类股权的资本工具，而部分相互保险组织如风险保留集团则直接以股份制嫁接会员制的形式开展相互保险业务。以全国天主教风险保留集团公司为例，其是注册在美国佛蒙特州的风险保留集团，其组织类型为营利性的股份制公司，每一股东取得一股具有投票权的 A 类股，以及根据其资本贡献和支付的保费金额折算的无投票权 B 类股，该组织也获得美国国内税收法典下的税收减免资格。这家公司为美国法下的风险保留集团，也是广泛意义上的自保公司，属于典型的相互保险公司，但与一般性的相互保险公司不同，成员向组织进行了出资，是保单持有人的同时，也是组织的股东及所有权人。另外在保单业务上，部分大型相互保险组织也向非会员进行了开放，这无疑打破了传统会员制所有权结构下对非会员业务的限制。上述大型相互保险组织发生的变化，无疑都在彰显其在向股份制保险公司靠拢，其目的是通过突破相互制来解决相互制这一所有制下的所有权成本。在这些变化的背后，大型相互保险组织与股份制保险企业越走越近，在法律定位上也更多地定位为营利性组织。

并且，在部分国家，如德国大型的相互保险组织——互助社在法律上放开了非会员保单，日本也放开了非会员保单的限制。从很多方面来看，大型相互制保险企业拥有数量庞大的保单持有人，这使得大型相互保险组织的会员之间难以再像小型相互保险组织一般，会共同地参与组织的重大决策，"搭便车"的情况普遍存在。在这一情况下，大型相互保险组织很难再指望维系早期小型社团时期的封闭性，开放而不是封闭成为这一组织的必然选择。这也决定了，大型相互制保险企业在某种程度上保留着会员制企业的组织架构，但在另一方面这一组织在某种程度上已经丧失了会员制的特色，成为一个与股份制公司类似的商事组织。

其二，小型相互保险组织以固守"相互制"解决所有权成本。与大型相互保险组织不同，小型相互保险组织解决所有权成本的思路是限制会员数量，发挥会员制的特色。通过固守更多的会员制传统，小型相互保险组织努力通过增强会员的亲密、团结与互助，来克服组织的代理成本。同时，在部分国家，小型相互保险组织依然定位为非营利组织，限制组织的分红，通过累计盈余，以解决小型相互保险组织的融资问题。例如，德国大型互助社等同于商人，只有《保险监督法》第53条定义的小型互助协会不是商人，其遵守民法典的内容。①

第五节　大型相互保险组织规则的完善

大型组织和小型组织的差异性，在相互保险上体现得一览无遗。玛丽·道格拉斯在《制度如何思考》一书中曾这样写道："小规模的社会不同于大规模的……当人际关系的规模小到足够的程度，任何事情都有可能发生……当社会组织非常小的时候，利他主义好像就没有什么理论上的困难了。"② 在某种程度上，规模决定了组织的许多构造，也决定了组织制度与组织内涵。

大型相互制保险企业拥有数量庞大的保单持有人，这使得大型相互保险组织的会员之间难以再像小型相互保险组织一般，会共同地参与组织的重大决策，"搭便车"的情况普遍存在，并且由于大型相互保险组织不具有股份制公司中明确定义的资本维持、企业增值和营利利益，而是形成一种保持不明确定义的会员利益的代理权，职业性很弱，从而将决策权交给了董事会。在这一情况下，大型相互制保险企业在某种程度上保留着会员制企业的组织架构，但在其本身发生了非常深刻的变革，使得这一组织在某种程度上在相互性内涵上丧失了会员制的特色，成为一个与公司类似的

---

① Act on the Supervision of Insurance Undertakings, Section 34-36, Section 53.

② ［英］玛丽·道格拉斯：《制度如何思考》，张晨曲译，经济管理出版社2013年版，第26—27页。

商事组织。因此，大型相互保险组织的定位与小型相互保险组织存在一定的差异，这也决定了对应的法律制度构建也有所不同。

一　营利性组织的法律定位

如前所述，我国《试行办法》下的一般性相互保险组织应定位为营利法人。这一法律定位有以下特殊意义：

首先，大型相互保险组织是与股份制保险相竞争的组织模式，若采用非营利的法人定位，将使得一般性相互保险组织相较股份制保险公司取得非对称的竞争优势，影响市场公平。回顾中国改革开放后的保险行业发展史，可以发现，中国保险行业在组织竞争上一直处在各行各业的前列，从国有大型保险企业，到合资保险公司，再到民营保险企业，保险业一直遵循着由竞争提升行业水平的路径，在市场自由化上一直领先于银行与证券行业。① 若将大型相互保险组织定位为非营利组织，在税收等方面取得优势，这无疑在市场竞争上，使得股份制保险公司相较大型相互保险组织处于劣势。

其次，大型相互保险组织的未来发展，既可以兼容会员型投保人，也可以吸收非会员的保单持有人，两者同时容纳于大型相互保险组织之内，这部分非会员的存在，决定了大型相互保险组织定位为营利性组织更符合其业务的特色。在德国，大型相互保险组织定位为商人，根据《保险监督法》的规定，当公司章程明确授权时，互助社可以对非会员提供固定保费的保险；② 在日本，农协下属全国共济农业协同组合联合会既可以向农民会员出售保单，也可以向非农民会员出售保单，这部分非农民会员也称为准会员；③ 在美国，相互保险公司与股份制保险公司差异不大，可以向非会员出售包括车险、寿险、健康险等在内的保单。因此，相互保险作为一个成熟的保险组织，可以向非会员出售保单，而非会员业务的存在，使得大型相互保险组织可以更好地与股份制保险公司进行竞争。

再次，大型相互保险在组织治理上，从会员为中心已经逐步过渡到将

---

① 陈恳：《迷失的盛宴：中国保险史》，浙江大学出版社 2014 年版，第 131—171 页。

② Act on the Supervision of Insurance Undertakings, Section 21.

③ Mohamed Esham, Hajime Kobayashi, Ichizen Matsumura, Arif Alam, "Japanese Agricultural Cooperatives at Crossroads: A Review", *American-Eurasian Journal of Agriculture and Environmental Science*, Vol. 12, No. 7, 2012, p. 945.

权力交给职业经理人及董事会，这是会员数量增长后的必经趋势。在大型相互保险组织，由于会员数量庞大，在组织治理上会员普遍存在搭便车的倾向，因此大型相互保险组织除了最高权力机构赋予会员代表大会或者会员大会外，其主要的权力行使人为董事会和经理人员，在日常的管理上已与股份制保险公司没有差异。并且，由于规模庞大，大型相互保险组织需要的管理人员与行政人员数量，在规模上丝毫不逊色于股份制公司。这与非营利组织规模较小，将财物主要集中于组织的主要目的，已经截然不同。考虑到这一特殊情况，大型相互保险组织已不适宜定位为非营利组织。

最后，对于中国保险市场而言，相互保险组织的一大竞争亮点在于"盈余可以分配至会员"，会员能够享受到组织的发展成果。对于投保人而言，相较于股份制公司简单的保险契约关系，这一分配机制享有一定的竞争优势。而这一分配机制，也需要大型相互保险组织将组织定位为能够进行利润分配的营利法人。

二　大型相互保险组织与资本的筹集

大型相互保险组织最主要的竞争对象是同等规模的股份制保险公司。这一市场竞争格局，使得大型相互保险组织与资本有着非常矛盾的关系。从域外来看，大型相互保险组织在设立时需要启动资金，在初期以初始运营资金的形式覆盖最初经营期间的费用，在后期则通过经营所积累的盈余，以满足各国偿付能力的准备金要求。但是这样的资本基础对于大型相互保险组织而言，远远不够。大型相互保险组织融资能力上的劣势，不仅影响了这一组织未来的发展，也为其组织特征埋下了变革的种子。

相互保险企业的所有权人是作为投保人的会员，会员的每一个投保对应着相互保险组织的一项债务，会员的所有权基础并不是固定的股权，而是随时应偿付的债权。虽然部分相互保险组织可以要求会员以缴纳会费的形式增加资本，但这样的操作在实践中已经非常稀少。[1] 上述种种现实情况的存在，使得相互保险组织并不能如股份制企业一般迅速地将业务规模和企业规模扩大，必须随着时间稳扎稳打，通过盈余积累或者发行债券的

---

[1] Swiss Re, "Mutual Insurance in the 21st Century: Back to the Future?", *Swiss Re Sigma*, No. 4, 2016, p. 13.

形式积累资本。

随着时间的推移，相互制保险企业开始逐步向资本打开大门，但是这一资本结构的变革，引发了许多方面的问题。最主要的问题是如何在保持会员制企业形式的同时，向资金提供者分享权力。实践中，各国立法的主要应对方式是在现有的机制上，对资金提供者的权力施加限制。如德国，互助社在成立后可以对外发行参与性凭证，这部分资金所有权人的主要权利包括参与利润分配、分担亏损等，是一种可由企业自行决定形式的有价证券，但监管部门限制这部分资本的权限，如通常不具备互助社成员所享有的选举权和质询权。① 在英国，监管部门推出了《相互保险组织递延股份法》，包括互助社和相互保险公司在内的相互保险组织可以对外发行递延股份。该法规定递延股份的持有人，能够成为相互保险组织的成员，可以参与相互保险的组织治理，但无论其面值多少，只享有一个投票权，且组织解散后才能收回其投资。② 在法国，相互保险组织可以通过发行"相互票据"的形式进行筹资，相互票据的持有人可以向组织的成员和外部投资者发行这一票据，这一票据能够按照相关规定赚取股息，但并不能参与组织的治理。在清算等情形下，也不享有净资产的任何权益，特别是也不能参与组织合并或者解散的决议。③

从上述国家的相关实践来看，相互保险组织已经开始逐步发行突显其组织特色的、类似股权的资本工具，这一资本工具的主要特征包括较长的存续期限、能够分享组织的收益，但资本工具的持有人在组织的治理上受到严格限制，表现为限定其投票权，或者根本不授予其投票权。不过，这些资本工具的存在，说明相互保险组织在资本的筹集上已经开始迈出革命性的一步，法律也推动了组织以有限权利交换的方式，在金融市场换取长期的资本。

在大型相互保险组织再融资问题上，《试行办法》尚未做出明确的规定。与相互保险社相比，股份制保险公司在我国资本市场上可以采取多种

---

① 梁涛主编：《相互保险组织运作及风险管理研究》，中国金融出版社 2017 年版，第224 页。

② 王志宇：《没有股东权益的相互保险组织如何实现权益融资——〈英国相互保险组织递延股份法〉简介》，《法律与新金融》2016 年第 12 期。

③ Swiss Re, "Mutual Insurance in the 21st Century: Back to the Future?", *Swiss Re Sigma*, No. 4, 2016, p. 21.

方式补充资本。根据《保险公司资本补充管理办法（征求意见稿）》的内容，股份制保险公司可以采取下列方式补充实际资本：（1）普通股；（2）优先股；（3）资本公积；（4）留存收益；（5）债务性资本工具；（6）应急资本；（7）保单责任证券化产品；（8）非传统再保险等。[①]其中，仅债务性资本工具就包括发行次级债和资本补充债券。由此可见，我国股份制保险公司有着较为多样的资本补充工具，能够通过金融市场发行各种金融工具来扩大本身的资本，从而进行业务的扩张。

为了促进我国大型相互保险社的发展，除了放开一般性的债务融资，如银行贷款、债券发行外，本书认为我国大型相互保险组织可以借鉴域外相互保险组织的实践，允许这一类组织发行类股权资本工具。并且，在资本工具的具体规则上，应该坚持：（1）再融资发行的股权型资本工具，应限制其在相互保险组织的投票权。无论任何一类资本性工具融资金融有多大的规模，应将其投票权限制在一票之内，从而维护相互保险组织非资合性组织的治理特征。（2）再融资发行的股权型资本工具，可以按照发行条件，享受固定股息或者按照发行文件确定一个有上限的浮动利率，并且这一利率水平应得到监管部门的批准。（3）再融资发行的股权型资本工具，应为长期性的资本。（4）再融资发行的股权型资本工具，应在清偿顺序上组织的债务，在破产时只能在所有债务清算完毕后进行偿付。

三　会员与非会员业务

相互保险组织的一个基本特征是会员制。从世界主要保险市场来看，各国对相互保险组织是否可以向非会员出售保单有着并不一致的规定：在日本，相互保险会社和各类协同组合下的相互保险组织，可以向非会员外的第三人出售保单，但不同组织的章程对非会员/会员的规定有着很多的不同。如日本生命保险相互会社规定，分红保险保单的持有人为组织成员，不对盈余进行分红的保单持有人为非组织会员，且该类非会员保单不超过全部保额的20%。在日本合作社组织内部，则区分了会员和准会员之分，后者并不享有正式会员享有的治理权。在德国，若章程规定且获得金融监管部门的同意，相互保险组织可以对会员以外的第三人出售保单，但

---

① 中国保监会办公厅：《关于征求对〈保险公司资本补充管理办法（征求意见稿）〉意见的函》（http://www.circ.gov.cn/web/site0/tab5168/info3941575.htm）。

实践中这部分业务被严格限制，并且多出现于包括共同保险、再保险以及个别的宠物保险与旅行险之中。① 从上述各国对非会员业务的规定来看，非会员业务被严格限制于某些保险业务，或者只能占整体保额的一定比例。

从发展的过程来看，各国相关的法律规定上基本都开放了相互保险组织的非会员保险业务，之所以放弃传统的会员门槛，主要有以下几方面的考虑：首先，在融资能力受组织形式限制后，20 世纪在各主要经济体掀起了"非相互化浪潮"，相互保险组织的市场份额越来越受到股份制保险公司的侵蚀。若相互保险组织能够开放非会员业务，无疑能够吸引更多的非会员投保人，扩大自身的市场份额。其次，部分组织的章程规定，在满足一定条件后，如在缴纳会费的情况下，部分非会员可以转为会员，这一做法在某种程度上扩大了这一组织的潜在客户群体。最后，由于在监管规则的设计上，相互保险组织虽对非会员放开了投保门槛，但同时也限制了非会员行使权利的范围，总体上并未动摇会员所有制。

当然，非会员的业务还是引发了许多对相互保险组织特色如何保持的忧虑，因此各国在放开非会员业务的同时，也引入了监管部门对非会员业务的审核。实践中，相较于大型相互保险组织，多数小型的相互保险组织依然恪守会员制的入会门槛，并不轻易向非会员开放业务。

对于我国而言，现阶段在监管规则上，一般相互保险组织应以不开放非会员业务为宜。即使开放，也需将该类保险产品限定在一定的范围内（如限定期限或者保障范围）。② 作为后移植国家，我国尚未建立起会员制企业的组织文化和治理理念，相互保险组织和从业人员对相互制还在不断摸索、消化的过程之中。若从监管规则上仓促放开非会员业务，将影响现阶段相互保险组织的引入，使得这一组织在落地的初始阶段，即开始"去相互化"，相互制组织的特色提前被稀释。因此，对于我国大型相互保险组织而言，现阶段应以会员制为中心，并且构建以会员为中心的保险产品。

---

① 梁涛主编：《相互保险组织运作及风险管理研究》，中国金融出版社 2017 年版，第 25、334 页。

② 实际上，目前的信美人寿相互保险社已向非会员开放保单的出售，不过消费者能够购买的非会员保单，期限较短，通常为一年以下。

第六节　小型相互保险组织规则的完善

相比大型相互保险组织，小型相互保险组织对于满足市场个性化和小众化的保险需求，促进保险产品的下沉有着重要的作用。不过，与大型相互保险组织相比，小型相互保险组织需要的初始运营资金更少，会员人数也较少，且集中于某一行业或某一区域，风险集中度较高，这导致小型相互保险组织在抗风险能力上存在先天的弱势。不过，小型相互保险组织更多地保留了相互性的本质特征，并且我国庞大的人口规模、较低的保险覆盖率等特殊国情，又决定了小型相互保险组织在我国有着广阔的发展空间。

一　非营利组织的法律定位

小型相互保险组织应在法律上定位为非营利组织，但是非营利组织的定位仅仅是这一类组织的起点，更为关键的是落实非营利组织有关的法律制度。通过对国内外相关法律制度的研究可以发现，非营利组织最为关键的优势集中在税收缴纳与盈余分配等方面。因此，小型相互保险组织除了应明确定位为非营利组织外，应辅之以配套的法律制度：

首先，小型相互保险组织作为非营利组织，应享有税法上的优惠。根据我国《企业所得税法》，非营利组织的收入为免税收入。此外，我国还有若干在营业税上以及企业捐赠上的税收优惠措施。[①] 然而，目前《试行办法》并未将大型、小型相互保险组织相互区别，这导致小型相互保险组织在盈余分配上与大型相互保险组织并没有区别。因此，未来在监管规则上应将小型相互保险组织明确纳入非营利组织，这将有助于小型相互保险组织减轻税费的缴纳，激励更多的社会主体参与到小型相互保险组织的组建与发展中去。

[①]　财政部、国家税务总局《关于非营利组织企业所得税免税收入问题的通知》："一、非营利组织的下列收入为免税收入：（一）接受其他单位或者个人捐赠的收入；（二）除《中华人民共和国企业所得税法》第七条规定的财政拨款以外的其他政府补助收入，但不包括因政府购买服务取得的收入；（三）按照省级以上民政、财政部门规定收取的会费；（四）不征税收入和免税收入滋生的银行存款利息收入；（五）财政部、国家税务总局规定的其他收入。"

　　其次，对小型相互保险组织的财产和盈余分配进行限制。根据《民法总则》对非营利法人的规定，非营利法人是指为公益目的或者其他非营利目的成立，不向出资人、设立人或者会员分配所取得利润的法人。为满足《民法总则》对非营利法人的规定，我国应在相互保险组织的相关法律法规中，对小型相互保险组织的盈余分配，规定如下：（1）明确小型相互保险组织作为非营利组织，不得向会员以现金的形式进行盈余分配，盈余分配的方式只限于保费减免，并且必须在体内循环。这一做法，一方面可以避免非营利组织资产的体外分配；另一方面满足了我国现有法律对非营利法人的规定，保证了保单持有人的"盈余分配权"。（2）明确小型相互保险组织作为非营利组织，在解散时，剩余财产的用途应满足其设立的目的，不得向会员进行分配。非营利组织不得分配的规则贯彻小型相互保险组织从出生到死亡的整个过程，因此在组织解散时，财产依然不能够进行分配，从而满足组织成立时的初始目的。

　　再次，对小型相互保险组织初始运营资金的筹集，应在降低门槛的同时，鼓励社会以捐赠资金等方式支持小型相互保险组织的发展，为配合这一目的，捐赠资金应在税法上给予优惠。小型相互保险组织由于规模较小，会员人数较少，在初始运营时将面临设立阶段的资金募集问题。在《试行办法》中，监管部门按照组织的设立目的和对象，分别设置了不同的会员人数和初始运营资金的规模。另一方面，《试行办法》中规定了初始运营资金可以来自捐赠，若这一资金筹集方式能与向非营利组织捐赠获得税收优惠结合起来，无疑能够极大地解决小型相互保险组织的设立难题。

　　最后，应限定小型相互保险组织的经营范围、入社人数及经营的保险种类。小型相互保险组织与大型相互保险组织最为关键的区别是，前者设立了入社的门槛，将社团关系放在了相较保险契约更为关键和重要的位置上。这一关键性的区别，决定了小型相互保险组织保留了相互性下的会员制传统。当组织成员的规模变大时，相互保险组织将很难继续恪守传统的会员制，组织特色将消散，组织定位也将随之改变。因此，在监管规则与未来的法律安排上，限制小型相互保险组织的规模，将其定位为典型的非营利会员制企业，将有助于这一组织体作为相互制企业服务于会员。

二　涉农类相互保险组织的规则安排

　　相对贫困的农村地区始终是我国实现现代化的一个艰巨挑战。这一问题的重要性，可以从"精准扶贫"到中央多个涉农一号文件的颁布中看到。在国家战略层面，中央也始终将农村农业的发展提到事关中国全面建设小康社会的关键所在。

相比城市地区，我国农村地区由于经济发展水平相对落后，保险市场规模较小，农村保险业务的开展存在多方面的困境：首先，农村地区由于受教育水平以及收入的原因，对于保险的认识和理解相对落后，这导致农村投保的人数和保险覆盖比例较低；其次，保险机构在价格与种类上，都没有针对农村保险的特点提供足够丰富及富有竞争力的产品；[①] 最后，农村地区由于整体市场规模较小，在经济理性的推动下，传统的商业性保险机构并未关注这一市场的需求。

针对上述问题，相互保险组织在农村地区的全面推广，无疑有以下优势：首先，在相互保险组织引入我国之前，遍布保险市场的主要为股份制保险公司，这一保险组织主要定位为营利性组织，以资本增值为主要目的。而涉农类相互保险组织围绕着农民会员的利益进行服务，这决定了在保险产品的费率上，后者将更多地向会员倾斜，能够提供更具有价格竞争力的保险产品。其次，涉农类相互保险组织由于规模较小，集中于服务农民会员，可以在注册地和办公地点上贴近农村，贴近农民，这不仅可以让投保人近距离地接触保险组织，了解相互保险组织的运作及理念，也可以促进保险组织及时与投保人接触，了解和开发适合农村地区的保险产品。最后，涉农类相互保险组织由于覆盖人群明确，自身定位精准，适合国家相关政策和税收优惠的支持，这将有助于这一组织在农村地区进一步地扎根与发展。

截至 2017 年 9 月，我国在部分地区已经开展了涉农类相互保险的试点工作，从试点结果来看，现有的涉农农村保险互助社从村一级试点扩展到镇一级，[②] 为村民提供的保险产品包括意外伤害险、家庭财产险及补充医疗险等，[③] 并且在保险赔付上，施行的是当赔偿金额大于互助社偿付能

---

① 丁浩、李晓亮：《我国农村保险的现状及发展对策》，《企业导报》2011 年第 17 期。

② 慈溪市工商分局：《我市成立全国首家农村保险互助联社》（http://www.cixi.gov.cn/art/2013/7/23/art_ 14404_ 1016968. html）。

③ 严梅兰、王杨扬、张陆梦、徐仲建：《农村保险互助社的发展问题研究——基于全国首家镇级农村保险互助社的调研》，《中国集体经济》2016 年第 31 期。

力时，按照比例进行支付，而不是全支付的赔付机制。①

从当下农村保险互助社试点的情况来看，现有的农村相互保险监管规则存在的主要问题是：在现有的农村保险互助社机制下，农村的参保人员以及保费缴纳水平，难以在大数法则下，实现保费降低和全额偿付的目标，在偿付能力上存在许多潜在的隐患。由于农村保险互助社集中在某一村，或者某一地区，覆盖人群有限，并不像商业保险公司一般可以实现产品的全国覆盖。这样的局限性，使得农村保险互助社的参保人数较少，并且风险聚集，一旦集中性的保险事件发生，将极大地影响涉农类保险互助社长期稳健的发展。

目前，主要有两种方法解决涉农类农村保险互助社偿付能力较弱的问题：一是扩大投保人数，当投保人数增长后，在大数法则下，保险互助社的抗风险能力将增强；二是增加涉农类农村保险互助社的资本金，在资本结构上增强其抗风险能力。农村试点互助保险组织正是按照上述思路增强其风险偿付能力，具体的措施包括试点企业的覆盖对象从村一级扩大到镇一级，实现村一级农村互助社的联营，从政策导向上扩大投保基数，从而增强农村互助社保险互助的抗风险能力。此外，在互助社的资本金上，为鼓励及支持农村保险互助社的成立，《试行办法》规定的设立标准为≥100万元。虽然从《试行办法》和试点的涉农类相互保险组织来看，国家有意识地扩大投保人数，并且保持设立一定金额的门槛，但上述措施，并没有从规则层面进行明确。

本书认为，我国可以在监管规则上明确，涉农类保险互助社可以以纵向+横向的形式，依托我国行政机构的设置，建立涉农类保险互助社的再保险机制。这一机制类似于国际保赔协会成员之间的联保安排。国际保赔协会共有13家会员，每一会员都是独立的非营利保赔组织。在国际保赔协会下的13家成员之间签订了《互保协议》，该协议约定了什么金额的保险案例可以纳入互保体系，也约定了损失如何在参会成员之间分摊。简而言之，每一单独的会员，对单个的风险案例按照协会的规定进行赔付，当单一保险赔付金额超过保赔机构的赔付能力时，该保险赔付案例转入《互保协议》约定的赔付机制，由13家会员"根据吨位

---

① 林斌：《推动农村保险互助社健康发展的思考——浙江瑞安市马屿镇"三位一体"保险互助社的调研报告》，《保险职业学院学报》2016年第1期。

以加权方式分摊"①。因此，国际保赔协会成员之间的《互保协会》创设了一个再保险的风险赔付安排，每一个单独的会员都在自身的承保范围之外获得了其他会员的风险分担安排。

国际保赔协会成员的再保险安排对我国涉农类相互保险组织有许多借鉴之处。涉农类相互保险组织由于参保人数较少，风险集中，往往抗风险能力较弱。因此，可以考虑如国际保赔协会下的风险分摊机制，在全国范围内或者全省范围内建立涉农保险互助社的再保险安排，具体而言，首先，可以在村一级或者镇一级设立相互保险社，这一级相互保险社直接面对投保人；其次，在县一级或者市一级设立相互保险协会，这一协会的主要起到再保险机制的作用，该级组织下辖一定数量的相互保险社，可以规定当保险赔付资金达到一定数额时，进入平级的互保范围内，由各平级机构均摊或者按照投保人数加权计算均摊的保费份额；在第二级再保险机制外，可以再在省一级设立互保机制，对前一级的保险机构进行再保险分担机制。总而言之，在这一安排之下，相互保险组织可以在村一级直接建立相互保险社，吸收社员，发放保单，并且实行村一级相互保险社的内部自治，同时在村级相互保险社之上建立再保险机制，分担基础层级面临的保险赔付风险。

三　非涉农小众型相互保险组织的规则完善

在德国，小型互助社被定义为"经营限定于一定范围、一定区域及一定人群的互助社"②。德国存在许多非常有特色的小型互助协会，这些小型互助协会提供的保险较为小众，如动物保险、丧葬保险等。在德国，对小型互助社初始运营资金并没有具体数额的要求，德国法律只规定这一资金的额度能够覆盖"互助社设立的成本和设立担保和运营基金"即可，而担保和运营基金的金额根据每一保险机构的偿付能力进行计算。③

小众型相互保险组织可以促进保险生态市场的进一步发展。从域外的经验来看，产品特色丰富，针对小众险种设立的小型互助社满足了人们不

①　美国保赔协会：《美国保赔协会简介》（http://www.american-club.com/files/files/The_American_Club_a_Profile_Mandarin_April_2015.pdf）。

②　梁涛主编：《相互保险组织运作及风险管理研究》，中国金融出版社2017年版，第217页。

③　Act on the Supervision of Insurance Undertakings, Section 22 and Section 53.

同的风险保障需求。同时，这样一种小型互助社使得人们可以基于特定的目标聚集在一起，在实践中促进人们的团结合作，实现民主治理的法律实践。小型互助社也构成了对大型互助社或商业保险公司的有益补充，在大型相互保险组织或者商业保险组织不愿进入或者利润较少的领域，这一组织可以很好地将人群凝聚起来，集众人之力完成特殊化、个性化的保险需求。

我国现有保险规则在相互保险组织的设置上，除涉农类保险互助社外，其标准倾向于设立大中型相互保险组织。根据《试行办法》的规定，专业性、区域性相互保险组织初始运营资金的门槛为1000万元，发起人数为100人。这样的一个设立门槛，无疑难以满足现阶段部分小型互助社小众化、个性化与特殊化的需求。

我国之所以在《试行办法》中未将非涉农类小型相互保险组织考虑在内，从中国现有的国情来看，一方面是相互保险组织对我国商业保险市场而言，是一个新移植的组织类型，各方面尚在推动与逐步摸索阶段，监管部门意欲从大到小，建立相互保险组织的行业经验，培育相关人才；另一方面，国内现有的制度环境，放开小型互助社的设立，某些情况下可能导致包括非法集资、滥用保险牌照的情形。①

中国的特殊国情决定了非涉农小型相互保险组织在现有保险监管规则中缺失，但未来我国应主动引入这一层级的组织。非涉农小型相互保险组织不仅可以促进保险业务的下沉，填补市场的空白，也可以自下而上地培养社会对"相互保险"的认识，从长远而言，对相互保险的健康发展有着举足轻重的作用。

在具体的监管规则上，小型相互保险组织在立足我国国情的基础上，可以结合域外已有的经验，在以下几个方面进行有针对性的设置：首先，在初始运营资金上，一方面可以适当降低门槛，在现有的专业性、区域性相互保险组织基础上下调，并逐步过渡到以偿付能力而不是一个固定的资金金额，设定组织的初始运营资金要求；其次，监管部门应保留认定小型相互保险组织资格的监管权力，这一权力可以年检或者其他的方式，从而保持一个动态的检查；再次，在组织定位上，明确其设立应满足市场小众

---

① 中国保监会（现中国银保监会）：《关于有关人员涉嫌以筹建相互保险公司名义开展非法集资活动的风险提示》（http：//www. circ. gov. cn/web/site0/tab5175/info3957600. htm）。

化、特殊化、个性化的保险需求，限定其发展方向以及发展规模以保留其设立的"初心"；最后，在组织治理上，为与大型相互保险组织及股份制保险公司相区别，必须要求小型相互保险组织的治理贯彻民主自治，会员大会为最高权力机构，并以此为基础设立日常的运营机构。

第七节　保单持有人的利益分配

在资本出资的情形下，股份公司的股东之间可以按照资本额的多少，在转制、分配、治理权利中遵循"资本决定权力"的逻辑贯彻始终。[①] 与资本出资相比，保单出资却面临着许多技术性的问题，例如每一保单对组织的盈余贡献怎么计算，在前者可以计算的情况下，是按照保单的金额还是按照盈余贡献的价值来分配权利？如果按照盈余贡献的价值来分配权利，每一年的计算要以什么时间点作为截止，因为组织既有源源不断的保单涌入，也有不同的保单流出。此外，大型相互保险组织保单的规模以百万计，这样的权利分配过程，是否涉及过于庞大的核算成本也应考虑在内。

实际上，保单持有人的利益分配问题，既反映在相互保险的组织治理过程中，出现在盈余分配、税收、转制问题上，也出现在了解散时的财产分配问题上。要确立上述权利分配的原则，或者具体的方向，关键还是要回到相互保险本质特征上。

从理论上看，相互保险组织具有国家干预与市民自治之特点，但这一特点，也受到各国不同的立法传统的影响。从主要的保险市场看，大陆法系政府在经济领域的干预较深，结果是相互保险组织本身内部的自治性较弱，关于保单持有人利益分配的问题，更多地在法律层面解决，而不是完全地按照成员意思自治的方式确定。与大陆法系国家的法律主导型不同，美国则是更多地偏向于市民自治，法律有指导规则的同时，也将一定的意思自治权授予了组织，具体体现在相互保险组织的盈余分配上，则是组织成员可以合意的形式，按照章程的规定进行分配。以美国为例，美国在立法上对相互保险组织的会员分配有指导规则，如部分州规定盈余分配的对

---

① 刘燕：《相互保险与股份保险比较》，《中国金融》2016 年第 24 期。

象应该是在分配日时已成为三年保单持有人的会员，也有部分州对时间期限的规定为五年，并有部分州对现有保单持有人的分配设定了限制。[①] 在具体的分配产品和考虑因素上，以美国纽约人寿保险公司为例，分红的产品主要是终身型的寿险产品，考虑的因素包括保费、保险成本、费用、税收影响、投资收益等，是一个综合计算的结果。德国则与美国不同，法律严格地规定了分配规则和层级，保单的分红划分为三层，最低的一层由法律、保险合同与组织共同决定，第二层由董事会或董事会与监事会共同决定，第三层在计提相关的准备金后由会员大会决定。[②]

在具体的盈余分配计算上，有部分学者认为，对相互保险组织的盈余分配计算可以从三个维度考察，分别是经济盈余、会计盈余和法定盈余。其中，经济盈余强调对盈余的衡量要考虑其未来的资产和提供服务的价值，而不是会计上的历史成本，会计盈余则是依赖一般会计准则，对组织的盈余数目进行计算，法定盈余则比前述两类标准都更为严格，将许多或有的认可事项剔除，从最严格层面计算盈余数目。[③]

与其他国家相比，我国现行的《试行办法》赋予了会员盈余分配的决定权，在监管规则层面并没有给出明确的标准，这意味着相互保险社可以由会员最终决定盈余分配的数额及标准。仅从这一规定内容来看，一方面可以看到监管部门希望将盈余分配的自治权授予相互保险社，以促进市民社会组织的自发生长，但这一规定却极有可能在现实中演变为组织治理僵局及管理层控制的情形。

本书认为，作为后发国家，我国不适宜将盈余分配的决定权完全授予相互保险社。在现阶段，较为适宜的方法是监管规则规定一定期限以上的存续会员可以享有盈余，此期限可以规定为至少三年以上，并将这一时间期限的上浮权利授予每个相互保险组织。当盈余分配的期限拉长后，一方面可以激励保单持有人长久地存续在组织内部，促进组织的稳定；另一方面，盈余分配对象的限制，能够更好地帮助相互保险组织提高偿付能力，

---

① Gordon O. Pehrson Jr., David R. Woodward, James H. Mann, "Demutualization of Insurance Companies: A Comparatice Analysis of Issues and Techniques", *Tort & Insurance Law Journal*, Vol. 27, No. 4, Summer 1992, p. 713.

② 梁涛主编：《相互保险组织运作及风险管理研究》，中国金融出版社 2017 年版，第 36 页。

③ Howard E. Winklevoss, Robert A. Zelten, "An Empirical Analysis of Mutual Life Insurance Company Surplus", *The Journal of Risk and Insurance*, Vol. 40, No. 3, 1973, pp. 404-407.

而不是在激烈竞争下，以盈余分配的噱头降低本身的偿付能力。此外，对盈余的计算应由监管部门出具专门的会计规则，在许多方面要严于一般会计准则的计算，以保证盈余分配完成后，相互保险组织可以持续地保证自身的偿付能力。

第八节　相互保险组织的组织形式选择

在《试行办法》中，我国并未明确相互保险组织的组织形式。在随后的试点企业中，监管部门陆续批准了众惠财产相互保险社、信美人寿相互保险社和汇友建工财产相互保险社正式营业，三家企业的注册资本都超过了1亿元，属于较大的大型相互保险组织。从三家相互保险社的名称来看，我国选取了将相互保险与互助社相结合的模式，而之所以选择互助社而不是公司，本书认为可能是基于以下理由：公司在我国的语境下更多地体现了资合性特点，而不是一个可以体现会员制的组织形式。此外，在法律上，现有《公司法》并未就相互保险组织的适用留出空白，若直接对接，在法律上有许多挑战之处。

一　公司组织形式的可行性探讨

从历史上看，相互保险的历史渊源是欧洲工业革命时期的友谊社和合作社运动，这一时期的类似组织，秉承会员制特点：其一，吸收会员，将会员的力量集结起来，与企业主进行谈判；其二，设立入会门槛，减少非会员在就业上的竞争压力；其三，由组织体为依托，扩散服务范围到成员之间的福利救济。基于这样的基础，随着时代的发展，逐步进化为只为会员保险利益服务的互助社。不过，在这一演变过程中，互助社已渐渐成为一个外在的组织名词，组织已经有相当多的内容借鉴公司的治理规则，这一点在德国互助社的规定上尤为明显。[1] 从主要的经济体来看，除了德国大型互助社外，域外主要的大型相互保险组织，都采用了公司形式——如美国的 All State，以及日本的大型相互保险会社等。

相互保险组织运用公司这一组织形式，能够享有许多组织规则层面上

---

[1]　Act on the Supervision of Insurance Undertakings，Section 34–36.

的优势。从域外来看，不论是德国的互助社，日本的相互保险会社，还是直接采用公司组织形式的英美相互保险公司，都在组织的规则上直接或者间接地引用大量公司法的规则，这或多或少与公司制度本身的成熟度有关。诸多商事实践也已经证明，公司内部由股东大会、董事会和监事会（或独立董事）构建的权力制衡体系，是一个较为高效和简洁的治理模式。相互保险需要做的，只是将股东大会替换为会员大会或者会员代表大会，并辅之以本身特有的组织规则。

二　我国相互保险组织可采用的组织形式

虽然公司制的相互保险组织具有诸多优势，在域外也并不鲜见，但相互保险在我国以公司的形式引入，却会在我国的法律实践上引发一系列问题。我国《公司法》是以资合性为基础所构建的组织法，并在此基础上构建了相关的治理规则、分配方式、破产重整等内容。在相关的理论与法律实践中，公司也被"当然地"理解为股东出资的产物。如果将相互保险与公司结合，固然可以在治理规则上进行借鉴与消化，但是这一适用将引起许多争议：

首先，我国初步引入相互保险组织，虽然在治理规则上可以借鉴公司法，但在治理规则之外的运作规则并不能适用公司法的相关内容。以盈余分配为例，相互保险组织是保单持有人为所有权人的特殊结构，其分配可以按照内部成员的决议，以保单的数量、金额或者其他形式的标准进行分配。从盈余分配开始，这一利益分配的特殊性贯穿了相互保险组织从破产重整、转制、解散到合并的一系列程序。这使得相互保险组织必须有自己的一整套组织规则，即使引用《公司法》关于董事会、监事会的治理规则，相互保险组织本身需要建立一系列的运作制度。换言之，现有《公司法》是以资合性为基础构建了一整套由此产生的法律制度，除了部分治理规则外，相互保险组织必须重新构建相关的规则，这一特点已体现在《试行办法》的规定之中。

其次，我国作为相互保险组织后移植的国家，市民社会尚在逐步培育的过程，适用公司的名称，可能会引发对其相互性内涵的理解偏差。我国在20世纪八九十年代就已经引入公司，公司从出现伊始就带有鲜明的资合性特征。资合性的另一面则体现为公司主要为股东的资本增值服务，体现为"资本决定权力"的逻辑始终贯穿于这一组织的方方面面。相互性的内涵则与资合性组织完全不同，它包含了不以营利为主要目的的组织特点，包含了互助与同舟共济，市民自治、独立与团结的组织理念。以"相互保险社"的名称，可以更好地体现相互性的一面，也可以从名称上更多地引导人们关注这一组织体的本质特征。

最后，不论是公司或者互助社的形式，最重要的是通过组织形式，将相互性这一本质特征传递到参与组织的会员中。相互性这一本质特征的形成源于人们结社自由的权利，形成于欧洲市民社会，人们通过结成友谊社、互助社等组织，以私力互助的形式，区别于国家与私人。在组织内部，人们在其中可以训练如何行使自己的权利，并以会员的身份参与到组织的民主管理之中。因此，以"社"（society）的组织形式（互助社或者合作社），能够反映这一组织结社自由、市民自治的特点，也更有利于我国作为后移植国家，对其精神内涵的传承与学习。

综上，理论上相互保险完全可以嵌套到公司组织之中，但是实践中，从组织相互性内涵的传承与发扬，结社自由、市民自治等组织理念的培育，以及我国《公司法》的相关立法基础来看，无疑"社"（society）的组织形式，更能反映这一组织的特点，也更具现实意义。

三 立法可能的模式

从域外来看，相互保险组织的立法模式主要有三种，第一种是在《保险法典》中进行专章规定，与股份制保险公司作为并列的组织形式；第二种是在各类商事组织法中单独规定，《保险法》作为行业法律，统筹监管；第三种区分不同的相互保险组织，分别对应不同组织类型立法。① 这三种立法对我国都有借鉴意义，但最为关键的是需与我国本身的法律体系相结合。

在法律层面，我国涉及组织法的主要有《公司法》《合伙企业法》等，除了上述专门的组织法外，针对特定的领域，出现了组织法和专门性法律合并立法的形式，如《农民专业合作社法》《慈善法》与《保险法》等。

从《公司法》《合伙企业法》的立法轨迹来看，我国对于覆盖面较

---

① 梁涛主编：《相互保险组织运作及风险管理研究》，中国金融出版社 2017 年版，第 12—13 页。

广，能够适用于不同领域的组织一般统一立法。以公司为例，这一组织形式并不局限于某一行业，既有金融行业、化工行业的公司，也有农业、手工业、服务业的公司，种类繁多，适用性极强，因此立法采用统一的《公司法》，以涵盖各行各业设立公司的需求。《公司法》的这一立法逻辑也为《合伙企业法》所适用，在我国，既有会计行业的合伙企业、私募基金的合伙企业，也有律师行业的合伙企业，适用领域广泛。因此，不论是《公司法》还是《合伙企业法》，都未在法律条文中规定这一组织形式适用于某一特定行业。

与《公司法》《合伙企业法》不同，特定行业由于具有非常强的专业性，制定对应行业的组织法成为立法的一个导向，这其中的代表就有《农民专业合作社法》《慈善法》。在《农民专业合作社法》中，该法规定了农民合作社的性质，写明了合作社的原则，从设立、登记、盈余分配、组织治理、成员，到财务管理，较为清楚、仔细、明确地规定了农民专业合作社的相关内容，能够做到有针对性地立法，同时能在一定周期的实践后，进行对应的修改与完善。与《农民专业合作社法》相比，《慈善法》则是另一围绕特定活动，对特定组织进行规定的法律，《慈善法》先定义什么是慈善活动，此后确立了法律层面的慈善组织，再围绕着慈善组织如何运营以及怎样合法地从事慈善活动进行规定，是从特定活动再到特定组织的立法路径。不论是《农民专业合作社法》还是《慈善法》，由于对应组织所从事的活动具有非常专业的适用领域，适用的规则并不具有向外延伸的普适性，所以适合采用专门立法的形式。

与《农民专业合作社法》《慈善法》相似，我国现有的《保险法》是围绕着从事商业保险的股份制保险组织进行立法的，既是一部组织法，也是一部监管法。在具体的条文设置上，总则定义了什么是保险——主要是商业保险的定义，此后规定了保险合同的主体、内容及相关注意事项，区分了人身保险和财产保险的不同，此后再转入保险公司以及保险经营的规则，以及相关从业人员的监管。通观整个《保险法》的条文，可以说法律的制定是从合同入手，再转入具体的组织经营与从业人员的规制，既有保险组织的具体规则，也有保险行业监管的内容，是监管法与组织法的结合。

但是，对于我国而言，将相互保险组织纳入《保险法》内存在许多困难之处，主要体现在以下几个方面：首先，原有的《保险法》的架构围绕着股份制保险组织展开，将相互保险组织纳入，将破坏原有《保险法》的规制起点，原法律需要较大程度的修改，以兼容不同组织下的监管规则。其次，相互保险组织本身内部分层，小型相互保险组织在域外的经验表明，定位为不能分配的非营利组织更能促进这一保险组织的发展，因而我国在小型相互保险组织的法律定位上以非营利组织为宜。但这一现状将增加相互保险组织纳入《保险法》中的难度和整体规则制定的复杂性。最后，相互保险组织本身的监管具有特殊性，例如在利润分配上，相互保险具有保单持有人与会员身份相重合的特性，导致这一组织在保险合同的规定上与股份制保险公司有着较大的区别。

对于中国而言，如《农民专业合作社法》《慈善法》一般，未来将保险行业的相互保险组织进行单独的组织立法，并适用《保险法》监管规则是可行的立法模式。这样的模式将有诸多方面的优势：首先，《试行办法》对于相互保险这一重要的组织形式而言，法律位阶过低，不利于这一组织未来长远的发展，有必要逐步完善组织法的立法；其次，单独立法既反映了相互保险组织的特殊性，也能够在不破坏原有《保险法》的整体结构下，将这一组织形式从法律层面引入中国；最后，相互保险组织不仅能够适用商业保险，也能适用社会保险与政策性保险，这一多样性以单独立法的形式呈现，能够为相互保险组织留下更多的法律空间。因此，本书认为相互保险组织的立法若能单独进行组织层面的立法，辅之适用于对应的监管法律，对相互保险组织而言，是一个较为适宜的立法模式。

第九节　我国相互保险组织的未来

自 20 世纪以来，全球掀起了"去相互化"浪潮。[1] 正如汉斯曼所分析，保险行业在保险监管介入的情况下，其特殊的所有权结构价值，已经为保险监管所替代。那么，相互保险组织引入中国，到底意味着什么？我们又该秉承什么样的视角观察相互保险。本书认为，相互保险组织的发展

---

[1] 对于非相互化浪潮，有学者认为非相互化主要是为了解决相互制下不能发行股份的融资问题。参见［美］乔治·E. 瑞达、迈克尔·J. 麦克纳马拉《风险管理与保险原理》，刘春江译，中国人民大学出版社 2015 年版，第 96—98 页。

区分为三个阶段：第一阶段，相互保险组织因其特殊的所有权结构，在保险监管尚未跟进时，超越了股份制保险公司，取得了竞争优势；第二阶段，保险监管改造了保险行业，股份制所具有的资本优势，具有的开放优势，超越了相互保险组织；① 第三阶段，相互保险组织走向进一步的开放，以共同共有的所有权模式嫁接互联网，将可能走出替代资本的道路。而相互保险组织与互联网结合的第三个阶段，也许是适合人类社会发展的未来道路。

　　20 世纪，相互保险组织逐步落后，部分源于坚守封闭的会员制，不如股份制开放，融资能力的匮乏也限缩了其盈利水平。不过，源于股份制保险公司的竞争，深刻地影响了相互保险。部分相互保险组织开始脱离"封闭团体"的特征，迈向开放的保险组织体，在运营上开始去会员化，在业务上与股份制保险公司趋同，成为这一类保险公司的发展特点。② 不过，当互联网兴起，早期的互助模式在网络上"复活"，一个极具挑战性的问题开始出现：如果相互保险组织与互联网技术结合，迈向更进一步的开放，坚持自己共同共有的模式，是否可能颠覆组织的法律生产方式？是否可能产生新的组织竞争方式？这对人类社会而言，又意味着什么？

　　当我们观察相互保险组织的所有权结构时，可以发现相互保险组织的所有权主体——保单持有人，是一个共同共有的关系，也就是说相互保险组织的所有权人共同拥有了组织，并没有如股份制或者合作社一般，区分了每个人的份额。③ 所以，在日本，又称相互保险组织为共益组织。资产负债表上的差异，也显示了相互保险组织与股份制保险的不同。其中，股

---

　　① 部分研究认为相互保险组织具有成本优势，但这一优势并未有一致的实证材料所证实，目前存在争议。认可相互保险组织成本优势的，可见于 J. David Cummins, Mary A. Weiss, Hongmin Zi, "Organizational Form and Efficiency: The Coexistence of Stock and Mutual Property Liability Insurers", *Management Science*, Vol. 45, No. 9, September 1999, pp. 1254–1269, 认为股份制保险更具有成本优势的可见于 Otgontseg Erhemjamts, J. Tyler Leverty, "The Demise of the Mutual Organizational Form: An Investigation of the Life Insurance Industry", *Journal of Money, Credit and Banking*, Vol. 42, No. 6, September 2010, pp. 1011–1036.

　　② 也有许多相互保险组织严守自己的团体特色，将保险对象局限于某一地区或者某一特定职业群体，并未向非特定对象开放，走小而精的发展路径。

　　③ 这一共同所有的特征，可参见以下案例 State Farm Mut. Auto. Ins. Co. v. Superior Court, 114 Cal. App. 4th 434, 8 Cal. Rptr. 3d 56 (2d Dist. 2003)。

份制保险公司有所有者权益一项，而相互保险组织只有负债，所有权人的出资显示为组织的准备金。

当互联网嫁接早期的互助模式时，我们看到这样一种图景：（1）这是一个没有所有权人，没有资本，也没有区分份额的互助模式；（2）互联网的互助模式实现了原始保险最根本的功能——人与人之间的互助，资金不用于分配，不产生资本的利润，只用于风险的分摊；（3）目前的网络互助模式，在很大程度上只为共益，它比传统的股份制保险更为开放，也比相互保险组织更为开放；（4）在成本上，因为没有固定的物理设备，它的总体运营成本比传统的保险组织低。只是，网络互助的最主要问题，是难以保证对每一个参与人的风险进行公平的评估，从而在责任分配层面做到公平。并且，在没有监管的情况下，也难以保证参与人员对规则的普遍遵守，以及平台能够一直合法合规地经营。

网络互助与早期的未纳入监管的相互保险组织有诸多的相似之处，如果我们进一步，将纳入监管的相互保险组与互联网相结合，我们也许可以看到一个更为开放、没有边界，所有业务只为保险需求的保险经营模式开始出现。相互保险组织在互联网的规模效应下，可以实现大数法则下的精算运营，同时共有更多地体现了一种"共产"的状态，不以利润为主要目的，服务于会员，全部的收益都只为保险需求，没有资本项下的利润分配需要，去资本化成为一个可能的图景。

从19世纪到20世纪，当相互保险组织为股份制所代表的资本力量所打败时，互联网所具有的开放、链接能量，却似乎为这一组织带来了未来的无限可能性。更多的开放性，更多的平等，并且去除资本的组织特性，无疑为社会带来了聚焦人类根本目标的可能性。这也许是人类未来社会发展要走的道路。

对于社会主义的中国而言，相互保险组织的组织理念，本质特征与保险监管的互动，在互联网技术上的应用以及潜力，使得我们在相互保险组织未来的发展上，必须记住以下几点：（1）开放而非封闭才能提高竞争优势。换言之，只有进一步地、持续性地、更大范围地开放，才能在制度竞争中获胜，不论是早期的相互保险组织与股份制保险公司的竞争，还是互联网对传统行业可能的颠覆，都体现了这一特点。（2）解决责任/收益分配问题的关键，是保证公平，而保证公平，有赖于人类现代文明的成果——这其中既有保险监管的经验教训，精算技术的引入，也有对人们差异的承认。追求平等的前提，是机会的平等，有差异的责任，而非无差别的分配平等。正如早期互助社模式的失败所呈现的，当绝对无差别的分摊机制适用时，组织难以为继。只有科学地认识到差异，才能持续地、稳定地推动组织进步。(3) 技术进步是制度更迭的决定性要素，制度追随技术，而非技术追随制度。相互保险组织的模式一直存在，但是如果没有精算技术，没有互联网技术带来的规模效应，以符合精算技术下的大数法则，则相互保险组织的进化，绝无可能。(4) 未来的相互保险组织，不仅需要国家干预作为保障，也依赖成熟市民社会的构建。只有每一个个体能够形成对规则的敬畏，培育出对共同规则的信念，训练出自治、共治的精神，高度发展的、去资本化的社会形态与组织形态，才具有现实可能性。从这方面来看，相互保险组织对中国的意义，远远超过一个简单的商事保险组织的引入。

结　　论

　　相互保险组织对中国而言，是非常特殊的商事组织体，这一组织体的所有权人是顾客，所经营的是受高度管制的保险业务，而与其他组织体有所区别的是，作为受到高度管制行业中的组织体，在内部却给予了成员许多自治空间。在组织内部，成员通常实行一人一票的组织治理原则，成员之间共享平等、民主与互助的组织治理理念；相互保险将最高权力赋予了会员，体现了权利在民的思想。组织同时受到保险法的规制，从保单的费率、盈余分配的额度，到保险合同的条款都在保险监管的范畴之内。由此可以看到，相互保险组织兼具组织高度自治与国家干预的色彩，两者虽然矛盾，但都统一地汇集于一身。

　　从历史上看，早期的相互保险组织是一个远离国家监管，又区别于私人板块的中间组织。早期的相互保险组织并没有采用带有现代意义的相互保险（Mutual Insurance）名称，而是称为友谊社、互助社及兄弟互助会等。从这些名称中，可以看到这一组织体本身具有浓厚的价值观色彩。在当时的欧洲，人们并没有现代的保险商品可供选择，国家也没有为一般民众提供可以保障生老病死的社会保障。在此背景下，人们只能通过自己的努力，相互团结在一起组成社团，通过私力互助的形式为自己也为他人提供一份保障。由于是人们自发联合起来的组织体，成员们极为珍惜内部的自治空间，也对国家干预带有本能的反感。当然，这样的一个组织特色也与18、19世纪所面临的新旧冲突，自由、民主与封建复辟同时并存的政治经济环境有关。当时的相互保险组织与合作社一道，成为典型的市民社会组织，它们代表着新的市民社会阶层对传统等级制的扬弃，也代表着与追求纯粹私人利益组织体的分离，是非常有特色的带有社会经济色彩的中间组织体。

在内部的互助机制上，早期友谊社或者互助社更多施行的是按人头摊收费用的形式，在成员需要救助时，从会员处收取会费。虽然在组织内部，部分友谊社会设立内部的风险基金，但是这一风险基金数额在粗糙的精算技术下，往往面临入不敷出的局面。友谊社在互助职能外，带有社交的功能，有时风险基金的资金还需提取用于包括啤酒聚会在内的费用支出。并且，由于会员数量众多，会员在很多情况下并不能控制管理层的行为，监守自盗的犯罪行为层出不穷，这导致早期的友谊社面临着频繁的经营失败问题。

从 19 世纪下半叶到 20 世纪初，自由放任的经济政策在诸多资本主义国家开始遇到周期性的经济失败，人们开始反思这一对市场不进行干预的理念是否真的能够解决经济运行中的问题。最终，国家干预以包括经济法在内的形式，进入市场经济的运行之中。在这一国家职能扩张的过程中，包括友谊社、互惠社、互助社在内的组织，逐步开始纳入保险监管的范围。

在历史传承、互助理念及所处时代环境等多方面的影响下，相互保险组织形成了相互性这一最本质的组织特征。相互性的具体含义是指人们共同行动，相互合作与共担风险的互惠行为与理念。从相互性这一本质特征出发，衍生出了相互保险组织的基本特征，包括没有股份、成员的团结、民主管理、独立与有限的利润分配等。相互性反映了成员之间互帮互助、同舟共济的组织理念。并且，作为一个深具历史的组织体，相互性中也融入了市民社会组织的特点，即定位为既不同于国家，也不同于追求利润的私人组织体特性。由相互性这一本质特征出发，形成了相互保险组织包括会员制在内的组织制度。

在理论上，学者们尤其关注由相互性所衍生的所有权结构。汉斯曼认为早期的保险行业缺乏监管，在保险精算技术不成熟的背景下，保险行业面临着一系列的问题。例如，他认为在寿险行业，保险企业面临的最主要问题是利益冲突问题。在当时，风险评估技术较为粗糙，很难有效甄别出每个个体的具体风险程度，这使得保险组织极易面临逆向选择的问题，即那些风险程度更高的成员反而更有动机进行投保。另外，投保人由于选择了期限较长的寿险保单，投保人难免有顾虑，担心自己缴付的保费有可能被保险企业挪用或者不能按照合同约定得到足额赔付。与寿险业不同，财险面临的最主要问题是如何解决投保人与保险企业之间的信息不对称问题。

相互保险通过将保单持有人变为组织的所有权人，无疑有效地缓解了寿险行业中存在的利益冲突以及财险中存在的信息不对称问题。但是，这一保单持有人同时为所有权人的所有权结构并非没有成本，庞大的保单持有人规模，导致了组织内部所有权与控制权相分离的问题十分严重。并且，这一所有权结构使得相互保险组织并不能像股份制保险企业一样发行股份进行融资，这使得相互保险组织在融资能力上存在先天缺陷。

汉斯曼认为保险监管的出现，有效地降低了保险业因信息不对称及利益冲突所产生的市场交易成本，这使得相互保险在解决市场交易成本时的优势变得不再突出。不过，汉斯曼虽然分析了监管对保险企业市场交易成本与所有权成本的影响，但他并没有进一步研究保险监管对相互保险组织本质特征带来的法律变化。

从相互保险组织的历史出发，可以看到监管的介入深刻地改变了保险行业，不仅改变了保险行业的组织行为，也改变了保险行业中的组织体。并且，对于相互保险组织而言，随着保险监管的介入，相互保险组织的本质特征相互性，开始发生深刻的、不可逆的改变。

在盈余积累上，能够清楚地看到保险监管给相互性内涵所带来的变化。对于保险企业而言，组织良好运作的关键是持续维持对保单的偿付能力，而偿付能力必然要求组织持续拥有一定的资本。对于相互保险组织而言，它并没有像股东一类的资本提供者，只有一个个保单持有人，而这些保单持有人同时是组织的所有权人与债权人。相互保险必须通过积累盈余，也就是资产超出负债的部分，来不断地提高自己的偿付能力。但是，这一积累盈余的过程，必然使得它追求一部分的利润。如果成本和收入只是刚刚相抵，那么相互保险组织不可能积累到监管所要求的盈余水平。为满足监管所要求的偿付能力，相互保险组织不再能像早期缺乏国家监管时，全部盈余以保费减免、保额增加或者分红的形式返还给保单持有人。实际上，一部分盈余必须留存在组织内部，以抵御不好的年份。在组织规模扩大的情形下，相互保险需要积累的盈余也相应地需要扩张。

因此，在保险监管下，积累部分盈余而不进行分配的实践做法，使得相互保险本质特征迎来了一个非常深刻的改变。这一改变首先体现在组织的法律定位上，相互保险组织还是像早期的友谊社/互助社一样属于不追求利润的非营利组织吗？如果对早期的友谊社、互助社的组织定位进行研究，无疑那时没有受到保险监管的互助组织，是一个典型的非营利组织体。但是，在保险监管对偿付能力的要求下，相互保险组织已然在积累盈余上面发生了变化。这一改变的结果是，相互保险组织从原来纯粹的、完全不追求利润的市民社会组织，转化为了现代商事保险组织。这一法律定位的结果也得到了部分国家法律的检验，如美国明确地将大部分相互保险组织定位为营利性组织，英国也将相互保险公司、从事保险业务的友谊社从不以营利为目的（Not-for-profit）的组织中剔除出去。不过，也有国家的学者在理论上或者从本国的法律层面出发，认为相互保险组织的主要目的不在营利，其经营模式有特殊性，将其定位为包括共益组织/社会经济/第三部门组织，从而将其与一般性的追求利润的组织相区别。

保险监管对相互性特征带来的变化并不局限于法律定位的改变，相互性法律化改造的另一个结果是，互助行为转化为了保险商事契约，这使得相互保险组织与其他互助合作类组织有了根本性的不同。相互性在组织理念上具有互帮互助与同舟共济的特点。在友谊社时代，人们并没有强制性的法律义务来支付会费以帮助那些处于困难之中的会员。在会员没有支付会费的情况下，友谊社最严厉的惩罚措施，只是将未缴费会员逐出友谊社。这一私力互助的特征，使得早期的相互保险组织与其他互助合作类组织分享了许多共性，差别较小。但是在保险监管的介入下，这一互助行为有了法律强制性。换言之，道德意味更浓的互助行为转变为具有法律意义的商事保险契约，这也使得相互保险组织与其他互助合作类组织有了本质特征的差异。

因此，在保险监管的推动下，相互性的内涵发生了改变。这一改变的结果具体表现为，与早期相互保险组织相比，现代相互保险提供了具有法律强制性的风险保障，从事的是具有营利色彩的保险业务，在其内部同时具有明确的、有法律意义的所有权人，这一所有权人同时是保险企业的客户。这一相互性内涵的变化，使得相互保险与许多带有慈善互助色彩的组织体相区别。当然，在这一相互性的转变过程中，部分相互保险组织恪守了自己非营利的特征，坚持资产锁定，不进行利润分配，并且在组织运作上具有慈善色彩。但是，这一类组织，包括保赔协会、兄弟互助会，并不是主流的相互保险组织，它们或者不受保险法的监管，或者业务性质非常特殊，难以代表主流的相互保险组织。

　　不过，历史传承而来的组织文化与基因，并没有在保险监管的介入下丧失殆尽，而是传承了其中的精髓，并以包括会员自治、民主、平等为特征，融入相互保险的日常运行之中。这些由私力互助时代所传承的组织理念与组织架构，与保险行业的监管同时并存于相互保险组织。因此，当代相互保险组织在相互性下展现出了多重的、相互矛盾而又统一的特征，包括所有权人与顾客的统一，国家干预与市民自治的统一，也包括组织目的上的营利性与非营利性。这里特别需要注意的是，相互保险组织目的的非营利性并不是纯粹法律意义上的非营利性，这一非营利性更多地带有"不以营利为目的"（Not-for-profit）的色彩。

　　互联网的发展为相互保险的研究带来了新的命题。如果从组织的演变史上看，相互保险从一个不受监管的互助组织，演变为现代保险法意义下的保险企业。那么网络互助，为什么不能代表一个组织可能的演变方向？互联网已经颠覆了传统的货币基金，出现了互联网银行、互联网法院、互联网政府，那么这一对现代经济与社会生活极具革命性的技术，为什么不能催生一个新的线上的相互保险？互联网所带有的扁平化结构，带有的民主、平等与自治色彩，本身与相互保险的运作具有契合。并且，互联网带来的规模效应，能够非常明显地降低风险保障的成本，这一运作方式甚至对于保险而言，都具有颠覆作用。只是，网络互助目前受限于缺乏物理场所，受限于精算技术的欠缺，尚难以突破传统保险监管的种种框架性限制，但是假以时日，这一网络互助必然挑战现有的保险市场，也会给法律监管带来新的命题。

　　对于中国而言，一定要通过研究相互保险组织相互性与保险监管的互动历史，在构建相互保险组织的法理基础上，来研究相互保险组织的法律定位与组织边界，并对现有的监管规则进行完善。如果没有这一法理基础，对相互保险组织的许多研究只会失之偏颇。这一问题反映在现有的《试行办法》上，可以看到一个非常突出的问题是，《试行办法》对于不同规模的相互保险组织适用了同一法律定位与监管规则。实际上，大型相互保险组织由于保单持有人规模庞大，追求的盈余规模也大，这使得其已经很难维持早期会员制企业的特点。从某种程度上而言，大型相互保险组织保留了会员制的骨架，但其精髓却在规模的冲击下难以维持。与之相对，部分小型相互保险组织，由于规模较小，许多保险监管得以豁免，并且许多国家基于政策扶持的立场，将其定位为非营利组织，从而与大型相互保险组织相区隔。在这一背景下，《试行办法》区分了不同规模的相互保险组织，但是适用同一组织定位、适用同一套组织运作规则，与当下大小型相互保险组织在域外发展的趋势并不相符，也与两者组织特征发生的变化趋势不符。因此，本书认为，中国大型的相互保险组织应定位为营利性企业，而小型相互保险组织为非营利组织，两者适用不同的监管规则。特别地，对于小型相互保险组织，监管在很多方面可以豁免规制，并且在税收上给予政策优惠。

　　无论从何种角度看，相互保险组织引入中国，都面临着极大的挑战。一方面，中国从历史上便缺乏国家与私人中间的社会层面，这使得带有市民社会特征的组织体在中国一直不甚发达，相互保险组织能否在这一环境下不因水土不服而健康发展存在很多的不确定性；另一方面，我们的文化是否能够让保单持有人适应平等、民主与自治的会员制，目前看也存在很多的未知。不过，正是由于中国缺乏这样的一个社会土壤，相互保险组织的引入才更具有多方面的意义。它可以在组织内部训练会员，让会员从简单的保险契约关系方，更多地意识到自身是权利的拥有者，从而锻炼会员的权利意识，并在组织内部实践包括民主、自治在内的价值与理念。对中国而言，这无疑是一个通过保险这一载体，进入普通民众生活当中，培育市民社会的一个历史机遇。当然，这一过程，对于中国以及相互保险组织而言，都任重而道远。

参考文献

一 中文文献

（一）著作

［法］阿列克西·德·托克维尔：《论美国的民主》，董果良译，商务印书馆 2017 年版。

陈恳：《迷失的盛宴：中国保险史》，浙江大学出版社 2014 年版。

陈岷等：《合作社法律制度研究》，法律出版社 2013 年版。

陈旭麓：《近代中国社会的新陈代谢》，生活·读书·新知三联书店 2017 年版。

邓峰：《普通公司法》，中国人民大学出版社 2009 年版。

邓正来：《国家与社会——中国市民社会研究》，北京大学出版社 2008 年版

［美］E. 博登海默：《法理学：法律哲学与法律方法》，邓正来译，中国政法大学出版社 2017 年版。

费孝通：《乡土中国》，北京出版社 2005 年版。

［美］弗兰克·M. 特纳：《从卢梭到尼采》，王玲译，北京大学出版社 2017 年版。

甘培忠、周淳、周游：《企业与公司法》（第八版），北京大学出版社 2017 年版。

郭雳：《思在录：金融法律问题研究》，经济科学出版社 2001 年版。

［美］哈威尔·E. 杰克逊、小爱德华·L. 西蒙斯编：《金融监管》，吴志攀等译，中国政法大学出版社 2003 年版。

［美］汉密尔顿等：《联邦党人文集》，程逢如、在汉、舒逊译，商务印书馆 1980 年版。

何增科主编：《公民社会与第三部门》，社会科学文献出版社 2000 年版。

［美］亨利·汉斯曼：《企业所有权论》，于静译，中国政法大学出版社 2001 年版。

［美］黄仁宇：《万历十五年》，中华书局 2007 年版。

江生忠：《保险企业组织形式研究》，中国财政经济出版社 2008 年版。

蒋大兴：《公司法的观念与解释》，法律出版社 2009 年版。

金锦萍、葛云松主编：《外国非营利组织法译汇》，北京大学出版社 2006 年版。

［美］克莱·舍基：《人人时代：无组织的组织力量》，胡泳、沈满琳译，浙江人民出版社 2016 年版。

［美］拉塞尔·柯克：《美国秩序的根基》，张大军译，江苏凤凰文艺出版社 2018 年版。

［英］里查德·道金斯：《自私的基因》，卢允中等译，中信出版社 2012 年版。

梁涛主编：《相互保险组织运作及风险管理研究》，中国金融出版社 2017 年版。

刘剑文：《走向财税法治——信念与追求》，北京大学出版社 2009 年版。

刘燕：《会计法》，北京大学出版社 2001 年版。

刘宗德：《制度设计型行政法学》，北京大学出版社 2013 年版。

［美］罗恩·彻诺：《摩根财团：美国一代银行王朝和现代金融业的崛起：1838—1990》，金立群译，江苏文艺出版社 2014 年版。

［美］罗纳德·哈里·科斯：《企业、市场与法律》，盛洪、陈郁等译，上海三联书店 1990 年版。

［德］马克斯·韦伯：《新教伦理与资本主义精神》，康乐、简惠美译，广西师范大学出版社 2010 年版。

［美］马修·利伯曼：《社交天性：人类社交的三大驱动力》，贾拥民译，浙江人民出版社 2016 年版。

马长山：《国家、市民社会与法治》，商务印书馆 2002 年版。

［英］玛丽·道格拉斯：《制度如何思考》，张晨曲译，经济管理出版社 2013 年版。

民政部法制办公室编：《中国慈善立法国际研讨会论文集》，中国社会出版社 2007 年版。

钱穆：《中国历代政治得失》，九州出版社 2012 年版。

钱穆：《中国社会经济史讲稿》，钱穆讲授，叶龙记录整理，北京联合出版公司 2016 年版。

［美］乔治·E. 瑞达、迈克尔·J. 麦克纳马拉：《风险管理与保险原理》，刘春江译，中国人民大学出版社 2010 年版。

［美］乔治·E. 瑞达、迈克尔·J. 麦克纳马拉：《风险管理与保险原理》，刘春江译，中国人民大学出版社 2015 年版。

［英］斯蒂芬·霍尔盖特：《黑格尔导论》，丁三东译，商务印书馆 2013 年版。

［美］托马斯·潘恩：《潘恩选集》，马清槐等译，商务印书馆 2015 年版。

吴志攀：《金融法概论》，北京大学出版社 2011 年版。

［古希腊］亚里士多德：《政治学》，吴寿彭译，商务印书馆 1965 年版。

闫云翔：《礼物的流动：一个中国村庄中的互惠原则与社会网络》，李放春、刘瑜译，上海人民出版社 2016 年版。

杨团、葛道顺主编：《社会政策评论》（第二辑），社会科学文献出版社 2013 年版。

叶姗：《社会保险法》，高等教育出版社 2016 年版。

［以］尤瓦尔·赫拉利：《人类简史：从动物到上帝》，林俊宏译，中信出版社 2014 年版。

翟继光：《美国税法典》，经济管理出版社 2011 年版。

张守文：《经济法总论》，中国人民大学出版社 2009 年版。

周雪光：《组织社会学十讲》，社会科学文献出版社 2003 版。

（二）论文

代轩宇：《西欧行会组织的发展与演进》，《中北大学学报》（社会科学版）2011 年第 2 期。

丁浩、李晓亮:《我国农村保险的现状及发展对策》,《企业导报》2011年第17期。

郭林、张亚飞:《隋唐义仓制度变迁评析》,《郑州大学学报》(哲学社会科学版)2014年第1期。

何春燕:《相互保险公司法律制度研究》,硕士学位论文,中国政法大学,2006年。

胡可:《欧文空想社会主义的思想渊源》,《苏州大学学报》(哲学社会科学版)1986年第3期。

胡仙芝:《自治、法治、经济杠杆:社会组织管理框架和思路》,《国家行政学院学报》2008年第4期。

黄徐箐:《论欧文空想社会主义》,《学理论》2011年第21期。

黄宗智:《再论18世纪的英国与中国——答彭慕兰之反驳》,《中国经济史研究》2004年第2期。

江生忠、王成辉:《论相互保险公司在中国的发展》,《保险研究》2006年第10期。

柯格钟:《非营利组织课税制度之德国法研究》,《成大法学》2009年第18期。

[美]劳伦斯·E.米切尔:《反思金融主义:一个历史的视角》,施天涛、袁田译,《清华法学》2012年第4期。

李敏:《相互保险组织的治理介绍》,《法律与新金融》2015年第8期。

李勇杰:《发展农业相互保险制度》,《上海保险》2004年第12期。

梁敏:《论相互保险制度在农业保险中的适用性》,《农场经济管理》2007年第2期。

林斌:《推动农村保险互助社健康发展的思考——浙江瑞安市马屿镇"三位一体"保险互助社的调研报告》,《保险职业学院学报》2016年第1期。

林淑馨:《日本地方政府的非营利组织政策:以三重县与神奈川县为例》,《公共行政学报》2006年第21期。

林淑馨:《日本规范非营利组织的法制改革之研究》,《东吴政治学报》2004年第19期。

刘燕:《国外相互保险公司的发展路径及其对立法的影响》,《保险研究》2006 年第 11 期。

刘燕：《相互保险与股份保险比较》，《中国金融》2016 年第 24 期。

刘燕、李敏：《中国引入相互保险公司面临的挑战》，《中国保险》2015 年第 12 期。

吕亚荣、李登旺、王嘉悦：《罗奇代尔公平先锋社的百年发展史：1844—1944》，《华中农业大学学报》（社会科学版）2014 年第 109 期。

马博：《移动互联网时代下公司治理变革及风险》，《商》2015 年第 43 期。

马兰：《相互保险公司组织监管法律问题研究》，硕士学位论文，西南财经大学，2007 年。

［英］玛格丽特·博尔顿：《2006 年英国慈善法案的立法过程以及相关问题》，民政部法制办公室译，载民政部法制办公室编《中国慈善立法国际研讨会论文集》，中国社会出版社 2007 年版。

毛桂荣：《日本公共服务法人及其改革：对中国的启示》，《法学研究》2011 年第 91 号。

民政部"日本 NPO 法律制度研修"代表团、文国锋：《日本民间非营利组织：法律框架、制度改革和发展趋势——"日本 NPO 法律制度研修"考察报告》，《学会》2006 年第 10 期。

缪若冰：《相互保险公司的理念与特色》，《中国保险》2016 年第 3 期。

牛群：《精算学发展浅史》，《理财》（学术版）2014 年第 6 期。

乔博：《发达国家政策性农业保险的经验及启示》，《农业经济》2015 年第 11 期。

石东洋、袁冰：《相互保险公司法律制度运行现状研究》，《法治论坛》2014 年第 1 期。

史志：《我国职工群众的生活互助救济活动》，《工运纵横》2003 年第 23 期。

孙立娟、李莹蕾：《日本相互保险公司的发展演变及其原因分析》，《现代日本经济》2013 年第 2 期。

庹国柱：《对于发展我国相互保险的一些认识》（上），《中国保险》2015 年第 12 期。

庹国柱、朱俊生：《对相互保险公司的制度分析——基于对阳光农业相互保险公司的调研》，《经济与管理研究》2008 年第 5 期。

王飞：《保险新玩法：互助+P2P》，《英大金融》2016 年第 2 期。

王朋良、龙文军、杜正茂：《相互保险公司在中国的实践与启示——基于黑龙江阳光农业相互保险公司的调查》，《中国农垦》2010 年第 5 期。

王森：《寿险企业组织问题研究——对日本寿险企业组织的分析与借鉴》，博士学位论文，中国社会科学院，1998 年。

王世强：《日本非营利组织的法律框架及公益认定》，《学会》2012 年第 10 期。

王显刚：《相互制保险公司组织形式研究——在中国市场运用的可行性》，硕士学位论文，天津财经大学，2015 年。

王新：《论相互保险公司法律制度的构建》，硕士学位论文，中国政法大学，2010 年。

王志宇：《没有股东权益的相互保险组织如何实现权益融资——〈英国相互保险组织递延股份法〉简介》，《法律与新金融》2016 年第 12 期。

魏丽、王莹：《网络互助不宜走向相互保险》，《中国金融》2017 年第 4 期。

伍晓容、唐艳：《当前我国农业保险模式的理性选择——以黑龙江农业相互保险公司为例》，《沈阳大学学报》2009 年第 2 期。

肖曼：《相互保险公司模式引入我国的可行性及策略研究》，《中南政法大学研究生学报》2010 年第 3 期。

严梅兰、王杨扬、张陆梦、徐仲建：《农村保险互助社的发展问题研究——基于全国首家镇级农村保险互助社的调研》，《中国集体经济》2016 年第 31 期。

姚庆海、宋占军：《相互保险的历史与借鉴》，《中国金融》2016 年第 24 期。

易辉、郝演苏：《共享经济背景下的众筹相互保险》，《中央财经大学学报》2016 年第 4 期。

张网成、黄浩明：《德国非营利组织：现状、特点与发展趋势》，《德国研究》2012 年第 2 期。

张艳辉：《保险经营中的大数法则与规模经济性》，《财贸研究》2003 年第 3 期。

张祖荣：《农业相互保险制度的利弊分析》，《浙江金融》2006 年第

11 期。

二 英文文献

（一）著作

ABB Landis, *Friendly Society and Fraternal Orders*, Published by the author, 1900.

Alexander Braun, Florian Schreiber, *The Current InsurTech Landscape*: *Business Models and Disruptive Potential*, Institute of Insurance Economics I, VW-HSG, University of St.Gallen, 2017.

Antōnios M. Antapasēs, Athanassiou, Lia I. Athanassiou, Erik Røsæg, *Competition and Regulation in Shipping and Shipping Related Industries*, Martinus Nijhoff Publishers, 2009.

English Private Law, edited by Andrew Burrows, Oxford University Press, 2013.

Fuller Frank Baden, *The Law Relating to Friendly Societies and Industrial and Provident Societies*, Stevens and Sons, limited, 3rd ed., 1910.

Global Civil Society: *Dimensions of the Nonprofit Sector*, edited by Lester M.Salamon, Helmut K. Anheier, Regina List, Stefan Toepler, S. Wojciech Sokolowski, The Johns Hopkins Center for Civil Society Studies, 1999.

Gönülal, Serap O., *Takaful and Mutual Insurance*, World Bank Publications, 2012.

Handbook of International Insurance: *Between Global Dynamics and Local Contingencies*, edited by J.Dacid Cummins, Springer, 2007.

International Handbook of Cooperative Law, edited by Dante Cracogna, Antonio Fici, Hagen Henrÿ, Springer-Verlag Berlin Heidelberg, 2013.

J Owen Stalson, *Marketing Life Insurance*: *Its History in America*, Harvard University Press, 1942.

James Fulcher, *Capitalism*: *A Very Short Introduction*, Oxford University Press, 2004.

Jay Adkisson, *Adkisson's Captive Insurance Companies*: *An Introduction to Captives, Closely-Held Insurance Companies, and Risk Retention Groups*, iUniverse, Inc., 2006

John A. C. Heltherington, *Mutual and Cooperative Enterprises*: *An Analysis of Customer-owned Firms in the United States*, The University Press of Virginia, 1991.

John Steele Gordon, *Am Empire of Wealth*: *The Epic History of American Economic Power*, Harper Perennial, 2005.

Johnston Birchall, *People-Centred Buiness*: *Co-opratives*, *Mutuals amd the Idea of Membership*, Palgrave Macmillan, 2011.

Kelly LeRoux, Mary K. Feeney, *Nonprofit Organizations and Civil Society in the United States*, Routledge, 2015.

Lester M. Salamon, Helmut K. Anheier, *Defining the Nonprofit Sector*: *A Cross-national Analysis*, Manchester University Press, 1997.

M. Fothergill Robinson, *The Spirit of Association*, John Murray, Albemarle, street, W., 1913.

Marco H. D. Van Leeuwen, *Mutual Insurance 1550 - 2015*: *From Guild Welfare and Friendly Societies to Contemporary Micro-Insurers*, Palgrave Macmillan; 1st ed., 2016.

P. A. Bawcutt, *Captive Insunrace Companies*: *Establishement*, *Operation and Management*, Woodhead-Faulkner, 1987.

R. A. Power, *The Cooperative Primer*, Published by R. A. Power, 1939.

Shepard Clough, *A Century of American Life Insurance*: *A history of the Mutual Life Insurance Company of New York 1843 - 1943*, Columbia University Press, 1946.

Simon Cordery, *British Friendly Societies*, *1750-1914*, Palgrave Macmillan Published, 2003.

The Jossey-Bass Handbook of Nonprofit Leadership and Management, edited by David O. Renz, Robert D. Herman, Jossey-Bass, 2010.

The Legacy of Subsidiarity: *The Nonprofit Sector in Germany*, *Future of Civil Society*, edited by Annette Zimmer Eckhard Priller, Springer Fachmedien Wiesbaden, 2004.

The Third Sector in Europe, edited by Adalbert Evers and Jean-Louislaville, published by Edward Elgar Publishing Limited, 2004.

Tschirhart, Mary, Bielefeld, Wolfgang, *Managing Nonprofit Organizati-*

ons, Jossey-Bass, 2012.

（二） 论文

A. Dunn, C. A. Riley, "Supporting the Not - for - Profit Sector: The Government's Review of Charitable and Social Enterprise", *The Modern Law Review*, Vol.67, No.4, Jul., 2004.

Alyssa A. Dirusso, "American Nonprofit Law in Comparative Perspective", *Washington University Global Studies Law Review*, Vol.10, Issue 1, January 2011.

Ameeta Jain, Monica Keneley, Dianne Thomson, "Customer - owned Banking In Australia: From Credit Union to Mutual Bank", *Annals of Public and Cooperative Economics*, Vol.86, Issue 3, 2015.

Anne Obersteadt, "State of the Life Insurance Industry: Implications of industry Trends", *National Association of Insurance Commissioners Report*, August 2013.

David B. Jemison, Robert A. Oakley, "Corporate Governance in Mutual Insurance Companies", *Journal of Business Research*, Vol.11, Issue 4, December 1983.

David Mayers, Clifford W. Smith Jr., "Contractual Provisions, Organizational Structure, and Conflict Control in Insurance Markets", *The Journal of Business*, Vol.54, No.3, July 1981.

David Mayers, Clifford W. Smith Jr., "Ownership Structure and Control: The Mutualization of Stock Life Insurance Companies", *Journal of Financial Economics*, Vol.16, Issue 1, May 1986.

Eric Rasmusen, "Mutual Banks and Stock Banks", *The Journal of Law & Economics*, Vol.31, No.2, October 1988.

Francis W. Wolek, "The Lesson of Guild History: Variance Reduction Must Be Balanced with Innovation", *The Quality Management Journal*, Vol.11, No.2, 2004.

Frank T. Boesel, Leon Fieldman, "Liquidation of Mutual Insurance Companies in Wisconsin", *Wisconsin Law Review*, Vol.1951, Issue 3, May 1951.

Fumitoshi Sugino, "Mutual Company in Japan, Its uniqueness and Future Development", *Commercial Review of Senshu University*, Vol.92, 2011.

Gary Richardson, Michael McBride, *Religion, Longevity, and Cooperation: the Case of the Craft Guild*, April 2017, available at http: //www. nber. org/papers/w14004.

Hania Masud, "Takaful: An Innovative Approach to Insurance and Islamic Finance", University of Pennsylvania Journal of International Law, Vol.32, Issue 4, 2011.

J. David Cummins, Mary A. Weiss, Hongmin Zi, "Organizational Form and Efficiency: The Coexistence of Stock and Mutual Property Liability Insurers", *Management Science*, Vol.45, No.9, September 1999.

J. Tyler Leverty, "The Cost of Duplicative Regulation: Evidence from Risk Retention Groups", *The Journal of Risk and Insurance*, Vol.79, No.1, 2011.

James A. Smallenberger, "Restructuring Mutual Life Insurance Companies: A Practical Guide through the Process", *Drake Law Review*, Vol. 49, Issue 4, 2011.

Jamie Reid, "Takaful Insurance: An Introduction", *Journal – Australian and New Zealand Institute of Insurance and Finance*, Vol.31, No.05, 2018.

John S. Mason Jr., "Distribution of a Mutual Insurance Company's Assets upon Dissolution", *Stanford Law Review*, Vol.19, No.5, May 1967.

Lal C. Chugh, Joseph W. Meador, "Demutualization in the Life Insurance Industry: A Study of Effectiveness", *Review of Business*, Vol. 27, No. 1, Winter 2006.

Laura A. Scofea, "The development and growth of employer – provided health insurance", *Family Economics Review*, Vol.8, No.2, 1995.

Leon Chen, David L. Eckles, Steven W. Pottier, "Ownership Form and Efficiency: The Coexistence of Stock and Mutual Life Insurers", *Journal of Insurance Issues*, Vol.36, No.2, Fall 2013.

Love, Natalie, "The Relevance of the Mutuality Principle within The Nonprofit Sector", *Third Sector Review*, Vol.13, No.1, 2007.

Mark Tilley, "The Origin and Development of the Mutual Shipowners' Protection & Indemnity Associations", *Journal of Maritime Law and Commerce*, Vol.17, No.2, April 1986.

Mher Mushtaq Hussain, Ahmad Tisman Pasha, "Coceptual and Operational

Differences between Genaral Takaful and Coventinal Insurance", *Australian Journal of Business and Management Research*, Vol.1, No.8.

Mohamed Esham, Hajime Kobayashi, Ichizen Matsumura, Arif Alam, "Japanese Agricultural Cooperatives at Crossroads: A Review", *American-Eurasian Journal of Agriculture and Environmental Science*, Vol.12, No.7, 2012.

Otgontsetseg Erhemjamts, J.Tyler Leverty, "The Demise of the Mutual Organizational Form: An Investigation of the Life Insurance Industry", *Journal of Money, Credit and Banking*, Vol.42, No.6, September 2010.

Patricia Born, M. Martin Boyer, Michael M. Barth, "Risk Retention Groups in Medical Malpractice Insurance: A Test of the National Chartering Option", *Journal of Insurance Regulation*, Vol.27, Issue 4, Summer 2009.

Ramin Cooper Maysami, W.Jean Kwon, "An Analysis of Islamic Takaful Insurance: A cooperative Insurance Mechanism", *Jouranl of Insurance Regulation*, Vol.18, Issue 1, Fall 1999.

Richard J.Butler, Yijing Cui, Andrew Whitman, "Insurers'Demutualization Decisions", *Risk Management and Insurance Review*, Vol.3, No.2, 2000.

Rosario Laratta, Chris Mason, *Defining the Nonprofit Sectors in Japan and England & Wales: A Comparative Assessment of Common Versus Civil Law*, Euricse Working Papers, No.006/10.

Swiss Re, "Mutual Insurance in the 21st Century: Back to the Future?", *Swiss Re Sigma*, No.4, 2016.

Tom Baker, Peter Siegelman, "Tontines for the Invincibles: Enticing Low Risks into the Health-Insurance Pool with an Idea from Insurance History and Behavioral Economics", *Wisconsin Law Review*, Vol.2010, Issue1, 2010.

后　　记

　　这部作品来自我的博士论文，起源是我的博导刘燕老师主持的课题。老师在相互保险组织的研究上耕耘多年，十多年前就开始了对这一组织的研究。当选择这个方向作为博士论文的时候，我在很多方面就已经"站在了巨人的肩膀之上"。只是，写作的过程始终处于颠沛流离的状态。从2017年3月份正式开始动笔，这部作品就在空间上、时间上占用了国内国外多个图书馆的各种资源。书中的结构、内容也是命运多舛，跟它所经历的物理地点相比，不遑多让。好在，经过这么长时间的坚持，终于写完了。

　　相互保险组织是一个深具历史，同时具有内在追求的组织。相互保险组织穿越了人类数千年的文明史，其中，始终有人坚持按照有别于"利润最大化"的原则来运作。在相互保险组织身上，体现了人们人人为我、我为人人的理想主义，这一理想主义并未脱离我们脚踏的大地，而是根据实践不断适应新的环境，并始终在组织的内核上以会员为中心。实际上，这并不是一件容易的事情，但为相互保险组织一直所坚守。在制度安排上，相互保险组织的所有权结构是这一理念的核心代表。与股份制保险不同，相互保险组织的所有权人既是组织的会员，也是组织的保单持有人，而保单是组织的或有负债。这一特殊的所有权结构，使其有助于减少保险行业的信息不对称，将保单持有人放在最重要的位置。

　　在相互保险组织身上，能看到人类自身面临的许多终极困境。例如，在相互保险组织规模扩大后，如何在保留会员制传统特色的同时，解决会员搭便车的难题，这正是集体行动与有效决策的困境。在股份制保险没有身份限制的开放竞争下，相互保险组织应如何兼顾入会门槛与会员无序扩大之间的矛盾，这涉及相互保险组织如何看待自身的所有权结构，看待自身追求的价值，以及在开放与封闭之间如何进行取舍的问题。

中国引入相互保险组织，是在没有相关历史与渊源的基础上，将一个域外生根发芽的组织，引入自身制度环境的过程。这其中，涉及对域外会员制组织的理解、学习、模仿以及超越，涉及对会员自治、共治理念的移植。我相信，中国一定能形成有本土特色的相互保险组织，但这一定是一个漫长而具有挑战性的历程。

在本书即将付梓之际，我想借此机会，感谢我的博导刘燕教授。刘老师将我引入学术的道路，她一直坚持一篇文章，一部作品，就要把相关的问题解决干净。老师一直对自己严要求，高标准。很多时候，跟着老师做研究非常累。甚至，很多时候会有受挫感。总觉得前面的人的境界、学识对自己来说遥不可及。但是，等我毕业后，回头去看我的博士求学过程，以及我处理相互保险组织的问题上，很多时候，老师的态度都影响了我。例如，我在推进一个问题感到无解时，总会想，能不能有更多的资料支撑这个结论？可不可以回头再去看一下相关的资料？自博士毕业后，因为工作的缘故，回北京的机会少了很多。想起在陈明楼与老师的学术讨论，以及老师严格要求背后的深深期许，我都感觉到自己需要做的还有很多很多。

我的硕导侯猛老师，总是给我许多鼓励。他总能从多个角度，启发我，鼓励我，让我更多地思考，更多地阅读。我记得在写作期间，老师专门腾出几个小时，和我讨论博士论文中的相关问题。侯老师良好的学术积累，以及抓问题实质的能力，总让我从多个方面受益匪浅。即使在毕业后，他也一直关心我的成长，鼓励我更好地积累，做更好的学问。

感谢在北大期间承蒙赐教的老师们，甘培忠老师、刘剑文老师、张守文老师、蒋大兴老师、彭冰老师、郭雳老师、邓峰老师、叶姗老师。在日常的严厉之中，是对我们的关爱，他们总是希望学生走出校门之后，能走得更为顺当一些，一次次的严厉，不过是希望我们成长得更快一些。当我毕业后，这样的期许，是我稳步前行的最好动力。

感谢本书的编辑梁剑琴女士，她能够非常专业地督促我将文字修改成易于理解的表达方式，将我文字下的意思表示得更为通俗和明确。她也是一位非常有效率的编辑，推动我及时将书稿进行修订。没有她的辛勤工作，这本书不可能如此顺利地出版。

特别要感谢我的爱人何曦。她陪伴我已经十多年，当我本科毕业一人南下的时候，她没有因为距离离我而去。当我选择读博，放弃既定的职业轨迹时，她没有任何埋怨，一如既往地支持我。当我出国的时候，她陪伴我一起在美国求学。是她，陪伴我把这本书从构思变成了完整的作品。没有她，我这部作品，想必难以成型。她是我最好的读者，也给予了我最多的勇气。感谢我的女儿小贝卡，她的微笑，是给我最好的礼物。感谢我的父母，给予了我生命，也在我成长的过程中，始终给予我坚定往下走的力量。感谢我的姐姐，在我遇到困难的时候，总是给我鼓励与支持。

感谢重大法学院的各位领导和同事，特别是经济法的各位老师，他们在日常工作中给予了我许多的帮助与支持。这些帮助与支持，使得我能够有充足的时间，将书稿进行打磨并最终出版。

感谢博士求学期间读书会的小伙伴们，经济法的首杰、小智、徐可、夕雅、倩影、远石、夏爽，环境法的吴凯，国经的棋琳、徐俊、闻韬，还有同门的戴乐师姐、向孜师姐、凯敏师姐、华强师兄、妍美师姐、李敏师妹、缪因知师兄、周游师兄、周淳师姐、彭运朋师兄，经济法教研室的馨雨师妹，给予我帮助，让我在求学的路上，有了许多智识上的启发，也有了许多温暖。

2017 年 8 月，我曾来到美国东部的斩魔山，这是全美著名的冲浪区域，风高，浪也急。当年莱特兄弟曾在此处试飞。在一百多年前试飞的山头，我想象着这一对兄弟，面对陡峭的山坡，是怀着怎样的勇气，一往无前地向天空发起挑战。也许眼前的这一次试飞，对于他们而言，是粉身碎骨，是有死无生，但对脱离地面的向往，以及与生俱来的好奇心，让他们毅然决然地开启了试验，也让他们在历史中浓重地写下了自己的名字。

在试飞场所的不远处是汹涌的大西洋，晚上从海边升起的明月，以及遍布天空的星云，让人不由地想起那些乘风破浪，怀着无限虔诚，从欧洲远渡到北美，从一无所有中建立新家园的清教徒们。

这些人类的先驱，总是怀抱着非一般的勇气，用内心的理想与虔诚，踏出并不容易的那一步。没有人知道前方的未知之中，有着怎样的人生结局，以及或是惨淡，或是光明的未来。只是，正是这样一群人，带来了新的文明，带来了对未知的探索，让人类又往前迈了一步。很幸运，在我成长的过程中，能遇到他们，让我能够看到超越物质追求的理想，有趣的灵魂，厚重的思想，担负国家前进的信仰，以及不断超越自我的勇气。